글로벌 금융 전문가가 알려주는

환율 비밀 노트

글로벌 금융 전문가가 알려주는

환율
비밀
노트

최재영 · 오정석 지음

시공사

최재영 원장을 처음 만난 것은 내가 국민경제자문회의 위원을 하던 2017년경이다. 거시경제에 해박하면서도 이를 알기 쉽게 전달하는 능력이 탁월했다. 환율에 관한 책을 쓴다는 소식을 듣고, 이제 복잡했던 환율을 제대로 이해할 수 있는 책이 나오겠다는 생각을 했는데 역시 예상대로였다. 그동안 국제금융센터 원장으로 재직하면서 금융시장 현장을 샅샅이 들여다본 경험을 가미하여 내용을 더 풍성하게 꾸렸다. 이 때문에 책의 내용이 독자에게 현실감 있게 전달되는 것 같다. '진정한 고수는 아무리 난해한 내용도 일상적인 언어로 전달할 수 있어야 한다'는 저자의 생각이 잘 반영된 결과라 생각한다.

'영끌(영혼까지 끌어모은다)'이라는 신조어가 보통어처럼 쓰일 만큼 많은 사람이 투자에 뛰어들고 있다. 예금 수익이 현저히 낮은 상황에서 이제 금융자산 투자는 선택이 아닌 필수가 됐다고 해도 과언이 아니

4

다. 이처럼 금융자산 투자자들이 증가하면서 환율에 대한 관심도 증가하고 있다. 대외 무역 의존도가 상대적으로 높은 우리나라는 세계경제 이슈에 큰 영향을 받는다. 큰 폭의 환율 변동은 물론이고, 이를 기초로 국내 물가가 변동하고 개인 및 국가 경제에도 영향이 미친다. 이러한 경제 상황에서 국내 자산 투자는 물론, 해외 자산 투자 시에도 환율에 관한 지식을 갖추고 있어야 그 수익을 가늠할 수 있다.

환율은 우리나라뿐 아니라 세계경제의 흐름을 읽을 수 있는 아주 중요한 지표이다. 『환율 비밀 노트』는 제목 그대로 시중의 환율 관련 책과는 다른 새로운 시도와 비밀스런 해법을 보여주고 있다. 오랜 기간 이 분야에 종사해온 나 자신도 여전히 어렵기만 한 환율에 대해 기존의 다양한 이론을 한 틀에 녹여내어 현장에서 쉽게 적용할 수 있도록 제시하고 있기 때문이다. 국제 금융에 대한 이론과 실무를 겸비한 저자가 기초부터 전문적인 영역까지 파고들어 설명하고 있으므로, 멀게만 느껴졌던 선물환, 통화옵션, 외환 스와프 같은 환율 파생상품을 독자로 하여금 손에 잡히는 경험을 할 수 있게 하는 좋은 책이다. 투자에 관심 있는 독자뿐 아니라 국내외 경제 흐름을 알고 싶은 독자에게도 이 책의 일독을 추천한다.

2022년 여름

| 〈삼프로TV〉 진행자 | 김동환

코로나19 팬데믹을 거치면서 역설적이게도 주식 등 금융자산 투자에 대한 관심이 크게 증가했고 이에 발맞춰 투자 관련 정보가 넘쳐나고 있다. 또한 유튜브를 비롯한 다양한 매체를 통해서 수준 높은 전문가들의 설명을 무료로 들을 수 있는 세상이 되었다. 그 과정에서 개인 투자자들을 포함하여 일반인들의 경제 지식 수준이 많이 올라간 긍정적인 측면이 있는 반면 한편으로는 어느 정도 기본적인 지식의 틀을 갖추고 있지 못하면 정보의 홍수 속에서 갈피를 못 잡고 혼란에 빠질 수도 있겠다는 우려도 커졌다.

경제와 투자 관련 정보를 잘 선별하고 활용할 수 있는 기본 틀을 갖추는 데 필요한 지식은 무엇일까? 많으면 많을수록 좋겠지만 금리, 환율, 주가, 그리고 미국의 통화정책(또는 이를 담당하는 미국 연방준비제도)에 대해서는 나름대로 정리해두는 것이 정보 홍수 시대에 잘 적응하고 살아남을 수 있는 최소한의 무기일 듯하다. 이 4가지 분야만 어느 정도 정리되어 있어도 여러 논객의 주장을 나만의 틀로 걸러내어 잘 활용할 수 있다.

이 4가지 변수 중에서도 가장 정리하기 어렵고 헷갈리는 것이 환율이다. 시중에 이미 환율에 대한 책이 많이 나와 있고 각각의 장점이 있지만 어떤 것은 너무 전문적인 데다 어렵고, 어떤 것은 너무 가볍게 다루어서 아쉽다. 그리고 무엇보다도 책을 다 읽고 나서도 왠지 환율에 대한 지식이 손에 잡히지 않는 모래알같이 빠져나가 딱히 잘 알게 되었다는 생각이 들지 않는 아쉬움이 있었다. 특히 이론을 현실에 적용하기가 쉽지 않고 이를 연결해주는 책이 잘 보이지 않았다. 시중에 환율에 대한 책이 많이 나와 있는데도 굳이 이 책을 쓰게 된 이유다. 즉, 환율을 좀 더 직관적으로 이해하고 이론을 현실에 적용할 수 있도록 가교 역할을 하는 책을 집필해보자는 것이다.

이를 위해서 이 책에서는 다음 2가지를 염두에 두었다. 첫째, 정교함과 전달력이 충돌될 때는 전달력을 우선하여 설명하였다. 아무리 정치한 이론이라 하더라도 간결성이 없으면 실용성이 없다는 점에 확신을 가지고 이 책은 간결성과 전달성에 초점을 맞추었다. 그리고 그러한 간결성을 채택함으로써 발생할 수 있는 엄밀성의 부족은 문제가 되는 경우에 한해서 주석을 달아 처리하거나 그 부분에 대한 보다 엄밀한 논의를 펼친 참고 자료를 소개하는 방식으로 정리했다.

둘째, 기존 교과서에 나와 있는 이론들을 존중하되 철저하게 현장에서 써먹을 수 있도록 하는 데 중점을 두었다. 그러기 위해서는 기존의 이론들을 현실에 적용할 수 있게 통합하고 재해석해야 한다. 예컨대 금리가 변하면 환율에 어떤 영향이 있는지에 대해서 현실에서 답하려면 금리와 환율과의 관계를 설명한 이론들을 모두 통합하여 설명할 수 있어야 하는데 교과서만 읽어서는 이를 통합하기가 쉽지 않다. 즉, 금리가 환율에 미치는 영향을 설명하려면 이자율 평형가설(이자가 높은 곳으로 자금이 몰린다), 금리의 거시경제적 이론(금리는 경기에 영향을 미치고 이를 통해 환율에도 영향을 미친다), 기대가설(금리가 계속 오를 것인지 여부에 따라 환율에 미치는 영향이 달라진다) 등을 모두 고려해야 현실에 적용할 수 있다. 이 문제를 해결하기 위해 이 책에서는 환율에 대한 영향, 환율이 다른 경제 변수(경제성장률, 주가 등)에 미치는 영향 등을 설명할 때, 이론 중심이 아니라 변수 중심으로 설명했다. 따라서 물가, 금리, 경제지표 발표, 수출입 증가 등 어떤 이슈가 발생했을 때 환율이 어떻게 변하는지를 즉각 활용할 수 있을 것이다.

이 책은 환율에 대해 독자들의 자유를 찾아주자는 거창한 목표를 한번 달성해보자는 마음에서 시작되었다. 환율 하면 머리가 복잡해지는 것이 아니라, '배추 가격이 오르고 있다'라는 기사를 보면 직관적으로 상황을 이해하듯이 '환율이 오르고 있다'라는 기사를 보면서 이와 비슷한 수준으로 상황을 정확하게 이해하도록 해보자는 것이다. 필자는 이 책에서 설명한 방식으로 환율을 이해하면 그렇게 될 수 있다고 감히 확신한다. 한 달 후에 환율이 오를지 내릴지를 예측하는 것은 한 달 후에 비가 올지 안 올지를 예측하는 것만큼이나 어렵다. 하지만 경제성장에 대한 기대가 확산된다는 조짐이 보인다면 환율이 내릴 거라고 직관적으로 예측할 수 있고, 그런 틀을 마련해주는 것이 이 책의 목적이다.

이 책의 설명은 매우 쉽지만 내용은 기초부터 고급까지 모두 포괄하고 있다. 순서대로 따라가다 보면 책이 끝날 때쯤 전문가들의 설명을 충분히 이해하는 수준에까지 도달할 수 있을 것이다. 이 책은 수준에 따라 기초인 1부와 중급인 2부, 그리고 난이도가 높은 3부로 나누어져 있다.

1부는 환율에 대한 기초적인 내용을 정리했다. 환율의 개념, 환율이 결정되는 시장, 그리고 환율 결정에 참여하는 경제 주체들에 대해서 설명했는데, 이 부분은 편안하게 읽을 수 있을 것이다. 환율에 대해 어느 정도 아는 분들은 기초편을 건너뛰고 2부로 바로 들어가도 좋다. 다만, 1장의 내용은 매우 쉽지만 환율에 대한 고정관념을 전환시키는 부분이 있으므로 꼭 정독하면 좋을 듯하다.

2부는 환율이 어떻게 결정되고 또 환율이 변하면 경제에 어떤 영향이 있는지에 대해 설명했다. 이 부분은 여러 이론을 체계적으로 통합하여 현실에 적용할 수 있도록 하는 데 초점을 두었다. 매우 쉽게 설명했으므로 읽는 데 크게 부담은 없겠지만 이론과 관계된 중급 수준의 내용이라 조금은 집중해서 읽기를 권한다.

3부는 이 책의 핵심이라고도 할 수 있다. 국제 금융과 환율에 대한 업무를 하면서 손에 잡히지 않던 여러 원리를 풀어서 설명했다. 이 부분을 마스터하면, 환율을 공부하는 과정에서 항상 방관자처럼 지나쳤던 환율 관련 전문용어, 즉 선물환, 외환 스와프, 통화 스와프, 통화옵션, 콜옵션, 풋옵션, 스와프포인트, 스와프베이시스, IRS, CRS 등 현란한 용어들에 대해서 좀 아는 척하는 경지에 올라설 것이다. 3부 내용은 대부분의 쉬운 환율 책에서는 다루지 않고 어려운 환율 책으로는 이해가 잘 안 되어 포기하는 경우가 많은데, 이번 기회에 제대로 정복해보기를 권한다. 조금만 주의를 기울여 읽으면 대부분 따라갈 수 있고, 국제 금융 지식에 있어서 한 단계 도약한 자신을 발견할 수 있을 것이다. 이 부분은 필자의 환율 노트에서 가장 많은 분량을 차지하는 만큼 이들에 대해 쉽게 이해할 수 있는 다양한 시각과 방식을 제공했다. 많은 도움이 되면 좋겠다.

앞에서 언급한 바와 같이 이 책은 이론서와 현실의 가교 역할을 하기 위한 해설서라고 볼 수 있다. 따라서 환율에 대한 독창적인 연구를 제시하는 것은 아니지만, 국제금융센터에 재직하면서 얻은 외환시장의 현장 경험과 실무 감각을 바탕으로 기존 개념에 대한 새로운 시각과 해석 방법을 제시하고 있다. 국제금융센터는 외환시장을 전문적으로 모니터링하는 기관으로 이곳에서의 경험은 필자에게 큰 자산이 되었다. 확인 가능한 인용에 대해서는 출처를 모두 밝히려고 최대한 노력했지만, 대부분의 내용이 여러 교과서와 환율 책에 대한 오래된 독서의 결과물이기 때문에 이들 내용이 자연스레 책의 곳곳에 스며들어 있어 어느 책에서 참고했는지 빠짐없이 적시하지는 못했을 수 있다. 다만, 가장 많이 참고한 자료에 대해서는 참고문헌에 정리해놓았으니 추가적인 독서가 필요하다면 참고하기 바란다.

이 책은 모 대학 강의를 위해 준비한 파워포인트 자료와 필자가 개인적으로 정리해놓은 환율 노트를 모태로 한다. 필자도 환율은 항상 헷갈리는 주제였기 때문에 환율과 관련하여 이해하기 쉽고 기억하기 좋은 아이디어가 떠오를 때마다 노트에 정리해두곤 했다. 이를 많은 사람들과 공유하면 좋겠다는 생각이 집필의 출발점이었다. 2021년 5월경에 초고를 완성했지만 책으로 내기에는 채워지지 않은 부분이 있었고 그사이 업무로 바쁘다 보니 마냥 묵혀놓고 있었는데 국제금융센터 오정석 전문위원이 함께하면서 책의 형태로 완성할 수 있었다. 오 전문위원은 초고에서 사실 확인이 필요한 부분을 점검해주었고 통계자료, 그림, 사례 등 책의 완성도를 높일 수 있는 작업들을 함께했다. 설명 방식, 논리 전개와 관련해서는 주로 필자가 담당했으므로 이와 관련한 오류에 대한 책임은 전적으로 필자에게 있다.

| 대표 저자 | 최재영

1부

기초 다지기 :
환율 초보에서 벗어나기

'환율'은 어려운 주제이다. 이 어려움의 근원은 환율을 문자 그대로 '교환비율'로 이해하는 데서 출발한다. 비율이라고 하면 분수가 연상되고 분자와 분모에 무엇이 놓여 있는지에 따라 방향성 자체가 달라지기 때문에 접근하기가 일단 어렵다. 환율의 개념 자체가 흔들리므로 이와 관련된 다양한 주제도 어렵고 헷갈리기 일쑤다. 1부에서는 환율 공부의 출발점인 환율에 대한 정의가 손에 잡히도록 재정립하는 데 중점을 두었다. 그리고 환율이 결정되고 외환이 거래되는 곳인 외환시장과 환율 결정에 참여하는 사람들에 대해서 살펴보고자 한다. '콜럼버스의 달걀' 세우기와 같이 생각과 관점을 조금만 바꾸면 환율을 쉽고 친숙하게 느낄 수 있다. 이 출발점만 잘 세워도 환율과 관련된 많은 부분이 해결될 것이다. 그럼 지금부터 환율 초보에서 벗어나기 위한 첫 번째 여정을 시작해보자.

1장

환율을 어떻게 이해할 것인가

복잡한 환율로부터의 자유

환율은 일상에서 많이 사용되는 용어지만 대부분 사람들이 까다롭게 느끼는 용어이기도 하다. 환율과 관련해 한 번쯤 좋지 않은 경험이 있을 것이다. 중고등학교 수업시간에 환율을 처음 접할 때 복잡하게 꼬아놓은 문제를 풀면서 어렵다는 느낌을 가졌을 수도 있고, 해외여행을 위해 환전을 하다가 소수점 두 자리까지 표시된 다양한 환율고시표를 보면서 복잡한 느낌을 가졌을 수도 있다. 환전하면서 살때와 팔 때 환율이 달라 손해를 본 일은 특히나 좋지 않은 경험으로 남았을 것이다. 신문, 방송, 유튜브 등에서 환율에 대해 얘기할 때 갸우뚱한 경우도 많았을 것이다. 대학에서 환율을 공부한 적이 있거나 환율에 관심이 많아 별도로 공부한 적이 있어도 환율이 내 손에 쏙 들어오는 느낌은 잘 없었을 것이다. 도대체 왜 환율은 경제성장률이나 물가와 같은 다른 경제지표와 달리 헷갈리고 어려울까?

이는 환율이 일반적인 사고방식과 다르게 설명되어서 그렇다. 환율을 쉽게 이해하려면 일반인이 일상생활에서 쓰는 방식에 맞게 설명하여 체화될 수 있게 해야 한다. 마치 어릴 때 자전거 타는 것을 한번 배우면 잊어버리지 않듯이 말이다.

어떤 개념을 설명할 때, 정확성에 초점을 맞추는 방식과 전달성에 초점을 맞추는 방식이 있다. 전자는 개념을 이상언어理想言語로 설명했다고 말하고 후자는 일상언어日常言語로 설명했다고 말한다.[1] 이상언어는 대상이 되는 개념을 아주 정확하고 예외 없이 설명하는 방식으로 아주 엄밀하게 개념을 정의한다. 대부분의 전문용어가 이에 해당한다. 이상언어는 개념을 매우 정확하게 설명한다는 점에서 이상적인 설명 방식이지만 전달력이 떨어진다는 문제가 있다. 반면, 일상언어는 일상적으로 쓰는 용어로 개념을 설명한다. 다소 정교한 설명이 부족하다는 문제가 있을 수 있지만 이해하기가 쉽다.

신한금융투자는 2009년 신한증권에서 사명을 바꿨다. 당시 법이 정비되면서 증권, 종금, 선물, 자산운용, 신탁 등 5가지 사업을 포괄하는 '금융투자업'이란 법적 개념이 생겨났기 때문에 이들 사업을 모

---

1   일상언어, 이상언어, 그리고 이를 적용한 신한금융투자에 대한 사례는 '김근배'(2014)의 내용을 참조했다.

두 하는 회사임을 나타내기 위해 '증권회사'에서 '금융투자회사'로 이름을 바꾼 것이다. 그런데 사람들은 금융투자회사라는 개념이 낯설었고 증권회사라는 이름에 익숙했기 때문에 초기에는 대부업체 같은 사금융 관련 회사로 오해를 받기도 했다. 금융투자회사라는 이름이 이들 회사가 하는 일을 정확히, 그리고 예외 없이 잘 반영하고 있지만 일상언어화되지 못해서 소비자들이 어렵게 생각했던 것이다. 반면 증권회사는 증권 업무만 하는 회사처럼 보인다는 점에서 정확한 이름은 아닐 수 있지만, 소비자들에게 훨씬 친숙하고 앞에서 언급한 다른 업무를 취급해도 소비자들에게 거부감이 없었다. 그래서인지 몰라도 아직까지 금융투자회사로 이름을 바꾸지 않고 증권회사라는 이름을 계속 지키고 있는 회사가 더 많다.

이 책에서는 최대한 일상언어로 환율과 관련된 다양한 개념을 설명하고자 한다. 보통 환율 공부를 시작하면 환율에 대한 정교한 개념이 나열된 교과서를 보게 되는데, 시간이 지나거나 환율 분야에 대한 노출도가 줄어들면 감이 떨어져 헷갈리고 다시 공부해야 하는 상황이 발생한다. 또한 이상언어만 아는 사람들은 그 분야의 사람들과는 소통할 수 있지만 그 영역 밖에 있는 사람들에게는 쉽게 설명할 수가 없다. 이상언어로만 공부한 결과다. 반면에 이상언어로 시작해서 일상언어로 체화한 전문가들은 아무리 시간이 지나거나 이 분야에서 멀어져 있었다 하더라도 그 감을 잃어버리지 않거나 금방 회복할 수가 있다. 따라서 일상언어로 사물을 이해한다는 것은 매우 중요하다. 이상언어로 이해하고 일상언어로 소통할 줄 아는 사람이야말로 대가들이다.

    필자는 그동안 이상언어로 축적한 환율 지식을 일상언어로 바꿔 체화하는 작업을 꾸준히 해왔다. 환율에 대한 언론 기사나 분석 보고서를 볼 때, '아, 이렇게 이해하면 헷갈리지도 않고 잊어버리지도 않겠구나' 하는 아이디어를 필자의 환율 노트에 기록해놓고 여러 번 보면서 다시는 잊어버리지 않게 체화된 느낌을 자주 경험했다. 이 책에서는 그동안 이상언어와 일상언어를 오가며 헷갈려 하던 환율과 관련된 개념을 일상언어로 전달하려고 한다. 이상언어로 공부했지만 자신만의 언어로 일상언어화하지 못한 분들에게 크게 도움이 될 것이다. 그리고 환율을 본격적으로 공부한 적이 없었던 분들과 이제 처음으로 공부하는 분들도 일상언어로 먼저 시작한 후 추후 이상언어를 접하게 된다면 매우 선명하게 이해할 수 있을 것이다. 대부분 실생활에서는 일상언어로 이해한 개념을 적용해도 전혀 문제가 되지 않겠지만 학문적으로 다루고자 하는 분들은 이상언어로 바꾸어야 할 필요가 있을지 모르겠다. 적어도 필자의 경우에는 일상언어로 정리한 환율 개념으로 이상언어로 이루어진 교과서나 저널에 실린 논문, 분석기관의 분석 보고서를 이해하고 평가하는 데 전혀 문제가 없었다. 여러분도 일상언어로 환율을 이해하여 복잡한 환율에서 벗어나 자유를 얻기를 희망한다.

환율은 비율인가, 가격인가?

환율換率은 통상적으로 '서로 다른 두 통화 간의 교환비율' 또는 '서로 다른 두 통화 간의 상대가격'이라고 정의한다. 환율이 '교환비율交換比率'의 줄임말이라고 보면, 환율을 이렇게 정의하는 것이 맞는 말이고 정확한 표현이다. 그러나 이렇게 정의하고 이해할 경우 앞으로 환율과 관련한 논의가 나올 때마다 한 번씩 머리를 더 굴려야 한다. 여기서 문제가 되는 것은 교환비율과 상대가격이라는 표현이다. 이 표현에는 2가지를 항상 동시에 생각해야 하는 부담이 있고 교환비율이나 상대가격 모두 일상생활에서는 잘 쓰이지 않기 때문에 곧잘 잊어버리거나 헷갈리기 일쑤다.

이 책에서는 환율을 '외국 화폐의 가격'이라고 정의할 것이다. 좀 더 친근하게 '달러의 가격'이라고 이해해도 된다. 왜냐하면 우리가 접하는 대부분의 환율이 달러 환율이기 때문이다. 환율이 1,000원이면 달러의 가격이 1,000원이며 1,200원이라면 달러의 가격이 1,200원인 것이다. 환율을 이렇게 이해하는 것만으로도 앞으로 환율과 관련한 자료를 접할 때 많은 것이 직관적으로 이해되고 헷갈리지 않을 것이다.

화폐 간의 가격과 달리 다른 상품이나 서비스의 가격은 모두 교환비율이라는 표현을 쓰지 않고 가격이라는 표현을 사용한다. 배추 가격에 대해서는 원화와 배추의 교환비율이라는 말을 쓰지 않는다. 그냥 배추 1단에 1,000원이면 배추 가격이 1,000원인 것이다. 이를 '배추와 원화의 교환비율이 1,000원'이라고 하지 않는다. 그리고 '배추와 원화의 상대가격을 표시하는 방법으로 배추 입장에서 원화 한 단위는 배추 0.001(=1/1000)단위이고 원화 입장에서는 배추 1단위가 원화 1,000단위, 즉 1,000원으로 표현할 수 있다'라는 식으로 배추 가격을 설명하는 일도 없다. 만일 이런 식으로 배추 가격과 모든 상품의 가격을 설명한다면 얼마나 복잡하겠는가?

그런데 왜 외국 화폐에 대해서만 '외화 가격'이라고 하지 않고 '환율'이라고 하여 교환비율이라는 표현을 쓰게 되었을까? 아마도 주권 국가들 간의 화폐를 비교하는 것이기 때문에 일방적으로 한 국가의 화폐를 기준으로 가격을 표시하는 것이 중립적으로(공평하게) 보이지 않고, 각각의 화폐가 가치 척도의 기준인데 이를 다른 화폐로 가격을 따진다는 것이 어색할 수도 있기 때문에 가격보다는 교환비율이라는 표현을 쓴 것 같다. 그러나 환율 표기법이 표준화되고 정착되면서 환율은 외국 화폐의 가격으로 표시되는 것이 관례화되었다. 이제 환율은 외국 화폐의 가격일 뿐이다. 그 이상도 이하도 아니다. 이 책에서 설명하는 환율 중 거의 대부분은 달러 환율이기 때문에 환율은 달러의 가격으로 이해하고 이 책을 읽어도 좋다.

이러한 방식을 조금 더 확대하면 환율을 물가(物價=물건의 가격)에 비교하여 외가(外價=외국 화폐의 가격)라고 이해해도 좋을 듯하다. 물건의 가격은 세상에 수도 없이 많지만 외국 화폐의 가격은 200여 개로 제한되어 있다. 우리가 자주 쓰는 것은 10개 이내로 그중에서도 미국 달러가 가장 많이 쓰이기 때문에 물가보다도 더 쉬운 개념이다. 원달러 환율은 달러의 가격, 원위안화 환율은 위안화의 가격, 원엔 환율은 엔화의 가격, 원유로 환율은 유로의 가격이다. 그러니까 환율은 '환율'이라고 적고 '외가(외국 화폐의 가격)'라고 이해하면 좋겠다.

표 1-1 | 환율도 가격이다

환율을 어렵게 이해하는 방법:
교환비율

▶ 배추와 원화의 교환비율이
　배추 기준으로는 한 단에 1,000원
　원화 기준으로는 1원에 0.001단(=1/1000)

▶ 아파트와 원화의 교환비율이
　아파트 기준으로는 한 채에 10억 원
　원화 기준으로는 1원에 0.000000001채

▶ 금과 원화의 교환비율이
　금 기준으로는 한 돈에 30만 원
　원화 기준으로는 1원에 0.0000033돈

▶ 달러와 원화의 교환비율이
　달러 기준으로는 1달러에 1,200원
　원화 기준으로는 1원에 0.00083달러

환율을 쉽게 이해하는 방법:
가격

▶ 배추 가격: 1,000원

▶ 아파트 가격: 10억 원

▶ 금 가격: 30만 원

▶ 달러 가격: 1,200원

　물론 다른 교과서나 대중적 환율 책에서도 환율을 외화의 가격이라고 설명한 경우가 있다. 하지만 이 점을 핵심 개념으로 사용하기보다는 교환비율의 보조 개념으로 사용하며, 이후 설명에서도 이를 강조하지 않고 교환비율로 설명할 때가 많다. 시중에서 볼 수 있는 주요 책에서 발췌한 환율의 정의를 따로 정리하였으니 참고하기 바라며, 환율에 관해 교환비율이란 개념은 접어두고 '외화의 가격'으로 머

릿속에 꼭 입력해놓길 강력히 권한다. 이렇게까지 강조하지 않으면 환율이라는 용어 때문에 교환비율 개념으로 자꾸 돌아가기 때문이다. 혹시 나중에 교환비율로 써야 이해되는 상황이 오지 않을까 걱정될 수도 있다. 하지만 표 1-1에서와 같이 평상시 배추 가격으로 알고 있어도 배추와 돈의 교환비율로 이해하는 데 큰 어려움이 없다. 배추 가격과 마찬가지로 환율도 교환비율이라는 개념을 꼭 사용해야만 이해할 수 있는 상황은 거의 없다.

■ 환율에 대한 다른 책에서의 정의

교과서 또는 이론서에서의 정의

▶ 외국 통화와 국내 통화와의 교환비율. 외국 화폐의 가격(김신행, 김태기, 『국제경제론』)
▶ 한 나라의 화폐와 다른 나라 화폐의 교환비율(김경환, 김종석 옮김, 『맨큐의 경제학』 8판)
▶ 외국 통화를 기준으로 한 국내 통화의 가격(최희갑 옮김, 『Oliver Blanchard 거시경제학』 7판)
▶ 한 나라 통화와 다른 나라 통화 간 교환비율로 두 나라 통화의 상대적 가치.
   자국 통화로 표시하는 외국 통화의 가격(한국은행, 『한국의 외환제도와 외환시장』)
▶ 외환시장에서 두 통화 간의 매매 시 적용되는 교환비율(이승호, 『환율의 이해와 예측』)

대중서에서의 정의

▶ 대외적인 돈의 값(오건영, 『환율과 금리로 보는 앞으로 3년 경제전쟁의 미래』)
▶ 두 나라 이종통화 사이의 교환비율(장홍범, 『국제금융기초』)
▶ 환율은 두 통화 간 교환비율(상대가격) (백석현, 『경제의 99%는 환율이다』)
▶ 자국의 화폐와 비교한 외국 화폐의 가치, 외환 가격(박유연, 『요즘 환율 쉬운 경제』)
▶ 외국 돈의 가격. 외국 돈 1단위(1달러, 1유로, 1위안 등)를 한국 돈(원화)으로 표시한 가격
   (송인창 등, 『저도 환율은 어렵습니다만』)
▶ 양국의 통화를 서로 맞바꿀 수 있는 비율(이낙원, 『환율도 모르고 경제 공부할 뻔했다』)
▶ 한 나라 화폐의 상대적인 가치(홍춘욱, 『환율의 미래』)

환율의 주인공은 원화가 아닌 외화

환율은 외국 화폐의 가격이기 때문에 환율을 얘기할 때 주인공은 외화다. 뒤에서 설명할 외환시장은 환율이 결정되는 시장인데 여기서도 외화가 주인공이다. 달러 환율을 예시로 들면, 달러가 거래되는 외환시장은 달러를 사고파는 시장이며 그 과정에서 달러의 가격, 즉 환율이 결정된다. 위안화, 엔화, 유로화, 파운드화도 마찬가지다.

환율과 관련하여 또 헷갈리는 것 중 하나는 환율을 명명하는 방법이 다양하다는 것이다. 즉 원달러 환율만 하더라도 원달러, 원·달러, 원/달러, 달러원, 달러/원, USD-KRW, USDKRW 등 여러 가지로 불린다. 그러나 환율을 명명하는 방법 때문에 헷갈릴 필요가 없다. 우리나라에서 환율을 어떤 방식으로 표기하든 달러의 가격을 표시하는 것으로 이해하면 그만이다. 즉 환율 이름을 어떻게 부르더라도 1,100원, 1,200원 등으로 표기하지, 0.001달러 등으로 표기하는 예는 없다는 말이다.

일반인에게는 '원/달러 환율'이 익숙해 다소 대중적인 기사에서는 원/달러 환율(또는 원달러 환율)이라는 표현을 많이 쓰는 경향이 있다. 반면 분석 보고서와 같이 좀 전문적인 분야에서는 달러/원(또는 달러원, 달러-원)으로 달러를 먼저 표시하는 방법을 선호한다. 이는 환율분석가들이 주로 많이 참고하는 환율 고시 사이트에서 달러를 먼저 표시하는 방식을 사용하기 때문이다. 예컨대 블룸버그 단말기, 로이터 단말기, 연합인포맥스 단말기 등에서 USDKRW(USD=US Dollar, KRW=Korean Won)로 달러를 먼저 표시한다.

어떤 표현을 쓰든 환율이라고 표시되어 있으면 모두 같다고 보면 된다. 이 책에서는 익숙한 방식인 '원달러'로 표시하는 방식을 사용하겠다. 다른 외화에 대해서도 원위안 환율, 원유로 환율, 원엔 환율, 원파운드 환율 등으로 사용할 것이다.

■ 환율 표기 방법

▶ 이 책에서는 환율을 표현하는 방식 가운데 원달러 환율이라는 표현을 쓴다.
▶ 원달러, 원·달러, 원/달러, 달러/원, USD-KRW, USDKRW 등 매체마다 다양한 방식으로 표현하지만 모두 같은 뜻이다. 즉 '환율 = 달러의 가격'으로 이해하면 된다.

환율의 정의에 대해 다소 장황하게 얘기하는 것은 이 부분이 잘 정리되지 않으면 두고두고 고생하는 경향이 있어서다. 환율을 매일 접하는 일부 사람들(외환딜러, 외환 애널리스트, 외환 관련 연구자 등)은 교환비율이든 가격이든 관계없이 환율의 개념이 명확히 잡혀 있고, 매일 다루기 때문에 어떻게 정의하든 별 상관이 없다. 그러나 환율을 공부하기는 했지만 가끔씩 보는 사람들과 처음 입문하는 사람들은 이 부분이 머릿속에 정립되지 않으면 이해한 듯해도 돌아서면 잊어버리고 다시 공부해야 하는 일이 반복된다. 용케 환율이 외화의 가격이라는 설명이 있는 책을 만나더라도 교환비율이라는 개념이 항상 붙어 다니기 때문에 시간이 지나면 결국은 교환비율로 돌아가버려 '환율 상승이 뭐였더라?' 하면서 또다시 헷갈리는 경험을 많이 했을 것이다. 이번 기회에 확실하게 환율 개념을 실전적 개념으로 바꾸도록 하자. 환율은 외국 돈의 가격, 특히 달러의 가격이라는 점을 말이다. 경제학으로 박사를 받은 필자도 이 부분을 놓치면 헷갈리기 시작하고, 주위에 전문가라 하는 분들도 환율과 관련한 글을 쓸 때 항상 조심하는 부분이기도 하다. 환율 표기법에 대해서는 다음 절에서 좀 더 자세히 다루겠다.

표 1-2 | 각국 화폐에 대한 환율의 의미

환율 = 외국 돈의 가격	2022년 3월 말 기준 환율
▶ 원달러 환율 = 달러의 가격	▶ 원달러 환율 = 1,211.90원
▶ 원유로 환율 = 유로의 가격	▶ 원유로 환율 = 1,325.7원
▶ 원위안 환율 = 위안의 가격	▶ 원위안 환율 = 172.26원
▶ 원엔 환율 = 엔의 가격	▶ 원엔 환율* = 1,019.2원
▶ 원파운드 환율 = 파운드(영국)의 가격	▶ 원파운드 환율 = 1,560.0원

* 원엔 환율은 관례상 100엔의 가격을 말한다.

환율 표시법은 계륵?

환율 표시법에 대한 설명은 환율을 이해하는 데 다소 방해가 되는 부분이다. 특히 초보자에게 이 부분은 환율에 대한 생각을 복잡하게 만드는 지점이기도 하다. 앞서 설명한 환율의 정의와 연계해 환율에 대한 접근성을 떨어뜨리는 주범이라고 생각된다. 하지만 환율에 대한 정의를 단단히 붙잡고 있다면 헷갈릴 일이 없다. 어쨌거나 한 번은 겪게 될 일이기 때문에 짚고 넘어가자(사실 이 부분은 건너뛰어도 좋다. 이 책을 다 읽고 난 후 '환율은 외화의 가격이다'라는 개념이 확고히 잡혀 있을 때 읽는 것이 더 좋을 수도 있다).

대부분의 국가에서 '환율은 외화의 가격'으로 표시

환율을 표기하는 방법은 자국통화표시법과 타국통화표시법으로
나뉜다.[2] 자국통화표시법은 환율을 자국 통화로 표시하는 방식(예: 원
달러 환율은 1,000원)이고 타국통화표시법은 환율을 타국 통화로 표시하
는 방식(예: 원달러 환율은 0.001달러)이다. 우리나라는 자국통화표시법을
사용하고 있다. 자국통화표시법은 이 책에서 환율을 정의한 것과 같
은 방식이다. 외화의 가격을 자국 통화(원화)로 표시하는 방식이기 때
문에 '환율＝외화의 가격' 등식이 바로 성립된다. 예컨대 우리나라 입
장에서 '1달러 환율이 1,000원이다'라고 표기하면 자국 통화 표시 방
식이고, 반면 타국 통화 표시 방식으로 이를 표현하면 1원의 환율은
0.001달러로 표시된다. 환율이 표시되는 단위에 주목하기 바란다.
자국통화표시법은 자국 통화(원화)로 단위가 표시되어 있고, 타국통
화표시법은 타국 통화(달러)로 단위가 표시되어 있다.

다른 나라들은 어떨까? 전 세계 99% 국가가 자국통화표시법을 사
용하고 있다. 예컨대 엔달러 환율, 엔유로 환율, 엔원 환율은 각각 일
본 사람들이 생각하는(일본 엔화로 표시한) 달러의 가격, 유로화의 가격,
원화의 가격을 나타낸다. 중국의 경우에도 마찬가지로 중국 사람들
이 생각하는(위안화로 표시한) 달러의 가격, 유로화의 가격, 원화의 가격

---

2   자국통화표시법은 직접표시법 또는 달러 표시법이라고도 한다. 타국통화표시법은 간접표시법
또는 유러피언표시법이라고도 한다.

을 나타낸다. 따라서 각국의 입장에서 보면 환율은 그 나라 사람들이 생각하는 외국 화폐의 가격이라고 보면 된다.

타국 통화로 표시하는 예외적인 4개 국가

그런데 전 세계적으로 4개 국가는 타국통화표시법을 사용한다. 유로, 영국 파운드, 호주달러, 뉴질랜드달러가 이에 해당한다 이들 국가에서 표시하는 환율은 달러의 가격이 아니라 자기 나라 화폐의 가격이다. 즉, 유로달러 환율은 미 달러화로 표시된 유로의 가격(예: 1.1달러)이며, 영국 파운드, 호주와 뉴질랜드 달러도 미 달러화로 표시된 파운드, 호주달러, 뉴질랜드달러의 가격이다. 이 부분은 이 책을 다 읽고 난 이후 보면 특별하지 않을 수 있는데, 환율에 입문하는 사람에게는 헷갈릴 수 있으니 지금은 이 부분을 생각하지 않고 넘어가는 것도 방법이다. 이 책을 다 읽을 때쯤 다시 이 부분으로 돌아오면 큰 무리 없이 이해할 것이다.

그럼, 미국은 어떨까? 이 부분도 책 전체를 이해하는 데 크게 필요한 부분은 아니지만 잠시 설명하고 넘어가겠다(역시나 환율 개념을 잡는 데 방해가 될 것 같으면 지금은 읽지 않고 넘어가는 것이 좋겠다). 미국은 다른 국가들이 표시하는 방법을 그대로 받아들이고 있다. 즉, 우리나라가 달러의 가격을 환율로 쓰듯이 미국도 달러의 가격을 환율로 쓰고 있다. 우리나라에서도 환율은 1,000원이고 미국에서도 환율은 1,000원으로 표시한다. 미국 입장에서 1,000원은 달러의 가격, 즉 미국 화폐의 가격을 말하는 것이다. 대부분의 국가가 우리나라와 같이 자국표시법을 사용하고 환율은 달러의 가격이므로 미국의 환율도 대부분의 국가에 대해서는 달러의 가격, 즉 미국 화폐의 가격으로 표시된다. 엔달러 환율은 일본에서도 120엔, 미국에서도 120엔으로 표시되는 것이다. 따라서 특별하게 표시하는 4개 국가의 경우에는 반대가 될 것이다. 유로달러 환율은 유럽에서도 1.1달러, 미국에서도 1.1달러로 표시된다. 이 나라들에 대해서는 환율은 그 4개 국가 화폐의 가격을 말한다.

정리하면, 미국은 다른 나라들이 쓰는 환율 표기를 똑같이 사용한다. 결국 미국 입장에서 자국화폐표시법을 사용하는 대부분의 국가에 대해서는 타국화폐표시법(환율 단위가 원, 엔, 위안 등으로 끝난다)을 사용하는 셈이 되고, 타국화폐표시법을 사용하는 예외적인 4개 국가에 대해서는 자국화폐표시법(환율 단위가 달러로 끝난다)을 사용하는 셈이다.

'환율이 올랐다'는 말의 의미

　'환율은 외화의 가격이다'로 정의했으니, 환율이 올랐다는 의미는 간단하다. 원달러 환율이 올랐다고 하면 달러의 가격이 올랐다는 의미이고, 원화의 가치는 하락했다는 것이다. 배춧값이 오르면 배추의 가치가 올랐다는 의미이고 돈 가치가 떨어졌다는 의미를 모르는 사람은 없다. 여기서 배추는 달러, 돈은 원화, 배춧값은 환율이다. 반대로 환율이 내렸다는 의미는 달러의 가격이 내렸다는 의미이고, 원화의 가치는 상승했다는 것이다. 환율을 원화와 달러의 교환비율이라고 이해하면 환율이 오르거나 내린다는 의미가 헷갈리기 시작한다. '교환비율이 올랐다? 그래서?' 머릿속이 복잡해지면서 '그다음은 원화가 기준인가? 달러가 기준인가?' 같은 질문이 이어진다. 그러나 '환율은 달러의 가격이다'라고 정의하면 이러한 혼란에서 자유로워진다.

그러면 엔달러 환율이 올랐다는 것은 어떤 의미일까? 일본인 입장에서 달러의 가격이 올랐다는 의미이다. 좀 더 포괄적으로 말하면 엔화를 가진 사람들 입장에서 달러의 가격이 올랐다는 것이다. 여기에는 우리나라 원화가 개입되지 않으므로 우리나라 입장에서 엔화가 올랐는지, 달러가 올랐는지는 이 정보만으로 알 수 없다. 또 다른 예로 위안달러 환율이 올랐다는 의미는 중국인(또는 위안화를 보유하고 있는 사람) 입장에서 달러 가격이 올랐다는 것이다.

환율을 교환비율로만 알면 혼선이 생길 수 있어 원화 강세, 달러 강세와 같이 환율을 직접 언급하지 않고 특정 통화의 가치가 어떻게 변했는지를 표현하는 방식도 자주 사용된다. 환율이 상승했다고 할 때 생기는 혼선에는 자국화폐표시법상의 환율을 말하는가, 타국화폐표시법상의 환율을 말하는가, 달러 표시법(대부분의 나라)을 쓴 환율인가, 유로와 같이 유로표시법을 쓰는 환율인가 등이 있다. 이러한 기준상 혼선을 제거하기 위해 직접 해당 통화의 약세와 강세를 언급해 버리는 방식이다.

사실 이 부분은 헷갈릴 게 없다. 달러 강세라고 하면 달러의 가격이 상승한 것이고 원화 강세라고 하면 원화의 가격이 상승한 것이라고 보면 된다. 그리고 환율과 연계해서 생각해봐도 우리가 정의한 대로 환율을 생각하면 헷갈릴 이유가 없다. 달러 강세이면 환율이 상승한 것이고, 원화 강세이면 달러 가격이 떨어진 것이므로 환율이 하락

한 것이다. 영어로 강세는 'appreciate', 약세는 'depreciate'라고 표
현한다.

표 1-3 | 환율 표시법과 의미

표시법	환율 변동 표현	의미
▶ 자국통화표시법	▶ 원달러 환율 상승	▶ 달러 값 상승(원화 값 하락)
– 거의 대부분 국가	▶ 엔달러 환율 상승	▶ 달러 값 상승(엔화 값 하락)
– 우리나라		
▶ 타국통화표시법	▶ 유로달러 환율 상승*	▶ 유로 값 상승 (달러 값 하락)
– 4개 국가(유로, 영국 파운드,	▶ 파운드달러 환율 상승	▶ 파운드 값 상승
호주달러, 뉴질랜드달러)		(달러 값 하락)

* 실제 표기는 유로달러, 유로–달러, 달러유로 등 다양하게 쓰이나 유로화와 달러화에 대한 환율을 명
명하는 방법과 관계없이 달러와 4개 국가의 환율은 달러의 가격이 아니라 4개 국가의 화폐 가격을 말
한다.

환율이 중요한 이유

환율은 금리와 더불어 국제 금융시장을 움직이는 핵심 가격 변수이다. 금리가 시간이 개입된 화폐 거래의 가격을 나타낸다고 하면 환율은 공간이 개입된 화폐 거래의 가격이라 할 수 있다.[3] 좀 더 쉽게 설명하면, 금리는 현재의 돈과 미래의 돈의 관계를 나타낸다. 현재 돈의 가격이라고도 할 수 있다. 상대는 미래 돈의 가격이다. 환율은 다른 나라 돈의 가격이다. 상대는 우리나라 돈의 가격이다. 개방화된

---

3   이에 대한 상세한 내용은 임경(2018) p. 40 참조.

국제 금융 질서 속에서 환율과 금리는 시간과 공간을 종횡으로 엮으면서 경제 주체들의 경제적 의사결정에 큰 영향을 미치며, 반대로 경제 주체들의 생각과 행동에 따라 환율과 금리가 영향을 받기도 한다. 시간과 공간이 동시에 만나는 거래에서는 금리와 환율이 동시에 적용되기도 한다. 달러를 1년 동안 빌리거나 빌려주는 거래의 경우 우리나라(원화)와 미국(미 달러화)이라는 공간과 1년이라는 시간이 개입되어 환율과 금리가 연계되는 외환 스와프 거래나 선물환 거래가 이루어진다. 이 부분은 뒤에서 자세히 설명하도록 하고 여기서는 환율이 공간의 차이를 메꾸면서 경제 주체들에게 어떤 중요성이 있는지 알아보자.

환율은 소위 '거시경제 변수'로서 개인, 기업, 국가 등 모든 경제 주체에게 무차별적으로 영향을 미친다. 공간적으로 분리된 자급자족 경제에서는 화폐의 교환이 필요하지 않았겠지만 문명이 시작된 이후에는 마을 간이든 부족 간이든 국가 간이든 상품의 교환(무역)이 이루어졌고, 그 교환에 따른 지불 수단은 당연히 두 교환 주체(마을, 부족 또는 국가)가 가치 있게 생각하는 수단(넓은 의미의 화폐)이어야 했으며, 그 가치 있는 수단 간의 교환비율이 최초의 환율이었을 것이다. 현대와 같은 글로벌 경제가 만개한 시대에는 상품과 서비스의 공간적 이동이 전제되는 거래가 일상화되어 있고 이를 뒷받침하는 지불 수단이 필수적이다. 국제적으로 통용되는 지불 수단이 기축통화인데, 현재로서는 미 달러가 그 역할을 담당하고 있다. 미 달러가 기축통화로 자리 잡음에 따라 대부분의 국가에서 자국 화폐로 표시된 달러의 가격을 환율로 쓰고 있다. 따라서 달러 가격은 국제 간 거래를 하는 경제 주체들에게 큰 영향을 미치게 된다. 국제 간 거래를 직접 하지 않는 경제 주체들도 국제 간 거래의 영향이 국내에 파급되어 간접적으로 영향을 받는다. 환율이 오르면 높아진 달러 가격으로 인해 미국산 애플 스마트폰의 가격이 올라가고, 이는 국제 간 거래를 전혀 하지 않는 소비자들에게도 영향을 미치는 것이다.

환율은 국제 간 거래에서 꼭 필요하고 그 중요성은 아무리 강조해도 지나치지 않지만, 특히 우리에게는 환율과 관련해 트라우마가 될 정도로 강렬한 역사적 경험이 있다. 바로 1997년 IMF 외환 위기이다. 외환 위기는 곧 환율 위기를 뜻하는데, 전쟁이 일어나지 않더라도 환율이 급격하게 변하면 국가가 망할 수도 있구나 하는 인식을 모두가 공유한 역사적 사건이었다. 오죽하면 해방 이후 우리나라가 겪은 위기를 한국전쟁과 IMF 외환 위기라고 하겠는가? 환율은 전쟁에 버금갈 만큼 치명적일 수 있음을 뼈저리게 학습했다. 2008년에도 글로벌 금융 위기가 터지면서 환율이 치솟았고 매우 위험한 단계로 진행된 바 있다. 2020년 코로나19 위기 때도 여지없이 환율이 치솟았다. 1997년과 달리 2008년과 2020년에는 환율이 빨리 회복되었기 때문에 큰 문제 없이 지나갔지만, 위기 때마다 환율의 움직임이 커져 일정 수준을 넘어가면 이유 불문하고 우리의 경제 분위기는 싸늘해졌다.

국제 거래가 많은 기업도 환율에 민감할 수밖에 없다. 환율에 따라 이익과 손실이 갈리기도 하고, 잘못된 환율 상품으로 패가망신하는 경우도 있다. 2009년 키코KIKO 사태는 10년이 지난 지금도 언론에 오르내릴 만큼 환율이 기업들에 큰 피해를 준 사건이었다. 환율 변화 하나 때문에 기업이 부도가 나는 상황이 발생했으니 말이다(이 부분은 3부에서 직관적이면서 알기 쉽게 설명한다).

최근처럼 개인 투자자들이 활발하게 활동하는 시기에는 환율이 투자의 나침반으로서 역할도 한다. 환율 자체에 대한 예측과 전망을 통해 환율 상품에 직접 투자하는 사람도 많이 늘어났다. 2018년 미국 과 중국의 갈등이 심화되면서 국제 금융 상황이 악화되자 환율이 오르기 시작했고 이에 대응해서 달러예금이 급속하게 늘어났다. 한때 달러예금으로 이익을 봤다는 얘기가 술자리에서 심심찮게 나오면서 너도나도 은행에 달려가기도 했다. 코로나19 위기가 완화되면서 환율이 떨어지는 상황에서도 달러가 오를 것으로 예상하고 달러에 투자하는 사람도 많았다. 최근에는 소위 서학개미(주로 미국 주식시장에 직접 투자하는 개인 투자자)의 해외 증권 투자 증가로 인해서 개인들의 달러 자산이 크게 늘어났다. 이들 자산의 가치는 환율에 직접적인 영향을 받으므로 환율은 이제 일반 개인에게도 그 중요성이 커졌다. 국가 경제가 위기에 처하면 환율이 치솟으면서 위기를 심화할 가능성이 커진 반면 달러 자산을 많이 사 모은 개미들은 큰 수익을 얻게 되는 아이러니가 발생할 수 있는 상황이다. 물론, 위기는 그리 자주 오지 않기 때문에 대부분의 시기에는 환율이 안정되어 오히려 환율과 관련해서는 손해를 볼 수 있지만, 세 차례의 위기를 겪으면서 환율은 언젠가 한 번은 크게 오른다는 서사가 자리 잡으면서 달러예금이나 달러화로 된 자산(미국 주식 등)에 대한 투자는 당분간 계속 증가할 가능성이 크다.

환율 투자, 대박이 날 수도 혹은 쪽박이 날 수도

그림 1-1에서 우리나라 환율에 대한 장기 시계열을 볼 수 있다. 이 그림을 보면 환율을 정확하게 예측하는 사람이 있다면 엄청난 돈을 벌었을 것임을 알 수 있다. 현실성이 없는 얘기지만 1995년 6월에 100만 달러(환율=700원)를 사서 1998년 12월(환율=1,650원)에 팔았다면 7억 원을 투자해서 16억 5천만 원을 회수했으니 2.5배에 가까운 수익을 얻을 수 있었다. 이렇게 이익을 본 사람이 설마 있을까 싶지만 국제적인 헤지펀드는 실제 이러한 움직임을 최대로 활용해서

그림 1-1 | 우리나라 원달러 환율 장기 시계열(1995.1~)

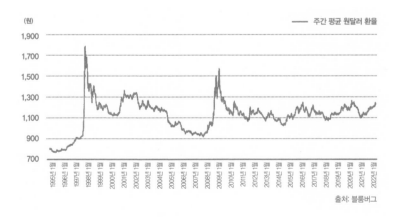

출처: 블룸버그

많은 이익을 본 것으로 알려졌다. 그만큼 우리나라의 국부가 유출되었다고 볼 수 있고, 보다 직설적으로는 우리의 땀방울을 빼앗겨버렸다고도 볼 수 있다. 냉혹한 글로벌 헤지펀드뿐만 아니라 IMF 외환 위기 때 의외의 이익을 본 사람들도 많다. 1995년 6월에 재산을 다 팔고 미국으로 이민 간 사람이 IMF 위기 때 다시 한국의 부동산을 사서 불과 3년 만에 4배 이상 재산을 불린 사례도 있다. 즉, 환율이 2배로 뛰어 한국의 부동산을 반값에 샀는데 이후 집값이 2배로 뛰어 4배로 재산이 불었다. 또한 1995년쯤 유학을 가서 무리하게 새 차를 샀는데 귀국할 때 환율이 뛰어서 차값과 식구들 비행기값을 뽑았다는 얘기도 있다. 반대로 1998년 12월에 100만 달러를 샀다가 1999년 6월에 팔았다면 16억 5천만 원이 12억 원으로 하락해서 큰 손실을 보았을 것이다.

이렇듯 환율 자체가 투자 또는 투기의 대상이 될 수 있기 때문에 환율의 움직임에 대한 관심이 그 어느 때보다 커졌다. 또한 최근 우리나라 기업이나 금융기관들의 해외 투자가 증가하고 있고, 미국 주식 등 해외 금융자산에 투자하는 개인 투자자도 크게 늘어나 이제 환율은 단지 무서워할 대상이 아니라, 적극적으로 탐구하고 활용해야 할 대상이 되었다. 환율 변동에 따른 이익과 손실이 사회 전체적으로 영향을 미치는 단계에까지 왔다는 점을 인식해야 한다. 일반적으로 금리가 훨씬 더 중요한 변수이지만 해외 노출도가 큰 우리나라에서는 환율이 더 큰 변수가 될 수 있다.

명목환율, 실질환율, 명목실효환율, 실질실효환율에 대한 직관적인 이해

이 책에서 환율은 대부분 명목환율을 지칭한다. 하지만 분석 보고서 등을 보면 실질환율, 실효환율, 명목실효환율, 실질실효환율 등의 용어가 심심치 않게 나온다. 아래에서는 명목환율과 같이 여러 종류의 환율에 대해서도 직관적인 의미를 알 수 있도록 재구성해 설명해놓았으니 참고하기 바란다. 지금 단계에서는 다소 어려울 수 있으니 이 책을 다 읽은 후에 읽어도 좋다. 그리고 각 환율에 대한 이론적 정의는 『한국의 외환제도와 외환시장』(한국은행, 2016)을 참고하면 된다.

명목환율: 외화의 가격, 특히 달러의 가격(원화로 표시)

▶ 원달러 환율 = 1,200원 → 1달러의 가격이 1,200원

실질환율: 외국 상품의 평균 가격(국내 상품의 가격 대비)

→ 수출(또는 가격) 경쟁력을 얘기할 때 주로 사용

▶ 원달러 실질환율 = 1.2

    (미국 상품의 평균 가격이 우리나라 상품의 평균 가격보다 20% 비싸다는 의미)

▶ 원달러 실질환율

  • 1보다 크면: 미국 상품의 평균 가격이 우리나라 상품의 평균 가격보다 비싸다.

    → 우리나라 상품의 가격 경쟁력이 미국에 비해 높다.

  • 1보다 작으면: 미국 상품의 평균 가격이 우리나라 상품의 평균 가격보다 싸다.

    → 우리나라 상품의 가격 경쟁력이 미국에 비해 낮다.

  • 1과 같으면: 미국 상품의 평균 가격이 우리나라 상품의 평균 가격과 같다.

    → 우리나라 상품의 가격 경쟁력이 미국과 비슷하다.

▶ 원달러 실질환율의 변화
- 상승: 미국 상품의 평균 가격이 우리나라 상품의 평균 가격보다 더 상승했다.
  → 우리나라 상품의 가격 경쟁력이 미국에 비해 높아졌다.
- 하락: 미국 상품의 평균 가격이 우리나라 상품의 평균 가격보다 더 하락했다.
  → 우리나라 상품의 가격 경쟁력이 미국에 비해 낮아졌다.

명목실효환율지수:
세계 각국의 화폐 가격 변화(평균치) 대비 원화 가격의 변화

→ 세계 평균을 계산할 때 가중치는 무역량
→ 일정 기간 동안 세계 각국의 화폐 가치 대비 우리나라 화폐의 가치가 얼마나 변화했는지를 나타내는 지수로서 무역량이 큰 나라의 화폐 가치 변화를 더 높게 가중치를 두어서 계산한다.
→ '환율'이라는 표현을 쓰고 있지만 명목환율과 달리 외화의 가치가 아니라 우리나라 화폐(원화)의 가치 변화임에 주의해야 한다.
- 100보다 크면: 원화 가치가 계산한 기간 동안 평균적으로 올라갔다는 의미(즉, 평균 명목환율이 하락했다는 의미)
- 100보다 작으면: 원화 가치가 계산한 기간 동안 평균적으로 하락했다는 의미
- 100과 같으면: 원화 가치가 계산한 기간 동안 평균적으로 동일하게 유지했다는 의미

실질실효환율지수:
세계 각국의 상품 가격 변화(평균치) 대비 우리나라 상품 가격의 변화

→ 세계 평균을 계산할 때 가중치는 무역량
→ 일정 기간 동안 세계 각국의 상품 가격 대비 우리나라 상품의 가격이 얼마나 변화했는지를 나타내는 지수로서 우리와 무역량이 큰 나라의 상품 가격 변화를 더 높게 가중치를 두어서 계산한다.

→ 실질환율과 달리 외국 상품의 가격이 아니라 우리나라 상품의 평균 가격이 얼마나 변했는지를 나타낸다.

- 100보다 크면: 우리나라 상품의 가격이 세계 각국 상품의 평균 가격보다 올라갔다는 의미(즉, 실질환율의 평균이 하락했다는 의미)

  → 우리나라 상품의 가격 경쟁력이 세계 각국의 평균에 비해 낮아졌다는 의미

- 100보다 작으면: 우리나라 상품의 가격이 세계 각국 상품의 평균 가격보다 하락했다는 의미

  → 우리나라 상품의 가격 경쟁력이 세계 각국의 평균에 비해 올라갔다는 의미

- 100과 같으면: 우리나라 상품의 가격이 세계 각국 상품의 평균 가격과 같다는 의미

  → 우리나라 상품의 가격 경쟁력이 세계 각국의 평균과 비슷하다는 의미

환율 **노트** 핵심 **정리**

1   환율은 외화의 가격 = 달러의 가격

---

2   환율 상승 = 달러 가격 상승 = 원화 가격 하락 = 달러 강세, 원화
     약세

---

3   환율 하락 = 달러 가격 하락 = 원화 가격 상승 = 달러 약세, 원화
     강세

2장

환율은 어디서 결정되는가

환율도 시장에서 결정된다

    앞에서 환율은 '두 통화 간 교환비율'이 아니라 '외화의 가격, 특히 달러의 가격이다'라고 개념을 정립했다. 환율을 이렇게만 알고 있어도 앞으로 다룰 내용을 이해하는 데 큰 지장이 없다. 2장에서는 환율이 결정되고 외환이 거래되는 곳인 외환시장에 대해 살펴보고자 한다. 외환시장은 시장 참여자에 따라 도매시장과 소매시장으로 구분되며, 거래 목적에 따라서는 선물환시장, 외환 스와프시장, 외화 자금시장 등 여러 형태로 존재한다. 아울러 외환시장에서만 사용되는 '커버 거래cover deal', '월말 네고' 등 여러 전문용어와 글로벌 외환시장에 대한 간략한 소개도 담았다.

환율은 도매시장인 은행 간 시장에서 결정된다

다시 한번 강조하지만 환율은 외화(달러)의 가격이다. 따라서 환율은 외화(달러)가 거래되는 시장에서 결정되며 달러를 포함하여 외국 화폐가 거래되는 곳을 외환시장이라고 한다. 우리나라에서는 외국 화폐 중 2가지만 직접 거래되고 그 가격, 즉 환율이 결정된다. 달러와 위안화가 그것이다. 달러는 예전부터 거래되어왔고 위안화는 2014년 12월 원위안화 직거래 시장이 개설되면서 거래되기 시작했다. 그렇다면 유로화나 엔화 같은 다른 통화와의 환율은 어떻게 결정될까? 이들 통화는 우리나라에서 직거래되지 않기 때문에 뉴욕, 런던, 도쿄 등 글로벌 외환시장에서 결정된 유로달러 환율과 엔달러 환율을 이용하여 원유로 환율과 원엔 환율로 환산하여 사용한다. 즉, 원엔 환율이 직접 결정되는 시장은 없으나, 원달러 환율과 엔달러 환율이 결정되는 시장은 각각 있으므로 이 둘을 이용하여 간접적으로 원엔 환율을 결정할 수 있는 것이다.

예컨대 원달러 환율이 1,200원, 엔달러 환율이 120엔이면 원엔 환율은 1,000원[4]이 된다. 이렇게 달러를 매개로 환산된 환율을 재정환율arbitrage rate이라고 한다. 표 2-1은 2022년 3월 31일 하나은행에서 고시한 환율 표인데, 여기에서 원달러 환율을 제외한 원엔 환율과 원유로 환율이 바로 재정환율이다. 모든 외화의 재정환율은 네이버 등

---

4   원엔 환율은 1엔의 가격으로 표시하지 않고 100엔의 가격으로 표시하는 것이 관례이다.

표 2-1 | 하나은행 고시 재정환율(2022년 3월 31일 매매기준율)

원달러	원엔(100엔)	원유로	원영국 파운드	원호주달러	원브라질 레알
1,213.50	996.84	1,346.99	1,593.02	909.03	254.35

포털 사이트에서 '환율'을 검색하면 손쉽게 구할 수 있기 때문에 별도
로 직접 계산할 필요가 없지만, 환율을 공부하는 사람이라면 적어도
그 원리는 알고 있는 것이 좋다.

　외환시장은 도매시장과 소매시장으로 구분할 수 있다. 도매시장
은 은행 사이에서 이루어지는 시장으로 은행 간 시장interbank market
이라고도 한다(실제로는 6개 대형 증권사도 참여하고 있지만 비중은 작다). 소매

그림 2-1 | 중개회사별 원달러 환율 거래 호가

시장은 은행과 일반인들이 거래하는 시장으로 대對고객 시장이라고도 한다. 소매시장에서의 환율은 도매시장에서 결정된 환율에 은행마다 제각각 수수료(또는 마진)를 붙여서 결정된다. 따라서 실제로 환율이 결정되는 엄격한 의미의 외환시장은 도매시장만을 말한다고 보면 된다. 도매시장에 참여하여 외환 거래를 할 수 있는 은행을 외국환 은행이라고 한다. 환율 관련 책을 보다 보면 외국환 은행이라는 용어가 자주 나오는데 국내 모든 은행이 외환 거래를 할 수 있는 인가를 받았기 때문에 '외국환 은행＝은행'으로 이해하면 된다.

은행 간 거래는 은행 간에 직접 이루어지는 것이 아니라 중개회사를 통해 이루어진다. 일반인들에게는 이름이 생소하겠지만 서울외국환중개, 한국자금중개 등 총 9개 회사(국내 4개, 외국계 5개)[5]가 은행 간 중개를 담당하고 있다. 은행들은 중개회사가 제공하는 외환 거래 플랫폼을 통해 사고 싶은 가격(bid: 매수호가)과 팔고 싶은 가격(ask 또는 offer: 매도호가)을 제시하여 거래를 성사시킨다. 외환 거래 플랫폼은 일반인들에게도 친숙한 주식 거래용 HTS(홈트레딩시스템)와 비슷한 모양인데, 도매시장에서의 최소 거래 단위는 달러의 경우 100만 달러, 위안화는 100만 위안이다. 중개회사들의 플랫폼에서 외환 거래의 대부분이 일어나기 때문에 우리나라에 외환시장이 어디 있는가 하고

---

5   국내 4개 회사로는 서울외국환중개, 한국자금중개, IPS 외국환중개, KIDB자금중개가 있다. 외국계 5개 회사로는 BGC Capital Markets, GFI Korea, Nittan Capital Korea, Tradition Korea, Tullet Prebon이 있다.

물으면 서울외국환중개와 한국자금중개 거래 사이트라고 답해도 크게 틀리지 않는다.

3장에서 본격적으로 설명하겠지만 외환당국(기획재정부와 한국은행)도 정책적 목적 등으로 외환시장에 참여한다. 이때 참여하는 시장은 소매시장이 아니라 도매시장이다. 외환당국은 대형 은행을 통해서 거래하기 때문에 순수한 도매시장 참가자가 맞느냐 하는 의문을 제기할 수 있지만, 실질적으로 도매시장의 가격 결정에 영향을 미친다는 점에서 도매시장 참가자로 보는 것이 맞다.

도매시장 참가자들과 관계 기관들로 구성된 서울외환시장운영협의회도 외환시장에서 중요한 역할을 담당한다. 이 협의회는 외환시장 참여 기관의 자율운영기구로서 외환시장의 건전한 육성 및 활성화를 도모하기 위해 1989년 발족되었다. 도매시장에 참여하는 모든 기관뿐만 아니라 기획재정부와 한국은행 등 외환당국, 그리고 한국거래소와 국제금융센터가 함께 참여하여 외환시장과 관련된 행동규범, 시장질서 등을 자율 규제하고, 새로운 외환 관련 제도가 제정될 때에는 외환당국과의 의견 조율 창구로서 역할도 담당한다. 환율 결정에 직접 참여하는 것은 아니나 중요한 영향을 미치는 여러 제도와 관행, 규범과 게임의 규칙 등을 만들어가는 데 중추적인 역할을 한다는 점에서 도매시장의 중요한 참가자라고 할 수 있다.

은행 창구는 외환 소매시장

소매시장은 개인과 기업이 은행에서 외화를 사고파는 시장이다. 우리가 해외여행을 가거나 달러예금을 예치할 때 이용하는 시장이 이 소매시장이다. 은행이 고객을 대상으로 환전을 해준다는 의미에서 소매시장은 대고객 외환시장이라고도 한다. 소매시장에서의 외환 거래는 은행 지점에서 이루어지기 때문에 소매시장은 전국적으로 흩어져 있다.[6] 일반인을 상대로 거래하기 때문에 도매시장과 같은 최소 거래 단위 없이 자유롭게 환전할 수 있다. 소매시장에서의 환율은 도매시장에서 결정된 환율에 일정한 수수료(또는 마진)를 붙여서 정해지기 때문에 엄밀한 의미에서 소매시장은 외환 거래가 있을 뿐 환율이 결정되는 곳은 아니다. 물론 소매시장에서 거액의 매매 주문이 들어오면 도매시장에 영향을 미칠 수도 있다. 예컨대, 삼성전자가 반도체 수출로 벌어들인 거액의 달러를 원화로 환전하겠다고 주문하면 은행은 그만큼의 금액을 도매시장에서 처리해야 하기 때문에 도매시장의 환율 결정에 영향을 미치게 된다. 그러나 이런 경우에도 결국은 도매시장에서의 수급에 따라 환율이 결정된다는 점에는 변함이 없다.

"월말에 수출 네고 자금이 쏟아져 환율이 하락했다"라는 기사를 종종 볼 수 있는데, 이것도 소매시장과 도매시장의 연관성을 보여주

---

6   요즘은 은행의 모바일 앱을 통해서도 온라인 환전이 가능하다는 점에서 모바일 앱도 소매시장으로 볼 수 있다.

는 좋은 사례다. '네고'는 무역업계에서 통상적으로 사용하는 용어로 'negotiation'의 줄임말이다. 수출업체가 몇 달 뒤 외국회사로부터 받을 대금(달러화)이 있다는 것을 증명하는 여러 수출 증빙 서류를 은행에 제시하면서 그 금액을 미리 달라고 요청할 수 있는데, 이때 받을 수출대금 중 얼만큼을 미리 받을 수 있을지 은행과 협상(네고)하여 결정한다고 하여 '네고'라고 한다. 수출업체들은 받은 달러를 통상 원화 지출이 몰리는 월말에 원화로 환전하는데(여기까지는 소매시장), 이렇게 되면 은행 입장에서는 달러가 일시적으로 너무 많아져 이를 도매시장에 팔려고 내놓으면서 달러 가격이 하락하는 것이다. 즉, 소매시장에서 은행들이 자체적으로 소화할 수 없을 정도로 환전 수요가 몰리면 도매시장에서 결정되는 환율도 영향을 받는다. 결국은 여러 경로로 발생하는 달러에 대한 수요와 공급 요인들이 어우러져 도매시장에서 만나게 되고 환율이 결정된다. 이에 대해서는 4장에서 본격적으로 다룰 것이다.

■ **소매시장의 환율(예시)**

▶ 살 때 환율 = 은행이 도매시장에서 산(살) 환율 + 마진(수수료)
   (1,234원) =   (1,213원)   +   (21원)

▶ 팔 때 환율 = 은행이 도매시장에서 판(팔) 환율 - 마진(수수료)
   (1,192원) =   (1,213원)   -   (21원)

▶ 고객이 은행에서 사고팔 때 드는 수수료 = 살 때 환율 - 팔 때 환율 = 42원

그럼, 소매시장에서 환율은 어떻게 결정될까? 앞에서 설명한 대로 은행 창구에서 개인이나 기업에 적용하는 환율은 도매시장에서 결정된 환율에 마진(또는 수수료)을 붙여서 결정된다. 은행은 도매시장에서 산 달러 가격에 일정 마진을 붙인 환율로 개인과 기업에 외화를 판다. 고객은 이 환율로 달러를 사기 때문에 이를 '살 때 환율' 또는 '매입 환율'이라고 한다. 반대로 고객이 '팔 때 환율'은 은행이 도매시장에서 팔 수 있는 가격에 마진(수수료)만큼을 뺀 가격이다. 이런 이유로 개인이 은행에서 환율을 살 때와 팔 때의 가격은 꽤 차이가 크다.

표 2-2에는 소매시장에서 많이 사용되는 환율 용어가 정리되어 있다. 모두 고객의 입장에서 쓰이는 용어로, 현찰을 팔 때 환율은 고객이 달러 현찰을 팔 때의 가격이고, 현찰을 살 때 환율은 달러 현찰을 살 때의 가격이다. 송금도 마찬가지로 송금 받을 때와 송금 보낼 때 환율은 고객을 기준으로 하는 달러의 가격이다. 매매기준율은 도매시장에서 결정된 달러의 가격이다. 고객의 입장에서 보면 도매시장과 소매시장의 달러 가격 차이는 은행이 거래를 주선해준 대가로 받는 수수료라고 보면 된다.[7] 앞에서 설명한 바와 같이 온라인상으로 거래가 되는 송금 환율이 수수료가 적다는 것을 알 수 있다.

---

[7] 예전에는 환율을 은행 입장에서 고시하는 방법이 많이 사용되었고, 용어도 한자어를 주로 썼다. 요즘은 쉬운 용어로 고객 입장에서 고시하는 방법을 사용한다. 현찰매입률, 현찰매도율, 전신환매입률, 전신환매도율 같은 용어도 가끔 볼 수 있는데, 이는 은행 입장에서 매입, 매도한다는 뜻으로 각각 은행이 현찰로 매입하는 환율, 현찰로 매도하는 환율, 송금으로 받는(매입하는) 환율, 송금해주는(매도하는) 환율을 뜻한다. 여기서 전신환은 현찰 개입 없이 통신상으로 거래한다는 의미로 송금과 같은 뜻으로 보면 된다.

표 2-2 | 다양한 소매 환율(하나은행 고시 원달러 환율, 2022년 3월 31일)

현찰 팔 때	송금 받을 때	매매기준율	송금 보낼 때	현찰 살 때
1,192.27	1,201.70	1,213.50	1,225.30	1,234.73

소매시장에서 환율은 도매시장과 달리 장소, 거래하는 사람 등에 따라 다를 수 있다. 배추 가격이 1)(장소) 할인마트와 백화점, 2)(거래 대상) 단골 고객 여부, 3)(거래량) 대량 구입 여부, 4)(거래 방법) 인터넷 주문 여부에 따라 달라지는 것과 같이, 소매시장에서의 환율도 장소, 거래 대상, 거래량, 거래 방법에 따라 달라진다. 즉 은행 지점에 따라 환율이 다르며(가장 비싼 곳은 공항에 위치한 은행 지점이다) 우수고객에게는 우대 수수료를 적용하고 큰 금액을 거래할 경우 할인해준다. 거래 방법에 따라서도 환율이 달라지는데, 외화 실물(현찰)이 아니라 예금계좌로 송금(전신환)하는 경우 수수료가 낮아진다.

소매시장(대고객 시장)에서는 계약과 거래가 동시에 일어난다. 은행 창구에서 달러 또는 달러 여행자수표를 사거나 송금하는 경우 그 시각에 정해진 달러 가격으로 거래가 이루어진다. 외화가 현재의 가격(환율)으로 거래된다는 점에서 현물환시장이라고도 한다. 금액이 큰 거래(건별 50만 달러 이상)의 경우 은행 창구 혹은 기업 자금부에서 은행의 외환 딜링룸dealing room 고객 거래계로 직접 전화를 걸어 진행한다. 이러한 거래는 도매시장에서 달러를 사는 거래와 연계될 때가 많

표 2-3 | 거래 방법에 따른 환율 종류와 할인율

	장소	고객	거래 방법
배추 가격	백화점 〉 마트	단골 할인 대량 구매 할인	인터넷 주문 할인
환율 (달러 가격)	공항 지점 〉 시내 지점	우수고객 우대 환율 고액 구매 우대 환율	전신환(송금) 환율 할인

아 '커버 거래'라고도 한다. 소매시장 고객의 대량 거래 요구를 커버하기 위해 도매시장에서 거래가 필요하다는 의미에서 붙여진 이름으로 은행 입장에서 환리스크를 줄이기 위한 방법이기도 하다. 환율은 시시각각 변하기 때문에 소매시장에서의 거래와 도매시장에서의 거래 사이에 시차가 발생할 경우 변동성이 큰 환율의 특성상 은행이 손해를 볼 수 있기 때문이다. 따라서 소매시장에서 대규모 달러 거래가 있을 때 은행들은 도매시장에서 미리 달러 가격을 확보한 후 소매시장의 가격을 결정하게 되는데 이를 위해 은행 딜링룸 고객 거래계와 전화로 실시간 협의한다.

은행은 외환 거래로 얼마나 벌까?

표 2-4는 2021년 은행산업 전체 영업이익의 원천을 구분해놓았다. 표에서 볼 수 있듯이 외환 관련 이익은 26조 원으로서 전체 영업수익 중 12%를 차지한다. 외환 거래 이익에는 은행이 자기 계산하에서 외환 투자를 해서 벌어들인 수익과 도매시장과 소매시장을 연결하여 발생한 이익(앞에서 설명한 수수료)이 포함되어 있다. 어쨌든 전체 은행 수익 중에서 외환과 관련해서 발생하는 수익이 12%나 차지한다는 것은 매우 높은 수준이다. 이는 외환 거래가 은행에 매우 비중 있는 영업활동임을 보여준다.

표 2-4 | 은행은 외환 거래로 얼마나 벌까?(2021년 기준)

	금액	비중
영업수익	212조 원	100%
– 이자수익	66조 원	31%
– 수수료 수익	8조 원	4%
– 기타 영업수익	138조 원	65%
• 외환 거래 이익	26조 원	12%

출처: 은행연합회 은행통계정보시스템

외환시장은 24시간 돌아간다

미 달러화, 유로화, 영국 파운드화, 엔화, 위안화, 스위스 프랑화 등 주요 화폐들은 글로벌 외환시장이라고 불리는 곳에서 24시간 거래된다. 글로벌 외환시장은 세계 각국의 주요 도시를 중심으로 형성되어 있다. 대표적으로 뉴욕, 런던, 도쿄, 홍콩, 싱가포르, 상하이, 시드니를 꼽을 수 있다. 이곳에서는 24시간 거래가 가능하지만, 대부분 거래는 각 나라별 근무시간에 집중적으로 이루어진다. 글로벌 관점에서 보면, 각국의 시차로 인해 거래가 활발히 일어나는 근무시간대가 각 도시별로 순차적으로 진행되므로 어느 시점이든 외환시장은 세계 어디선가 반드시 열려 있다. 그림 2-2에서 이를 확인할 수 있는데, 우리나라 시간을 기준으로 아침 7시 시드니를 시작으로 9시 도쿄, 10시 홍콩과 싱가포르, 10시 30분 상해, 오후 4시 런던, 오후 9시 뉴욕의 순서로 개장되어 오전 6시부터 7시를 제외하고는 글로벌 외환시장 거래가 활발히 이루어진다.

글로벌 외환시장이 있는 곳은 근무시간대 외에도 24시간 거래가 가능하지만 아무래도 근무시간대가 지나면 거래하려는 물량이 줄기 때문에 시장 참여자들은 거래가 활발히 이루어지는 곳으로 이동하게 된다. 예컨대 아침 7시부터 오후 2시까지는 시드니 외환시장을 이용하고, 오후 2시부터는 도쿄 시장을, 오후 6시 이후에는 런던 시장을 이용하는 식이다. 우리나라는 오전 9시부터 오후 3시 30분까지 외환시장이 열리고 그 외 시간엔 거래할 수 없다. 이런 점에서 우리나라 외환시장은 거래되는 화폐도 제한되고(원화, 달러화, 위안화), 거래 시간도 제한되어 있어 글로벌 외환시장으로 보기 어렵고, 단지 원화를 전문으로 거래하는 지역 외환시장 정도로 평가받는다.

그림 2-2 | 24시간 잠들지 않는 글로벌 외환시장

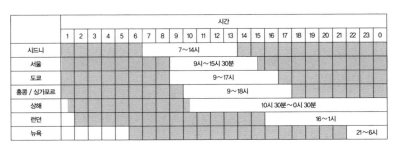

□ 가장 활발, ▨ 가능은 하나 거래량 미미, ▩ 자국 통화 은행 간 거래 불가

64

거래 이유에 따라 다양한 시장이 있다

　외국 화폐가 필요한 이유가 다양한 만큼 거래되는 외환시장의 종류도 세부적으로 다양하다. 달러를 사거나 팔고 싶은 사람, 달러를 빌리거나 빌려주고 싶은 사람, 환율이 변하는 것이 싫어서 내년도 환율을 미리 고정하고 싶은 사람, 환율이 얼마 이상 변하면 보상을 해주는 보험을 사고 싶은 사람, 원화가 필요한 외국인과 달러가 필요한 내국인이 일정 기간 서로 빌려주는 거래를 하고 싶은 사람 등 외국 화폐가 필요한 동기와 거래 목적은 실로 다양하다. 현물환시장, 선물환시장, 통화선물시장, 통화옵션시장, 외환 스와프시장, 통화 스와프시장, 외화 자금시장 등은 이러한 다양한 수요를 충족시키기 위해 형성된 금융시장이다. 어디선가 들어본 듯한 용어들이지만 아마도 감이 쉽게 잡히지는 않을 것이다. 사실 이 부분은 깊이 있는 공부가 필요하며, 환율과 관련하여 고수와 하수를 결정짓는 부분이기도 하기 때문에 이 책에서 매우 공들여 설명할 예정이다. 여기서는 일단 거래 동기와 목적에 따라 외화 관련 시장의 종류와 그 시장에서 결정되는 가격 변수가 무엇인지 간단하게 정리하고 지나가겠다. 다양한 외화 관련 시장이 있구나 하는 정도로 일단 넘어가고, 이 부분을 상세히 설명한 3부를 보면 좀 더 명확하게 개념이 잡힐 것이다.

외화 거래 동기 중 가장 기본은 외화를 사고파는 매매 거래이다. 이러한 거래를 수용하는 시장이 외환시장이다. 외환시장 중에서도 현물환시장은 우리가 일반적으로 생각하는 외환시장으로 외화를 바로 사고파는 시장이며, 이곳에서 시시각각으로 결정되는 가격이 환율 시세가 된다. 두 번째 외화 거래 동기는 외화를 빌리고 빌려주는 대차 거래이다. 굳이 외화를 사고팔 필요 없이 일정 기간 동안 외화를 빌리거나 빌려주고 싶은 경우로, 이러한 거래는 외화 자금시장에서 가능하다. 외화 자금시장은 외화를 빌려주는 기간에 따라 외화 콜시장(1일~3개월), 외화 단기대차시장(3개월~1년), 외화 장기대차시장(1년 이상)으로 나눌 수 있다. 각 시장별로 해당 외화 금리가 결정된다. 외화 자금시장 중 다소 특수한 형태가 스와프시장이다. 스와프Swap는 거래 당사자들이 일정 기간 동안 자신들의 화폐를 맞바꾸는 거래를 말한다. 예컨대 원달러 스와프는 원화가 필요한 외국인과 달러가 필요한 내국인이 일정 기간 서로 원화와 달러를 빌리는 것이다. 돈을 빌렸으니 상대방에게 당연히 이자를 지급해야 하는데 이때 적용되는 금리는 원화와 달러화에 따라 다르다. 여기에서 중요한 개념이 등장한다. 바로 원화 금리와 달러 금리의 차이를 나타내는 지표인 '스와프포인트swap point'로, 이를 통해 외화 자금시장 상황이 어려운지 아닌지를 파악할 수 있다. 다소 어려운 내용이 될 수도 있으므로 여기에서는 이 정도로만 설명하고 3부에서 자세히 다루겠다. 이상에서 외화 거래 동기를 매매 거래와 대차 거래로 나누었다. 그 외에 특수한 목적의 외화 거래와 이를 위한 시장도 존재한다. 미래의 환율을 고정하고 싶은 사람들을 위한 선물환시장과 통화선물시장, 환율 변동에 따른 손해를 보상해주는 보험을 들고 싶은 사람을 위한 통화옵션시장

표 2-5 | 거래 동기별 외화 관련 시장

| | 거래 동기 | | | |
| | | | 특수 목적 | |
	사고팔기 (매매)	빌리고 빌려주기 (대차)	미래환율 고정	환율 변동 보험
시장 이름	현물환시장	외화 자금시장	선물환시장 통화선물시장	통화옵션 시장
결정되는 핵심 변수	환율 (현물환율)	외화콜시장: 초단기 외화 금리 단기대차시장: 단기 외화 금리 장기대차시장: 장기 외화 금리 스와프시장: 스와프포인트, 스와프베이시스	스와프포인트	프리미엄

등이 그것이다. 표 2-5에 이를 정리해놓았으니 참고하기 바란다.

결론적으로 엄밀한 의미에서 외환시장은 현재의 환율이 결정되는 현물환시장을 말하지만 일반적으로는 선물환, 통화옵션 등 외환 파생상품 시장이나 스와프시장과 같은 외화 자금시장도 넓은 의미에서 외환시장이라 불리기도 한다.

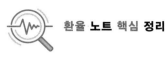 환율 **노트** 핵심 **정리**

1   환율은 외환시장에서 결정된다.

---

2   외환시장 = 소매시장(대고객 외환시장)과 도매시장(은행 간 외환
         시장)

---

3   도매시장(은행 간 외환시장) = 환율이 결정되는 진정한 의미의
         외환시장 = 매매기준율 결정

---

4   소매시장(은행 창구) = 도매시장에서 결정된 환율에 마진을 붙여
         거래. 현찰을 팔 때, 송금받을 때, 현찰을 살 때, 송금 보낼 때 환
         율이 각각 다르게 결정된다.

---

5   우리나라 외환시장에서 직접 결정되는 환율: 원달러 환율, 원위
         안 환율
         원엔 환율 = 원달러 환율과 엔달러 환율을 비교 환산하여 결정
         (재정환율)

3장

환율은 누가 결정하는가

환율 결정 주체에 따른 환율제도

환율을 결정하는 주체

1장에서 환율의 정의에 대해 알아보았고, 2장에서 환율이 결정되는 시장에 대해서 살펴보았다. 이번 3장에서는 환율 결정에 참여하는 사람들에 대해서 살펴볼 것이다. 환율은 외화(주로 달러)에 대한 수요와 공급에 의해 결정되므로 환율 결정에 참여하는 주체는 외화를 공급하거나 필요로 하는 사람 또는 기관이다. 이들은 1)외환당국, 2)은행(외환딜러), 3)수출입업체, 4)외국인 투자자, 5)해외 투자자, 6)개인, 7)외환중개회사 등으로 이들의 외화에 대한 태도와 의사결정에 따라 환율은 변하게 된다. 외화에 대한 수요와 공급의 동기가 각 참여 주체별로 모두 다르기 때문에 환율의 변동은 예측하기 매우 어려운 변화무쌍한 변수가 된다.

환율 결정 주체와 환율제도

환율 결정은 무수한 요인과 이러한 요인의 변화에 대응한 시장 참여자들의 상호 거래에 따라 결정된다. 그 방식은 누가 주도적인 역할을 하느냐에 따라 고정환율제도와 자유변동환율제도로 나뉜다. 고정환율제도는 오로지 외환당국이 환율을 결정하는 제도로, 이때 환율은 일정 수준으로 고정된다. 자유변동환율제도는 외환당국을 포함한 다양한 참여자들이 함께 환율을 결정하는 제도로 시장에서 자율적으로 형성된다. 따라서 외환당국의 영향력이 셀수록 고정환율제에 가까운 방식이고, 시장(외환당국을 제외한 여타 참여자)의 힘이 셀 경우 자유변동환율제도에 가깝다고 할 수 있다.

현실에서는 완전한 고정환율제도 또는 완전한 자유변동환율제도를 채택한 경우는 거의 없고 두 방식의 장점을 모두 취하는 중간 단계로 운용한다. 고정환율제도는 2차 세계대전 직후인 1945년부터 미국이 달러의 금태환 포기를 선언했던 1971년까지 국제 금융시장의 지배적인 환율제도였다. 이후 환율제도는 각국의 사정에 맞는 방식으로 변화했다. 선진국은 자유변동환율제도를, 신흥국은 고정환율제 또는 고정환율제의 특성을 가미한 변동환율제도를 주로 채택했다.

이에 따라 선진국의 환율은 시장에서 주로 결정되며 불가피한 경우가 아니면 외환당국은 개입하지 않는 반면, 환율의 변동이 국가 경제에 큰 영향을 미치는 신흥국이나 저개발국가는 환율 결정을 시장에 맡기면 위험할 수 있으므로 외환당국이 개입할 수 있는 폭이 넓은 환율제도를 운용하는 경우가 많다. 물론 예외도 있다. 홍콩은 고정환율제도에 가깝고 스위스는 선진국임에도 다른 특별한 목적을 위해 고정환율제도에 가까운 방식을 운용하기도 했다.

우리나라 환율제도는 IMF 외환 위기 전까지는 고정환율제도에 가까웠으나 이후 자유변동환율제도에 가까운 관리변동환율제도를 운용하고 있다. '변동환율제도' 앞에 '관리'가 붙는 것은 평소에는 환율의 결정을 시장에 맡겨두지만(변동환율제도) 환율 변동이 심할 경우 등 특별한 상황에서는 정부가 개입할 수 있는 여지(관리)를 둔 것이다.

그림 3-1 | 환율의 결정 주체에 따른 환율제도

외환당국

외환당국은 환율, 외환 거래, 외화 유동성을 관리하고 이와 관련된 정책과 제도를 담당하는 정부 부처를 말한다. 대부분의 나라에서 법적으로는 재무부ministry of finance가, 실질적으로는 중앙은행이 외환당국이다. 우리나라도 기획재정부가 법적인 외환당국이고, 한국은행이 실질적인 외환당국이다. 법적인 당국과 실질적인 당국이 나누어지는 것은 기획재정부가 법적인 권한을 가지고 있으나 실제로 외환시장에 참여하는 곳은 한국은행이기 때문이다. 기획재정부는 제도를 만들고 운영하는 것이 기본 임무이며 한국은행에 일상적 개입을 위임한 것이다. 그렇다고 해서 기획재정부가 전혀 개입하지 않는 것은 아니다. 한국은행과 마찬가지로 딜링룸을 운영하며 직접 개입에 나서기도 한다. 기획재정부의 개입은 시장 상황이 꽤 심각하다는 신호이므로 시장에서는 개입 여부에 촉각을 곤두세우지만, 기획재정부 내에서도 담당자만 알 정도로 철저히 비밀리에 행해지기 때문에 '기획재정부가 개입한 것 같다'는 추측만 할 수 있을 뿐이다.

외환당국은 왜 환율 결정에 개입하는가?

환율 결정에 있어서 외환당국의 영향력은 고정환율제와 변동환율제 중 어떤 방식을 채택하느냐에 따라 크게 차이가 난다. 먼저, 고정환율제는 환율을 일정 수준에 고정시키는 제도이므로 외환당국은 환율이 움직이려는 방향의 반대로 영향력을 행사하여 환율이 변동하지 않도록 하는 역할을 담당한다. 달러에 대한 수요가 증가하여 환율(달러의 가격)이 오를 기미를 보이면 외환당국은 달러를 공급하여 환율 상승 압력을 누그러뜨리고, 달러 공급이 증가하여 환율(달러의 가격)이 떨어지는 상황이라면 외환당국은 달러를 수요(사들여)하여 하락 압력을 제어한다. 고정된 환율 수준을 바꾸어야 하는 상황이 발생할 수도 있는데 이 경우에도 역시 외환당국이 결정한다. 수출입업체와 같이 달러를 수요하고 공급하는 다른 주체들이 있으나 외환당국이 이를 상쇄하는 조치를 취해 환율을 고정하는 역할을 함으로써 고정환율제에서는 결과적으로 외환당국이 고정된 환율을 유지하거나 새로운 환율 수준을 결정하는 유일한 주체가 된다. 고정환율제도를 사용하는 대표 국가로는 홍콩과 사우디아라비아, UAE, 카타르 등 중동 산유국들을 꼽을 수 있다. 이들은 달러에 고정된 환율제도(달러 페그제라고 한다)를 운영하고 있다. 스위스도 2011년부터 2015년까지 페그제를 채택한 적이 있다.

변동환율제에서는 외환당국도 여러 환율 결정 참여자들 중 하나일 뿐이다. 그러나 외환당국은 다른 외환시장 참여자들과는 다른 특성이 있다. 시장 참여자들은 외환당국을 '평소에는 호인好人, 시장 급변 시에는 불 같은 사람'으로 인식한다. 즉 평소에는 시장에 별로 신경을 쓰지 않고 환율이 움직여도 특별한 반응을 보이지 않지만, 환율이 일정 수준을 벗어나거나 변동이 심해서 경제활동에 지장을 줄 것으로 판단하면 강력하게 개입하여 환율에 엄청난 영향력을 발휘한다. 외환시장 참여자들 중에서 환율의 흐름을 바꿀 수 있는 유일한 참여자라고 할 수 있다.

그럼 외환당국은 언제 개입할까? 크게 보면 1)외환시장이 투기적 동기에 의해 교란된다고 판단할 때, 2)환율이 일정 수준을 벗어날 때, 3)환율의 변동 폭이 과도할 때 등이다. 먼저, 투기세력에 의해 외환시장이 교란될 때의 개입을 살펴보자. 평상시에는 투기 거래자든 실수요자든 환율에 대한 예측이 제각각이고 이러한 예측이 서로 상쇄되면서 환율이 균형을 이루어 하락하기도 하고 상승하기도 하며 아래위로 변동한다. 그러나 환율의 방향성이 한쪽으로 몰리거나 한쪽으로 몰리도록 투기세력이 시도하는 경우 외환시장의 균형이 급격하게 무너질 수 있다. 이때 외환당국은 시장에 개입하여 투기 거래에 따른 이익을 감소시키고 외환시장의 균형을 회복하는 역할을 담당한다.

두 번째로 환율이 일정 수준을 벗어나는 경우다. 여기서 일정 수준은 뒤에서 다시 설명하게 될 '환율의 안전구간comfortable zone'을 의미한다. 우리나라의 경우 시계열적으로 보면 1,100~1,200원이 안전구간으로 추정된다. 환율이 1,100원 밑으로 하락하면 수출 경쟁력 이슈가 나오면서 외환당국은 물론 경제 주체들이 부담을 느낀다. 한편 1,200원을 상회하면 원화 가치에 대해 회의적일 수 있고 외환 위기에 대한 트라우마도 떠오를 수 있어 외환당국이 개입하는 경우가 많다. 마지막으로 환율의 변동성이 커지면 국제 거래에서 안정성이 떨어지고 실물경제에 부담이 되기 때문에 외환당국은 이를 '스무딩 오퍼레이션smoothing operation'하는 개입을 하게 된다.

외환당국이 환율에 개입하는 방법

외환당국이 환율에 개입하는 방법은 3가지로 분류할 수 있다. 1)구두 개입, 2)외환 매매 개입, 3)외화자금 유출입 조절 방식인데, 구두 개입이 가장 약하고 자주 하는 방식이다. 외화자금 유출입 조절 방식은 가장 강력하고 극단적인 상황에서 사용한다. 현실적으로는 외환 매매 개입이 환율에 직접 개입하는 일반적인 방식이다.

구두 개입

먼저 구두 개입은 환율 변동이 심하거나 환율이 '안전구간'에서 벗어나는 경우 외환당국의 불편한 심기를 시장에 알리는 방식이다. 즉, 외환당국이 현재 외환시장에서 일어나는 일이 바람직하지 않다고 생각해 이러한 상황이 과장되어 있거나 잘못되어 있다는 메시지를 발표하는 것이다. 이러한 메시지는 시장 참여자들의 의사결정에 영향을 미쳐서 환율의 변동 폭이나 방향이 외환당국이 의도한 대로 흘러가게 할 수 있다. 시장 참여자들은 외환당국이 실제로 움직이기 전에 경고성 메시지를 보내는 것으로 파악하여 자신들의 이익을 극대화하는 방향으로 의사결정을 바꾸게 되고, 이 과정에서 통상적으로 외환당국의 의도와 같은 방향으로 갈 가능성이 크다.

예컨대, 환율이 급하게 올라 사람들이 달러를 더 사놓으려고 한다고 하자. 이를 그대로 놔두면 '환율 상승 → 달러 수요 증가 → 환율 상승'의 악순환 고리가 만들어져 환율은 계속 오를 가능성이 있다. 이때 외환당국이 "지금 환율이 오르는 것은 비정상적이다"라는 구두 메시지를 발표하면, 사람들은 '환율이 더 이상 오르지 않겠구나' 또는 '환율이 더 오르면 외환당국이 개입하겠구나' 하고 생각한다. 또한 달러를 사놓으면 손해 볼 수 있겠다고 생각해서 달러 수요가 줄어든다. 즉, 환율이 더 이상 상승하는 것을 막을 수 있는 것이다. 그래서 구두 개입은 외환당국이 실제 외환의 흐름에 직접 개입하는 것은 아니지만 다른 시장 참여자들의 의사결정에 영향을 미쳐 환율 변동을 조절

하는 효과적인 방식이다.

구두 개입은 외환당국이 시장의 신뢰를 충분히 얻고 있어야 성공할 가능성이 크다. 신뢰는 2가지로 볼 수 있는데, 첫 번째는 구두 개입 이후에도 시장이 안정화되지 않으면 실제로 강력한 개입을 할 것이라는 믿음이고, 두 번째는 충분한 개입을 할 수 있을 만큼 외환당국의 힘이 세다는 확신이다. 외환당국의 힘은 결국 달러를 팔 수 있는 능력, 즉 외환보유고에 의해 결정된다(이와 관련해서는 뒤에서 좀 더 자세히 다루기로 한다). 이 2가지 신뢰가 없으면 시장 참여자들은 환율의 변동 방향이 구두 개입으로는 바뀌지 않는다고 보고 더욱더 공격적으로 나오면서 외환당국의 구두 개입은 실패하게 된다.

외환 매매 개입

구두 개입으로 시장이 안정화되지 않을 때 외환당국은 외환시장에 직접 개입한다. 시장에서 직접 달러를 사거나 팔아서 외환당국이 원하는 방향으로 환율을 되돌려놓는 것이다. 즉, 환율(달러 가격)이 너무 상승하는 경우 보유하고 있는 달러를 시장에 내놓아 환율 상승세를 억제 또는 하락하게 유도한다. 이때 시장에 나오는 달러 대부분이 외환보유고이다. 반대로 환율이 너무 하락하는 경우 보유하고 있는 원화로 달러를 사들임으로써 환율이 내려가는 것을 억제하거나 상승 반전하도록 유도한다.

외환당국이 시장에 직접 개입했는데도 환율이 원하는 대로 움직이지 않을 수도 있다. 이는 구두 개입이 실패할 때와 마찬가지로 시장이 외환당국을 크게 신뢰하지 않거나 외환당국의 힘이 세지 않다고 생각하는 경우 직접 개입도 성공하지 못한다. 앞서 언급한 바와 같이 외환당국의 힘은 보유하고 있는 달러, 즉 외환보유고의 규모에 좌우된다. 만약 외환보유고가 충분하지 않음을 투기 거래자들이 간파하고 있다면 이들은 외환당국이 내놓는 달러를 모조리 매입함으로써 큰 이익을 얻고, 환율은 당국의 의도와는 정반대로 폭등하게 된다. 우리가 트라우마로 기억하는 IMF 외환 위기가 바로 이런 이유로 발생했다. 당시 우리나라 외환보유고가 충분하지 않다는 사실을 알고 있던 투기세력은 환율 방어를 위해 외환당국이 내놓는 달러를 나오는 족족 사들였고, 외환보유고가 고갈되기 시작하자 원화에 대한 투기적 공격을 더욱 강화하여 결국 외환당국은 IMF에 구제금융을 요청할 수밖에 없었던 것이다. 이후 우리나라 외환당국은 외환보유고를 확대하는 일에 목숨을 걸었다. IMF 외환 위기 당시 37억 달러까지 떨어졌다고 알려진 외환보유고는 2001년 9월 1,000억 달러, 2005년 2월 2,000억 달러, 2011년 4월 3,000억 달러를 차례로 돌파했고, 최근에는 4,000억 달러를 넘어서며 세계 8위 수준으로 올라섰다.

하지만 외환보유고가 늘었다고 해서 위기로부터 안전한 것은 아니다. 2008년 글로벌 금융 위기가 도래했을 당시 우리의 외환보유고는 2,600억 달러 이상이었으나 워낙 세계적인 위기였던 탓에 환율 상승을 막기 위한 직접 개입은 외환보유고의 감소만 초래했을 뿐 실패한 경험이 아직도 기억에 남아 있다. 이런 경험을 통해 외환보유고는 평소에 위기가 발생할 가능성을 줄이는 든든한 방패막은 될 수 있지만, 위기 상황 자체를 막지는 못한다는 교훈을 얻었다. 2008년 위기는 결국 미국과의 통화 스와프 협정이 체결되면서 종료되었다. 이에 대해서는 뒤에서 따로 설명하겠지만, 미국과의 통화 스와프는 달러의 원천을 확보한다는 의미가 있어 외환 위기를 막는 데 가장 강력한 효과를 발휘한다.

외화자금 유출입 조절 제도

특별한 예외를 제외하면 대부분의 외환시장 개입은 성공한다. 하지만 위의 사례와 같은 위기 상황이 발생하면 직접적인 시장 개입은 외환보유고만 낭비하는 결과를 낳을 수 있기 때문에 다른 방법을 사용하여 대응해야 한다. 그것이 세 번째 방법인 외화자금 유출입 조절 제도이다. 외화자금 유출입 조절은 외화자금의 자유로운 이동에 제한을 가하는 방식으로 가장 강력한 개입이라 할 수 있다. 그래서 정말 특별한 상황이 아니면 발동하지 않는다. 이런 개입이 잦을 경우 외화가 잘 유입되지 않는 부작용이 생기기 때문이다. 갑자기 내가 투자한 외화가 반출되지 못하는 상황이 온다면 누가 과연 투자를 하겠는가를 생각하면 이해하기 쉽다.

외화자금 유출입 조절은 직접 규제와 간접 규제, 2가지 방식으로 시행된다. 직접 규제 방식은 외화의 유출입에 직접적인 제한을 가하는 것으로, 외화가 유입되거나 유출되는 것을 사전(또는 사후)에 승인

받도록 하여 외화가 급격하게 유출입되는 것을 방지하는 조치다. 외화 유입을 통제하는 방법으로는 내국인(거주자)이 해외 차입을 할 경우 승인을 받도록 하거나 외국인이 국내 증권 투자를 하기 위해 달러를 들여올 경우에 사전에 승인을 받도록 하는 제도가 대표적이다. 외화가 유출되는 것을 통제하는 방식으로는 내국인(거주자)이 해외 증권에 투자할 경우나 해외 송금을 하려고 할 경우 사전에 승인을 받도록 한다든지 외국인이 본국에 송금하는 것을 제한하는 제도가 있다. 어떤 경우든 외화자금이 유출되거나 유입될 때 당국의 승인(사전 또는 사후)을 받게 하는 조치는 직접 규제라고 볼 수 있다.

반면 간접 규제는 외화의 유출입을 직접 제한하지는 않지만 유출입에 추가 비용을 부과하여 간접적으로 완화하는 방식이다. 내국인이 해외로부터 외화를 차입할 때 차입금액 중 일정 비율을 중앙은행에 예치하도록 한다든지(가변예치의무제도), 외국인의 외화예금 중 일정 비율을 중앙은행에 예치하도록 한다든지(한계지준제도 또는 무이자지급준비제도), 해외 차입이나 투자를 할 때 세금을 부과하는 것(금융거래세 또는 자본거래세) 등이 이에 해당한다.

외화자금 유출입 조절은 주로 국제 거래가 많은 신흥국에서 주로 활용한다. 국제 금융시장 상황에 따라 신흥국으로 달러자금이 몰려들기도 하고, 반대로 썰물같이 빠져나가는 일이 종종 발생하기 때문이다. 좀 더 구체적으로 살펴보면, 국제 금융시장이 안정되어 있으면 위험에 비해 수익률이 높은 신흥국으로 달러자금이 유입된다. 이렇게 유입된 자금은 신흥국의 부족한 자본을 보충해주어 경제성장을 촉진하는 동시에 외국 자본에는 높은 수익률을 안겨주어 모두가 윈윈win-win하게 된다. 그러나 외화자금이 과도하게 유입될 경우 오버슈팅, 즉 경기 및 자산시장이 과열되는 부작용이 발생한다. 그리고 이렇게 들어온 자금이 급격하게 빠져나가면 경제가 한순간에 큰 위기에 봉착할 수 있다. 즉, 국제 금융시장이 불안해지면 위험에 노출되어 있는 신흥국 경제는 외화자금이 급작스럽게 빠져나간다. 들어온 돈이 많으면 많을수록 순식간에 빠져나가게 되고 그 충격은 더 커진다. 특히 글로벌 경기마저 좋지 않은 상황이라면 이러한 외국 자본의 유출은 신흥국 위기의 폭과 깊이를 더욱 키우는 역할을 한다. 이러한 경험을 몇 차례 했던 신흥국들은 외화 유출뿐만 아니라 유입에 대해서도 적절한 통제가 필요하다는 생각을 하게 되었고 그래서 외화자금 유출입 제도를 도입한 것이다. IMF도 신흥국의 급격한 외화자금 유출입이 문제라는 인식하에 어느 정도의 외화유출입제도 운영을 승인해주는 분위기다.

하지만 직접 규제는 부작용(국제 금융시장에서 외면당하는)이 크기 때문에 불가피한 상황이 아니면 가능한 한 이 방식은 사용하지 않으려고 한다. 신흥국들도 2008년 이후에는 직접 규제보다 간접 규제에 초점을 맞추고 있다. 우리나라는 외환 부문 거시건전성 3종 세트라고 일컫는 외환 파생상품 포지션 비율 규제, 외화건전성부담금 제도, 외국인 채권 투자 과세 제도 등을 통해 외화의 유출입 변동성이 지나치게 확대되는 것을 방지하고 있다.

외환당국의 힘은 어디서 나올까?

이상에서 설명한 내용을 종합해보면 환율과 외환시장은 외환당국의 마음먹기에 달려 있다고 해도 과언이 아니다. 그렇다면 외환당국의 힘은 어디서 나오는 걸까? 짐작하겠지만, 가장 큰 힘의 원천은 규제 권한이다. 다른 모든 상황을 무시한다면 외환당국은 규제로 환율을 올릴 수도 또는 내릴 수도 있다. 극단적으로 외환 유출입을 금지하는 조치도 가능하다. 그 외에 국제 금융 사회에서 허용해주는 규제도 많기 때문에 이를 이용하여 외환시장과 환율에 영향을 미친다.

두 번째 실질적인 힘은 외환보유액이다. 외환보유액은 외환시장이라는 전쟁터에서 든든한 실탄이나 마찬가지다. 아무리 외환당국이라 하더라도 규제로 모든 것을 해결할 수는 없고(규제는 너무 날카로운 칼이라서 휘두르면 자기 자신도 다친다), 외환보유액이 충분히 있어야 개입의 효과가 커지고 외환시장에서 제대로 대접을 받을 수 있다. 이런 이유로 기축통화국이 아닌 국가들은 외환보유액 확충에 목숨을 건다. 규제 권한과 외환보유액 외에 국제 공조도 2008년 글로벌 금융 위기 이후 외환당국의 힘의 원천으로 자리 잡았다.

특히 미국과의 통화 스와프는 외환보유고가 무한하게 있는 것과 같은 심리적 효과를 가져와 외환시장과 환율을 급속하게 안정시키는 역할을 한다. 통화 스와프 협정 금액만큼의 달러를 미국으로부터 빌릴 수 있어 달러가 부족할 가능성이 급격하게 줄어들기 때문이다. 여태껏 미국과 통화 스와프 협정을 맺은 국가가 외환 위기를 당한 사례가 없다는 점만 봐도 미국과의 통화 스와프 협정의 위력을 짐작할 수 있다. 우리나라도 2008년 글로벌 금융 위기와 2020년 코로나19 위기 때 환율 급등으로 외환시장이 급격하게 흔들렸었는데, 한미 통화 스와프 협정이 맺어지면서 외환시장이 빠르게 안정을 되찾은 경험이 있다. 이렇게 강력한 힘을 가진 외환당국이라도 힘을 잘못 사용한다든지, 약점이 잡혀(부족한 외환보유고 등) 힘이 없다든지 하는 낌새가 보이면 한순간에 무너질 수 있기 때문에 외환당국도 자신의 힘을 함부로 쓰지 않는다. 꼭 필요한 상황에만 사용해 실제로는 매일매일의 환율에는 거의 영향이 없다고 할 수 있다. 즉, 평화로운 일상에서는 보이지 않다가 위기 상황에서 나타나는 마지막 보루의 역할을 한다.

미국과의 통화 스와프 협정은 만병통치약인가?

미국은 왜 다른 나라와 통화 스와프 협정을 맺을까? 다소 음모론적으로 들릴 수도 있겠지만, 국제 금융시장이 위험해지는 것을 방지하기 위한 이유도 있으나 무엇보다 미국 금융시장이 곤란해지지 않도록 하는 것이 가장 크다. 미국과 통화 스와프 협정을 맺은 국가들을 잘 살펴보면 미국과 금융시장이 깊게 연계되어 있거나 미국의 국채나 금융상품을 많이 가지고 있는 국가들이 대부분이다. 미국 금융시장과 연계성이 높은 국가가 외환 위기가 발생하면 미국도 피해를 본다. 또한 어느 국가나 외환 위기 가능성이 있을 경우 외환보유고를 사용하여 이를 방어하려고 하는데, 외환보유고는 대부분 미국의 국채로 구성된 경우가 많아 외환보유고를 사용하기 위해 미국 국채를 대량으로 팔기 시작하면 미국의 국채 시장이 크게 흔들릴 수 있다. 미국의 국채를 많이 보유하거나 미국과 금융 거래가 많은 국가에서 외환 위기가 발생하면 미국에도 부담이 될 수 있는 것이다. 따라서 이러한 국가들이 외환 위기에 빠지지 않는 것이 미국의 이익에도 부합하므로 이를 위한 특효약이 통화 스와프 협정인 것이다. 이는 상대 국가의 달러 부족 현상을 해소하는 동시에 그 나라의 불똥이 미국으로 번지지 않게 하는 것이다. 결국은 미국이 글로벌 외환당국의 역할을 한다고 할 수 있다. 우리나라에 달러가 부족한 상황이 발생할 경우 한미 통화 스와프 협정을 맺은 것만으로도 소위 '구두 개입 효과'가 나타난다. 협정에 따라 달러를 빌려서 국내 외환시장에 실제로 공급하는 것은 '외환 매매 개입'과 같다.

미국과 항구적인 통화 스와프 협정을 맺은 국가를 살펴보면 캐나다, 영국, 유로존, 일본, 스위스 등 5개 국가가 있다. 모두 국제 금융시장에서 핵심 역할을 하는 국가이면서 미국 금융시장과 연계성도 매우 높다. 이들이 외환 위기에 빠지면 국제 금융시장은 큰 혼란에 빠지고 미국도 어려움을 겪을 수 있기 때문에 아예 평상시에도 통화 스와프 협정을 맺어 위기를 원천적으로 봉쇄하는 것이다. 위기 상황이 글로벌 차원으로 확대될 경우 미국은 통화 스와프 협정을 일시적으로 확대하는데, 통상 10개 내외의 국가가 추가된다. 2008년과 2020년 두 차례의 위기 당시 호주, 덴마크, 노르웨이, 스웨덴, 뉴질랜드, 브라질, 멕시코, 한국, 싱가포르 등이 포함되었으며, 이들은 미국 경제와 긴밀히 연계되어 있거나 미국 국채를 많이 보유한 국가들이다. 다만, 예외가 하나 있는데, 바로 중국이다. 중국은 미국 국채를 가장 많이 보유한 국가이지만 미국과 통화 스와프 협정을 맺지 않고 있다. 미국의 입장에서 중국은 그리 우호적인 국가가 아니라는 것을 방증하는 사례라고 해석할 수 있겠다. 미국과의 통화 스와프 협정 여부에 따라 외환 위기의 위험성이 극단적으로 달라지기 때문에 신흥국의 입장에서 이는 튼튼한 동아줄과도 같지만, 아무에게나 이 동아줄을 제공하지는 않는 것이다. 우리나라는 다행스럽게도 두 번의 위기에서 모두 협정국에 포함되어 외환 위기를 잘 모면했다.

한편, 역으로 생각하면 상대국의 외환 위기가 미국에 별다른 문제를 야기하지 않을 경우 미국은 굳이 통화 스와프 협정을 맺으려 하지 않을 것이라고 추측할 수 있다. 위기가 특정 국가에 국한되고, 그 충격이 미국에 미치는 영향이 크지 않다면 미국은 통화 스와프 협정을 통해 해당 국가를 도와줄 이유가 적어진다. 특히 이 협정에 대해 발권력을 사용하여 외국을 지원하는 것이라는 미 의회의 비판이 항시 있다는 점을 감안한다면 특정 국가만을 위한 협정은 발휘되기가 어렵다. 따라서 우리 역시 한미 통화 스와프 협정을 두 차례 맺었다고 해서 위기 때마다 자동으로 가입된다고 보장할 수는 없다. 즉, IMF 외환 위기와 같이 우리나라를 비롯한 소수의 국가에만 문제가 발생할 경우 통화 스와프 협정은 발휘되지 않을 가능성이 크고, 미국의 이익에 부합할 때에만 발동될 수 있다는 점에 유의해야 한다.

외환당국과 맞서 싸울 경우 대부분은 쪽박

앞에서 설명한 바와 같이 외환당국은 시장에서 가장 큰손이기 때문에 외환당국이 개입하게 되면 대부분 외환당국이 의도했던 방향으로 정리된다. 환투기자들이 방향성을 정해서 외환시장을 공격하더라도 외환당국이 개입하면 물러나는 것이 보통이다. 예컨대, 환율(달러 가격)이 상승할 것으로 예상되면 달러를 사고 원화를 판다. 이런 투기 거래자들이 많아지면 달러 수요가 늘어서 실제로 환율이 올라간다. 투기 거래자들이 이익을 보는 것이다. 이때, 외환당국이 이 상황을 비정상적인 것으로 판단한다면 달러를 대거 풀어버린다. 그러면 환율이 떨어지고 상승에 베팅하는 투기자들은 손해를 보기 때문에 후퇴하는 것이다. 통상적인 경우 투기 거래자들의 투기 거래는 외환당국이 개입하기 전까지 이루어지고 최대한 이익을 본 후 당국이 개입할 조짐이 보이면 빠져나가는데, 때론 외환당국과 전쟁을 벌이는 투기 거래자들도 있다. 결과는 처참한 실패 아니면 큰 승리 중 하나로 귀결된다. 역사적으로 보면 외환당국이 대부분 승리하지만, 투기 거래자들에게 무릎을 꿇은 일도 종종 일어났다.

외환당국과 외환 투기 거래와의 전쟁 사례

외환당국을 상대로 환투기를 했던 사례 중에서 조지 소로스를 일약 투자업계의 거물로 만든 1992년 9월 영국 파운드화에 대한 공격이 가장 대표적이다. 당시에는 유로가 나오기 전이어서 유럽에서는 각국의 환율을 ECU(유럽통화단위)라는 기준 화폐에 고정하는 고정환율제를 운용하고 있었다. 다만, 일정 범위까지의 변동은 허용하되 이를 벗어날 경우 각국의 외환당국이 개입하여 벗어나지 않도록 하는 제도를 운영하고 있었다.

그런데 조지 소로스는 영국의 경제 상황을 분석한 뒤, 파운드화가 대폭락하게 될 것이고 영국의 외환당국인 영란은행은 대폭락을 막을 수 있는 힘이 없다고 판단을 내린 후, 파운드화를 공격하기 시작한 것이다. 파운드화를 공격한다는 의미는 파운드화의 가치를 떨어뜨리기 위해 파운드화를 집중적으로 판다는 의미다. 조지 소로스는 다른 헤지펀드까지 부추기며 파운드화를 집중적으로 팔기 시작했다. 파운드화 가치는 크게 하락했다. 이를 방지하기 위해 영란은행은 바로 대규모 개입을 시작했다. 가지고 있던 외환보유고(달러, 마르크화 등)를 통해 파운드화를 사들이기 시작한 것이다. 이 조치가 먹혀들 경우 파운드화 가치는 회복되고 이를 미리 팔았던 조지 소로스와 헤지펀드들은 큰 손실을 볼 참이었다(예컨대, 파운드화를 1.5달러에 팔았는데 파운드화가 2달러가 되어버렸다면 0.5달러를 손해 본다). 그러나 조지 소로스와 헤지펀드들은 영란은행이 내놓은 외환보유고를 다 사버리고 파운드화를 더 많이 팔아버렸다. 영란은행이 파운드화를 추가로 살 외환보유고가 없다고 판단한 것이다. 결과는 조지 소로스의 판단이 맞았다. 파운드화는 폭락했고 이를 막을 외환보유고가 바닥나자 영란은행은 손을 들어버렸다. 고정환율제를 포기한 것이다.

이를 통해 조지 소로스는 일주일 사이에 10억 달러 이상의 수익을 얻었다고 알려졌다. 파운드화를 팔고(예: 1.5달러에) 달러를 사들였는데, 파운드화가 폭락(예: 1달러)했으니 그만큼(0.5달러) 이익을 본 것이다. 조지 소로스와 영란은행의 전쟁에서 승패는 자금 동원력과 경제 상황에 대한 정확한 판단에서 갈렸다. 영란은행의 외환보유고가 풍부하여 시장의 흐름을 바꾸어놓았다면 조지 소로스는 망했을 것이다. 그러나 조지 소로스는 영란은행의 외환보유고로는 자신들의 공격을 방어할 수 없고(상대방의 약점 파악), 영국의 경제 상황도 파운드화의 하락 쪽으로 작용하고 있다는 점(투기적 공격을 위한 환경도 유리)을 냉철하게 확신했기 때문에 세계에서 가장 강력한 외환당국 중의 하나인 영란은행과의 전쟁에서 승리할 수 있었다.

반대로 중앙은행에 맞섰다가 투기 거래자들이 큰 손실을 본 사례로는 1998년 홍콩 외환당국과 헤지펀드 간의 환율전쟁을 꼽을 수 있다. 홍콩은 미국 달러에 페그(고정)되어 있는 고정환율제를 채택하고 있는데 당시 홍콩달러는 아시아를 휩쓸던 외환 위기의 여파로 강한 하락 압력을 받고 있었다. 이에 헤지펀드들은 영국이 1992년에 파운드화 가치를 지키지 못하고 고정환율제를 포기했듯이 홍콩도 페그제를 포기할 것으로 판단하고 홍콩달러를 공격하기 시작했다. 처음에는 헤지펀드들의 승리를 점치는 시각이 많았지만, 홍콩 당국은 예상을 뛰어넘는 대규모 자금을 투입하여 홍콩달러를 사들였으며, 중국 정부에도 달러 유동성 지원을 요청하여 결국 홍콩달러를 방어했다. 헤지펀드들은 외환시장에서 대규모 손실을 입고 퇴각할 수밖에 없었다. 홍콩 외환당국은 1992년 영국과 달리 동원 가능한 외환보유고가 풍부했고, 외환 투기 거래자들의 공격을 무력화시킬 수 있었기 때문에 파국을 막을 수 있었다.

정당한 개입인가, 환율 조작인가?

외환당국이 외환시장에 개입하는 목적은 1)환율의 변동성 심화를 완화하거나 2)일정한 환율 범위를 벗어나는 것을 방지(또는 보다 적극적으로 목표 환율로 유도)하거나 3)외환보유액을 확충하는 것이다. 이러한 개입이 이뤄지면 당연하게도 환율을 조작한다는 의심을 받게 된다.

환율은 상대가 있기 때문에 어떤 방향으로 환율을 변경시키거나 유도하는 행위는 상대 국가에게 손실을 초래할 수 있고, 따라서 상대 국가의 불만이나 비판의 대상이 된다. 그래서 미국의 경우 경상수지 적자 확대를 외국의 환율 조작 탓이라고 주장하며 환율조작국 지정이라는 강력한 제도를 운용하고 있다. 환율조작국으로 지정되면 미국은 우선 해당 국가에 환율 저평가 및 과도한 무역흑자에 대한 시정을 요구하고, 그래도 개선되지 않으면 미국 기업의 해당 국가 투자 시 금융 지원 금지, 미 연방정부 조달시장 진입 금지, IMF를 통한 압박 등의 제재를 가한다. 그런데 외환당국의 개입 여부는 보는 관점에 따라 달라지기 때문에 사실 정확히 구분하기가 쉽지 않다. 환율의 변동성을 완화하는 스무딩 오퍼레이션만 해도 외환당국의 당연한 의무라 할 수 있지만, 이를 지켜보는 상대방 국가는 환율을 조작하여 자국에 피해를 주는 것이 아닌가 하는 의심을 거두기가 힘들다.

은행(외환딜러)

　은행은 외환시장의 참여자 중에서 가장 핵심적인 기관이다. 외환시장에 참여할 수 있는 은행을 외국환은행이라고 하는데 은행은 거의 예외 없이 외국환 업무를 다룰 권한이 있기 때문에 그냥 모든 은행이 외국환은행이라고 봐도 무리가 없다. 외국환은행이라고 하면 어렵게 생각되므로 여기서는 은행이라고 표현했다. 따라서 이 책에서 '은행'이라 함은 외국환 업무를 취급할 수 있는 외국환은행(우리나라에서는 모든 은행이 외국환은행이다)으로 이해하면 된다.

　은행은 외환시장에서 2가지 역할을 한다. 도매시장과 소매시장을 연결하는 중개자 역할과 외환 투자가의 역할이다. 먼저 외환 중개자는 외환시장에서 중요한 역할 중 하나다. 은행은 외환 거래 실수요자들이 환전을 요구하면 들어주어야 할 의무가 있다. 실수요자들은 뒤에서 살펴볼 수출입업체, 외국인 투자자, 해외 투자자 등 외환이 실제로 필요한 사람들(또는 외환을 은행에 사고팔아야 하는 사람들)이다. 투기 거래자들도 투기 목적이긴 하지만 외환이 필요하다는 점에서 넓은 의미의 실수요자에 해당한다. 이들을 위해 은행은 소위 외환시장의 '조성자'로서 역할을 하는데, 이런 역할을 할 수 있도록 은행 간에 도매시장이 형성되어 있다. 은행만이 참여한다고 해서 '은행 간 시장'이라고 한다. 은행들은 도매시장과 소매시장을 넘나들며 외화를 중개하고 수수료 수입을 얻는다.

수수료는 은행의 외환 거래 방침에 따라 다르지만 경쟁이 치열하기 때문에 비슷한 수준으로 수렴된다. 1부에서 수수료에 대해 자세히 설명한 바 있으니 참고하기 바란다. 외환의 중개자 역할은 수수료를 얻는 거래이므로 수수료 거래라고 한다. 수수료 거래는 중개 거래이기 때문에 환율 변동으로 인한 이익이나 손실은 없다. 소매시장에서 팔면 도매시장에서는 사고, 소매시장에서 사면 도매시장에서는 팔아서 그 거래에 대한 외환 포지션은 중립이 된다. 이런 점을 강조해서 수수료 거래는 '커버 거래'라고도 한다. 커버 거래는 2장에서 설명한 바와 같이 소매시장 거래에서 발생하는 위험을 도매시장에서의 반대 거래로 상쇄한다는 의미로 사용된다.

은행은 중개자 역할, 또는 수수료 거래를 할 뿐만 아니라 직접 외환에 투자하기도 한다. 이를 자기계정거래proprietary trading 또는 외환 투자라고 하는데 외환에 투자(또는 투기)해서 이익을 보려는 시장 참여자와 같은 동기로 거래하는 것을 말한다. 은행은 우수한 외환 전문가를 고용해 일반인보다 분석과 예측 능력이 우위에 있지만, 외환 투자에서 항상 이익을 보는 것은 아니다. 아무리 전문가 집단이라고 해도 환율의 방향을 매번 정확히 맞히는 것은 불가능하기 때문이다.

수수료 거래에서 은행은 일반적으로 환율 변동에 따른 손해를 보지 않는다. 싸게 사서 비싸게 파는 구조이므로 손해를 볼 이유가 없고, 그 차이는 수수료로 처리된다. 그러나 실제로는 소매시장과 도매시장의 거래 간에 시차가 발생할 경우, 그리고 은행의 외환딜러가 사고파는 시점을 어떻게 잡는가 등에 따라 수수료 외의 이익을 보기도 하고 손실을 보기도 한다. 외환딜러가 소매시장에서의 거래와 도매시장에서의 거래 시점을 길게 잡을수록 수수료 거래라기보다는 자기 계정거래의 성격을 많이 띠게 되고 이에 따라 이익과 손실을 볼 가능성도 커진다. 예를 들면, 수입업체가 100만 달러를 은행에 매입하겠다고 요청하고 환율을 문의했다고 하자. 수입업체는 가능하면 싸게 100만 달러를 사기 위해 은행 몇 군데에 동시에 문의할 것이고, 은행들은 이 거래를 따내기 위해 도매시장에서 환율을 재빨리 확인한 후 경쟁력 있다고 생각되는 수준의 수수료를 더해 환율을 제시할 것이다. 이제 소매시장에서 거래가 성사되었다고 하자. 은행의 외환딜러는 2가지 선택이 가능하다. 첫 번째는 소매시장의 거래와 거의 동시에 도매시장에서 100만 달러를 사는 것이다. 이 경우 은행에는 수수료 수입이 들어오고 100만 달러는 수입업체에 넘어간다. 그런데 외환딜러가 그날 오후에 환율이 내릴 것으로 강하게 확신했다면 다른 선택이 있을 수 있다. 예컨대 오전에 도매시장에서 환율이 1,100원에 형성되어 있다면 수입업체와는 달러당 20원 정도 수수료를 붙여서 1,120원에 100만 달러를 팔겠다는 계약을 하고, 바로 도매시장으로 가지 않고 오후 늦게까지 기다렸다가 환율이 1,050원으로 떨어졌을 때 달러를 사는 것이다. 이렇게 되면 수수료 20원에 환차익 50원을 더한 달러당 70원, 즉 100만 달러×70원=7,000만 원의 이익을 볼 수 있다. 반대로 외환딜러의 예상과 달리 환율이 1,155원으로 오른다면 환손실 55원에서 수수료 이익 20원을 제한 달러당 35원, 즉 100만 달러×35원=3,500만 원의 손실을 볼 수도 있다. 수수료 거래에서 이렇게 하는 경우는 흔치 않지만, 각 은행의 외환 거래 방침에 따라서 또는 외환시장의 상황에 따라서 수수료 거래에 투자 거래 동기가 섞이기도 한다.

외국환은행 중 외국은행의 한국 지점, 즉 '외은지점'은 외환시장에서 특별한 역할을 한다. 이들은 주로 달러를 한국 외환시장에 공급하는 입장이다. 우리나라 경상수지 흑자 규모가 확대되면서 국내 은행의 달러 보유량이 늘어남에 따라(수출업체들이 벌어들인 달러를 국내 은행에 예금하면 국내 은행이 달러를 보유하게 된다) 그 영향력이 예전만 못하지만, 국내 은행들은 외환 포지션 문제 때문에 달러를 편안하게 보유하기 어려운 상황이 많은 데 비해 외은지점은 이 부분에서 보다 자유로워 (외은지점은 반대로 원화를 많이 가지고 있는 것이 위험 요인이 됨) 여전히 달러의 주요 공급원이다. 외은지점은 글로벌 달러자금의 국내 유출입과 한국에서의 달러 운용 등 국제 금융과 국내 금융의 연결고리 역할도 한다. 이 과정에서 여러 금융기법을 사용한다. 한 번쯤은 들어봤을 법한 외환 스와프, 통화 스와프 등이 바로 그것인데, 뒤에서 자세히 설명하겠다. 이 밖에 이들은 외국인 투자자들의 국내 주식 매매의 창구 역할도 수행하고 국내 기업을 대상으로 직접적으로 외환, 대출, 무역 업무를 수행하기도 한다. 하지만 위기 때는 외환이 빠져나가는 통로가 되기도 한다. 이 때문인지 몰라도 IMF 외환 위기를 겪은 우리 국민들의 외은지점에 대한 시선이 그리 곱지만은 않다.

수출입업체

수출입업체는 달러의 실수요자들이다. 국제 무역 거래의 대부분이 기축통화인 달러로 이루어지기 때문에 수출입 거래를 하기 위해서는 반드시 외환 거래가 수반된다. 수출은 대금이 들어오는 것이므로 달러가 국내 시장에 공급되는 것이고, 수입은 대금을 지급해야 하므로 국내 시장에서 달러에 대한 수요가 증가하는 요인이다. 수요공급 측면에서 보면 수출이 증가하면 달러 공급이 늘어 달러 가격(환율)은 하락 압력을 받게 되고, 수입이 증가하면 달러 수요가 증가하여 달러 가격(환율)은 상승 압력을 받게 된다.

실제로 수출입업체가 환율에 미치는 영향을 이들이 달러대금을 처리하는 방식을 통해 알아보자. 먼저 수출업체이다. 오늘 수출 계약을 했다고 하면 일정 기간(예컨대 30일) 후에 선적이 이루어지고 선적이 적정하게 이루어졌다는 선화증권을 받으면 이를 토대로 은행에 수출대금을 요청할 수 있다. 이를 '네고'라고 한다는 것은 2장에서 상세히 설명한 바 있다. 어쨌든 선적까지 마친 후에는 물건이 수입업자에게 도착하기 전이라도 네고를 통해 수출대금을 은행으로부터 미리 받을 수가 있다. 이렇게 받은 금액을 달러로 받아서 외화예금으로 저축해놓을 수도 있고 원화로 환전할 수도 있다. 외화예금으로 저축하는 경우 외화가 은행에 묶여 있으므로 외화의 공급엔 변화가 없어 환율에 영향이 없겠지만, 환전하는 경우 외화가 외환시장에 나오게 되므로 외화의 공급이 늘어나 환율에 하락 압력으로 작용하게 된다. 이 부분은 좀 헷갈릴 수 있는데, 달러에 대한 수요와 공급은 원화와 교환이 이루어질 때 달라지는 것이며 환전하지 않고 달러를 그대로 보유만 하면 환율에 영향을 미치지 않는다. 즉, 같은 외화예금이라도 달러를 받아서 달러예금을 해놓으면 수요공급에 영향이 없고, 원화를

그림 3-2 | 수출이 환율에 미치는 시기

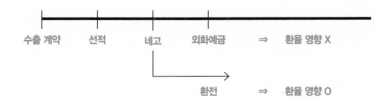

99

달러로 환전하여 외화예금을 했다면 환전하는 과정에서 달러의 수요가 늘어나는 영향이 있는 것이다.

　수입업체는 수입대금을 지불하기 위해 달러를 사야 하는 입장이다. 오늘 수입 계약을 체결하면 은행에 가서 상대방인 수출업체 앞으로 대금 지급을 보증하는 신용장을 개설해야 한다. 외국 수출업체는 상품을 보내고 이 신용장을 근거로 자기 나라의 거래 은행에 대금 지급을 요청하면, 그 은행은 먼저 대금을 지급하고 수입업체의 거래 은행에 이 금액에 대한 결제를 요청한다. 그러면 수입업체는 달러를 매입하여 자신의 거래 은행을 통해 지급해야 하는데, 이 과정에서 달러에 대한 수요가 증가하여 환율이 상승 압력을 받게 된다. 다만, 실제로는 업체가 달러를 직접 매입하여 은행에 지급하는 것은 아니고, 달러에 해당하는 원화를 지급하고 은행이 도매시장에서 달러를 매입하는 방식으로 결제한다. 따라서 수입대금의 경우에도 계약 시점이나 물품의 도착 시점이 아닌 은행이 수입업체에 결제를 요청한 날이 외환시장의 달러 수급과 환율에 영향을 미치는 시점이다.

그림 3-3 | 수입 거래가 환율에 미치는 시기

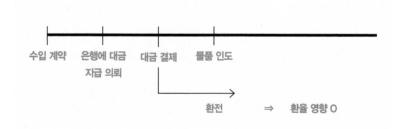

외국인 투자자

　우리나라 주식시장에서 외국인 투자자의 움직임은 항상 주목 대상이다. 국내 투자자들의 재원이 한정된 상황에서 외부의 새로운 자금이 유입되면 주식시장은 강세를 보이고, 반대로 빠져나가면 약세를 보이기 때문이다. 또한 외국인 투자자는 우리보다 정보력이 강하고 전문성이 높으며 돈에 대한 감각도 뛰어나다는 막연한 선입관이 있어서 외국인 자금이 유입되면 주식시장 전반에 긍정적인 전망이 형성되고 주가 상승세가 가속화되는 상황이 발생하기도 한다. 다만 최근에는 국내 투자자들의 전문성 또한 높아지고 투자 규모도 커짐에 따라 외국인 투자자들의 영향력이 예전보다 약해지는 추세다.

외환시장에서도 외국인 투자자들은 큰손이다. 외국인 투자자들은 수출입과 같은 외환의 실물 수급이 아닌 다른 방식으로 우리나라에 달러를 공급하거나 공급한 달러를 다시 유출시킬 수 있는 주체다. 주식시장과 마찬가지로 외환시장에서도 외국인 투자자들의 영향력은 예전만 못하지만, 여전히 막강하다. 국내 참여자들에 비해 달러를 공급할 수 있는 능력이 훨씬 우위에 있기 때문이다.

외국인 투자자들은 다양한 동기로 우리나라에 달러를 가져온다. 투자은행, 헤지펀드, 글로벌 펀드 등 영리를 추구하는 민간 금융기관은 물론 외국의 중앙은행, 국부펀드 등과 같은 공적 기관도 투자를 통한 이익 추구를 위해 국내 금융시장에 달러를 들고 온다. 이들은 위험과 수익률의 정도를 비교하며 투자를 한다. 고위험-고수익률을 추구하는 헤지펀드부터 저위험-저수익을 추구하는 외국의 중앙은행이나 국부펀드까지 다양한 스펙트럼이 있지만 위험이 증가하면 달러를 빼내고, 수익이 증가하면 달러를 들여오는 메커니즘은 동일하다. 달러가 우리나라에 투자용으로 들어온다는 것은 달러가 환전된다는 것을 의미한다. 주식, 채권 등 국내 금융시장의 투자상품은 원화 표시 상품이기 때문이다. 따라서 외국인 투자가 증가하면 외환시장에 달러가 많이 공급되어 환율이 하락 압박을 받게 되고 외국인이 투자를 회수하면 달러 수요가 늘어(원화로 투자한 돈을 달러로 바꾸어서 본국으로 가져가려고 하므로) 환율은 상승 압박을 받게 된다.

외국인 투자자들은 원화 자체에 투자하기도 하지만 대부분은 주식이나 채권 등 원화로 표시된 다른 투자자산에 투자한다. 여기서 중요한 것은, 우리나라 주식이나 채권의 가치가 오르더라도 환율(달러 가격)이 상승하면 최종 투자수익이 줄어들 수 있다는 점이다. 다시 설명하면, 외국인의 입장에서 투자한 대상의 최종 수익은 '투자 대상의 가격 변화 + 환차익(손)'인데, 환율(달러 가격)이 상승하면 달러로 바꿀 때 손해를 보므로 환차손이 발생하고, 환차손이 커질 경우 투자 대상에서는 이익을 거둔다 해도 최종적으로 손실을 볼 수 있다. 그래서 외국인들은 환율 움직임에 관심을 가질 수밖에 없다. 외국인들은 대부분 환율에 대해 헤지를 하지 않고 국내에 투자하는 것으로 알려져 있다(이를 '환오픈'한다고 한다. 환율 변동에 따라 이익과 손실에 열려 있다는 의미). 환율 변동에 따른 위험을 감수하겠다는 것이다. 그러나 환율 변동이 심상치 않게 돌아가는 상황이라면 얘기가 달라진다. 환을 오픈해서 투자한다는 것은 매우 위험하기 때문에 다양한 방식으로 환 위험을 없애려는 '환헤지'에 나서게 된다. 이에 대해서는 3부에서 자세히 설명하기로 한다.

내국인 해외 투자자

　우리나라는 2014년부터 순대외채권국이 되었다. 우리나라에 들어와 있는 외국인 투자 총액보다 우리가 해외에 투자한 총액이 더 크다는 얘기다. 우리나라의 해외 투자는 지속적으로 늘어나고 있는데, 표 3-1에 외국인 투자와 내국인 해외 투자 추이를 표시해놓았다. 대표적인 해외 투자기관으로 국민연금과 한국투자공사를 꼽을 수 있다. 국민연금은 이미 국제 금융시장에서 큰손으로 알려져 있으며, 해외 투자를 지속적으로 확대한다는 전략이 있어서 글로벌 투자은행을 비롯한 글로벌 금융기관들 사이에서는 국민연금과 네트워크를 형성하려는 경쟁이 치열하다. 국민연금은 국제 금융시장에서는

NPS National Pension System로 알려져 있다. 한국투자공사는 한국은행의 외환보유고와 기획재정부의 외국환평형기금의 일부를 위탁 받아서 100% 해외 투자를 하는 우리나라 유일의 국부펀드이다. 한국은행이 직접 보유하고 운용하는 외환보유고는 그 특성상 미국 국채와 같은 안전한 자산에 투자하므로 수익률이 너무 낮다는 문제가 제기되었다. 이에 대한 보완책으로 외환보유고의 일부를 좀 더 공격적으로 수익률이 높은 위험자산에 투자하고자 출범한 것이 한국투자공사다. 싱가포르의 GIC Government of Singapore Investment Corporation, 테마섹 등 다른 국부펀드를 벤치마킹하여 설립되었으며, 국제 금융시장에 KIC Korea Investment Corporation로 알려져 있다. 운용 규모가 크지 않아 다른 나라의 국부펀드에 비해 힘이 좀 약하지만 국제 금융시장에서는 나름 큰손으로 대접받고 있다.

공적 기관뿐만 아니라 민간 기관들도 해외 투자에 적극 나서고 있다. 대표적인 기관이 보험회사이다. 보험회사 중에서 생명보험회사는 가입자들로부터 받은 보험료를 잘 운용하여 나중에 보험금으로 지급해야 하므로 안전하면서도 수익성 높은 곳에 투자하는 것이 매우 중요하다. 특히 종신보험과 같이 아주 먼 장래에 지급해야 하는 보험의 보험료는 장기적으로 수익이 날 수 있는 자산에 투자해야 한다. 그래야 기간도 맞고 수익도 극대화(일반적으로 수익은 장기로 투자할수록 높아진다. 보통예금보다 3년 정기예금 금리가 높은 것도 같은 이유다) 할 수 있는데, 국내에서는 20년 혹은 30년 투자할 수 있는 상품을 구하기가 어려워해외로 나가게 된다. 미국이나 유럽의 채권시장은 10년, 20년, 30년 등 다양한 장기 상품이 있어서 이들이 첫 번째 대상이다. 주식과 채권 등 전통적인 자산이 아닌 소위 대체 자산도 최근 투자 대상 목록에 추가되었는데, 장기적으로 수익이 발생하는 상업용 부동산과 투자 회임기간이 긴 비행기 같은 자산이 여기에 포함된다. 이 밖에 규모는 상대적으로 작지만, 증권사와 자산운용사도 이러한 해외 투자 행렬에 동참하고 있다.

표 3-1 | 외국인 투자와 내국인 해외 투자 추이(단위: 억 달러)

연도	외국인의 국내 증권 투자	내국인의 해외 증권 투자
2000	803.2	55.3
2010	4,891.5	1,122.3
2015	5,507.2	2,354.6
2016	5,732.6	3,049.0
2017	7,739.1	4,246.5
2018	6,665.9	4,649.8
2019	7,419.6	5,778.5
2020	9,759.7	7,056.3
2021	9,921.5	8,326.7

출처: 한국은행 국제투자대조표(IIP)

개인

개인도 외환시장에 참여한다. 전통적으로 해외여행과 유학 송금 부문이 대표적이다. 달러에 대한 수요 증가로 환율을 상승시키는 쪽으로 작용한다. 반대로 외국인의 국내여행이 늘거나 해외에서 근무하는 우리나라 근로자들의 국내 송금이 늘어나면 달러 공급이 증가하면서 환율이 하락하는 쪽으로 작용한다.

개인의 해외 직구 및 해외 주식 투자 확대도 환율 영향력과 관련하여 주목해야 하는 분야다. 해외 직구는 2016년 16.3억 달러에서 2021년에는 44.9억 달러로 3배 가까이 증가했는데, 거의 모든 결제를 달러로 해야 하기 때문에 환율에는 상승 압력 요인이라 할 수 있다. 개인의 해외 직구는 관련 플랫폼의 확대와 진화에 힘입어 앞으로도 증가세가 지속될 것으로 전망된다.

　개인의 해외 주식 투자는 2016년 2억 달러를 순매수한 데 불과했으나 2021년에는 219억 달러로 폭발적인 성장세를 보이고 있다. 누적 잔액 기준으로 보면 2016년에 총 60억 달러 보유하고 있었으나 2021년 말에는 779억 달러의 해외 주식을 개인이 보유하고 있다. 코로나19 위기를 기점으로 대폭 늘어난 것인데, 국내 개인 투자자를 의미하는 동학개미에 빗대 '서학개미'로 일컬어지는 개인들이 이를 주도하고 있다. 국제 금융시장에서 자주 회자되는 일본의 와타나베 부인, 유럽의 소피아 부인, 미국의 스미스 부인 등과 비슷한 맥락으로 이해해도 좋다. 개인의 해외 주식투자 증가 현상이 일시적일지 아니면 지속될지는 아직 장담할 수 없지만, 각종 투자 플랫폼이 지속적으로 진화하고 있어 이러한 추세가 쉽게 꺾이지는 않을 것으로 보인다.

　한편 서학개미가 주도하는 우리나라 개인 투자자들의 해외 주식 투자와 관련하여 주목할 점은 이들이 외화에 대한 헤지를 거의 하지 않고 투자를 한다는 것이다. 그러니까 우리나라는 2021년 기준으로 779억 달러에 해당하는 외화 자산을 개인들이 보유하고 있는 셈이다. 이를 제2의 외환보유고라고 불러도 손색이 없다.

환율 **노트** 핵심 **정리**

1   환율을 결정하는 주체: 외환당국 vs. 시장

2   외환당국의 힘이 셀수록 고정환율제, 시장의 힘이 셀수록 변동환율제

3   외환당국: 변동환율제에서는 평상시 조용하다가 환율이 요동칠 때 개입

4   외환당국 개입 방법: 구두 개입, 외환 매매 개입, 외환 유출입 조절 제도 시행

5   외환당국의 힘 = 규제 권한 + 외환보유고 → 외환보유고 떨어지면 공격 대상

6   미국과의 통화 스와프 = 달러 발권력을 공유 = 외환 위기의 근본
     대책
     미국도 자국에 이익이 되어야 통화 스와프 체결 = 금융이 긴밀히
     연계된 국가, 미국 금융자산(특히 국채)을 많이 산 국가 등

7   시장 참여자는 은행, 수출입업체, 외국인 투자자, 해외 투자자,
     개인 등이 있다.

8   은행은 시장 참여자 중 핵심 = 외환시장 조성자 = 책임(환전에
     응할)과 권한(환전으로 이익) 보유

2부

도약 발판 만들기 :
환율에 대해 아는 척하기

앞에서는 환율 공부의 기본 골조라고 할 수 있는 '환율을 어떻게 이해해야 할 것인가', '환율이 결정되는 외환시장은 어떻게 구성되는가', 그리고 '환율 결정에 참여하는 경제 주체들은 누구인가' 등에 대해서 살펴봤다. 기본 골조를 튼튼히 갖췄으니 2부에서는 수준을 좀 높여서 환율은 어떻게 결정되는지, 환율이 변하면 우리에게는 무슨 일이 생기는지, 그리고 환율은 예측 가능한 것인지에 대해 알아보자. 2부의 내용을 제대로 이해한다면 그동안 언론 기사를 보며 느꼈던 답답함이 사라지고 경제를 보는 시각이 훨씬 넓어짐을 느낄 수 있을 것이다. 어디 가서 환율에 대해 아는 척하는 데도 지장이 없을 것이다.

4장

환율은 어떻게 결정되는가
(기본편)

이론은 많아도 실제 적용하기 어렵다

　환율이 어떻게 결정되는가에 대한 이론적인 설명은 각종 국제 금융 교과서에 자세히 나와 있다. 대표적으로 구매력 평가이론, 이자율 평형이론, 국제수지접근법, 통화접근법, 자산가격접근법 등이 있다. 이 이론들은 환율을 전문적으로 이해하고 엄밀한 연구를 위해서는 반드시 알아야 하지만 모두 이상언어로 쓰였기 때문에 일상언어에 익숙한 사람들에게는 매우 낯설고 이해하기 어려워 금방 잊어버리기 일쑤이다. 빅맥지수로 대표되는 구매력 평가이론도 상식을 늘리는 차원에서 알아두면 좋겠지만, 실전에 응용하는 데는 별 도움이 되지 않는다. 환율과 관련된 시험문제 중에 '구매력 평가이론이 맞지 않는 이유에 대해서 논하라'라든지 '빅맥지수를 설명하고 현실 환율과 맞지 않는 이유에 대해서 설명하시오'라는 문제가 자주 보이는데, 이는 이 이론이 현실에 잘 맞지 않다는 점을 방증하는 사례다.

특히 교과서는 환율을 결정하는 변수별로 설명하기보다는 이론별로 설명하기 때문에 실생활에 적용하기가 쉽지 않다. 예컨대 실질소득이 올라갈 때 환율의 변화를 이해하기 위해서는 각종 이론에서 실질소득이 환율에 미치는 영향을 다 찾아봐야 한다. 게다가 이런 이론들 간에 설명된 내용이 반대 방향일 때도 많기 때문에 더욱더 헷갈리기 쉽다. 예를 들면, 실질소득이 증가하면 환율은 어떻게 될까? 국제수지 접근법에 따르면, 소득이 증가하면 수입 수요가 증가하고 외화에 대한 수요가 증가하여 환율이 상승한다고 결론을 내린다. 그러나 통화접근법에 따르면 실질소득이 증가하면 자국 화폐에 대한 수요가 증가하여 환율이 하락한다고 설명한다. 국내 금리가 상승하면 환율은 어떻게 될까? 이자율 평형이론에 따르면 국내 금리가 상승하면 외화 공급이 증가하여 환율이 하락한다. 반면 통화접근법에 따르면 국내 금리가 상승하면 자국 화폐에 대한 수요가 감소하여 환율이 상승한다. 언론 기사나 분석 보고서에는 이런 이론들이 섞여 있는 경우가 많아서 어느 장단에 춤을 춰야 할지 알 수 없어 환율에 대한 공부를 포기해버리는 일도 생긴다.

따라서 환율이 어떻게 결정되는가에 대해 나름의 틀을 갖추는 것이 환율을 공부하면서 넘어야 할 두 번째 고개이다. 이 책에서는 교과서에 나오는 이론들을 직접 설명하지는 않는다. 환율결정이론에 관심이 있다면 국제 금융이나 국제경제학 교과서, 또는 시중에 많이 나와 있는 환율과 관련한 책들을 참고하길 바란다. 그렇다고 해서 이론에 대한 설명을 배제하는 것은 아니고, 이상언어로 가득한 이론을 설명하는 데 시간을 할애하는 대신 일상언어의 관점에서 접근하겠다. 이것이 이 책의 목적에도 부합한다고 생각한다. 환율에 관한 대부분의 이론을 종합하고, 각 이론의 핵심을 서로 모순되지 않게 잘 융합해서 하나의 체계적인 틀로 만드는 과정을 일상언어로 이해한다면 자신감 있게 실생활에 적용할 수 있을 것이다. 이렇게 정리하고 난 후 교과서를 공부한다면 아마도 큰 그림에서 각각의 이론이 짜맞춰지는 경험을 하게 될 것이다.

한 번에 이해되는 환율 결정 3단계

환율 결정에 대한 직관적인 설명 틀을 만들기에 앞서 다시 환율의 정의로 돌아가보면, 환율은 교환비율이 아니라 달러의 가격이다. 환율이 달러(또는 외화)의 가격인 만큼 달러도 하나의 상품으로 생각하면 된다. 일반적으로 상품의 가격이 어떻게 결정되는가에 대해서 우리는 직관적으로 잘 알고 있다. 배추 가격을 예로 들면, 다음 4가지 상황이 발생했을 때 소비자들은 배추 가격이 어떻게 될지 직관적으로 알 수 있다. 1)기상이변이 생겼다. 2)배추 재배 면적이 감소했다는 뉴스가 나왔다. 3)중고등학교 급식에 배추김치를 의무화했다. 4)TV 건강 프로그램에 배추의 효능이 방송되었다. 모두 배추 가격 상승을 예상하게 만드는 요인이다. 왜 배추 가격을 상승하는 요인으로 작용하는가를 설명해보라면 역시 배추의 수요와 공급으로 넘어간다. 기상이변이 발생하거나 배추 재배 면적이 감소하면 공급이 줄어들기 때문에, 급식에 배추김치 사용을 의무화하거나 배추가 건강에 좋다는 방송이 나오면 수요가 증가하기 때문에 가격이 상승하는 것이다. 환율도 똑같은 원리로 결국은 외화(또는 달러)에 대한 수요와 공급에 따라 결정된다.

환율 결정 1단계 | 달러의 수요와 공급

환율 결정 1단계는, 어떤 요인이 달러의 수요와 공급에 미치는 영향을 파악하는 것이다. 대부분 요인은 직관적으로 명확하게 달러의 수요와 공급에 미치는 영향을 알 수 있다. 예컨대 수출이 증가하면 달러 공급이 증가하므로 환율(달러 가격)은 하락한다. 해외로 송금하는

■ 환율 결정 1단계: 달러의 수요와 공급에 미치는 영향 파악

▶ 외화(달러)의 수요가 증가하면 환율은 상승하고 수요가 감소하면 환율은 하락한다.
▶ 외화(달러)의 공급이 증가하면 환율은 하락하고 공급이 감소하면 환율은 상승한다.

$$환율 = f\,(①수요,\ ②공급)$$
$$(+)\qquad (-)$$

⇒ 환율은 수요와 (+) 관계이고 공급과는 (−) 관계이다.

달러가 급증하면 달러에 대한 수요가 증가한 것이므로 환율은 상승한다. 즉, 수요와 환율은 '정正'의 관계이고 공급과 환율은 '부否'의 관계이다. 배추에 대한 수요가 늘면 배추 가격이 오르고 수요가 감소하면 배추 가격이 하락하는 것과 같다.

환율 결정 2단계 | 수요와 공급을 움직이는 핵심 동인

환율에 영향을 미치는 요인 중에서 수요와 공급에 직접적으로 영향을 주는지 여부를 직관적으로 알기 어려운 요인도 있다. 이들은 간접적으로 영향을 미치거나 한 단계 거쳐서 영향을 미치는 것들인데, 이들 요인들이 환율에 미치는 영향을 파악하려면 먼저 수요와 공급에 어떤 영향을 미치는지를 이해해야 한다. 예컨대 외국인 투자가 증가했다면 외국인들이 달러를 우리나라로 들여오는 것이므로 직관적으로 달러가 많이 들어와서 공급이 늘겠구나 하고 판단할 수 있다. 그러나 국내 금리가 상승했다고 하면 달러에 대한 수요와 공급이 어떻게 될지 한 번 더 생각해보아야 한다. 이럴 때 기준이 되는 것이 수요와 공급을 움직이는 힘, 즉 '동인動因'이다. 결론부터 말하면 금리는 수익률에 영향을 미쳐서 달러의 수급에 영향을 미친다. 즉 국내 금리가 상승하면 원화의 수익률이 상승해 달러에 대한 수요가 감소한다. 환율이 하락 압력을 받게 되는 것이다. 여기서 수익률이 수요와 공급에 영향을 미치는 동인이 된다. 이러한 동인에는 크게 4가지가 있다. 어떤 요인이 1단계, 즉 달러의 수요와 공급에 미치는 영향이 분명하지 않다면 수요와 공급을 움직이는 힘 또는 동인에 미치는 영향을 파악해보아야 한다.

1)달러에 대한 이미지, 2)달러의 수익률, 3)달러의 구매력, 4)환율(달러의 가격)에 대한 기대가 그것이다. 먼저 달러에 대한 이미지가 좋아지면 수요가 증가할 것이다. 둘째, 달러에 대한 수익률이 상승하면 달러 보유가 이익이므로 달러에 대한 수요가 증가한다. 셋째, 달러의 구매력이 증가하면 달러의 가치가 올라가므로 달러를 사두려고 할 것이다. 즉, 달러에 대한 수요가 증가한다. 넷째, 환율(달러 가격)이 상승할 것으로 예상되면 달러에 대한 수요가 증가할 것이다. 미리 사두면 이익이기 때문이다. 따라서 이들 4개의 핵심 동인은 모두 달러의 수요와 정비례 관계다. 즉 달러에 대한 이미지가 좋아지는 경우, 달

■ 환율 결정 2단계: 달러의 수요를 움직이는 핵심 동인

▶ 달러에 대한 수요는 1)달러에 대한 이미지, 2)달러에 대한 수익률, 3)달러의 구매력, 4)환율(달러의 가격)에 대한 상승 기대에 정비례한다.

$$\text{달러에 대한 수요} = f \left(\begin{array}{cccc} ① & ② & ③ & ④ \\ \text{달러} & \text{달러의} & \text{달러의} & \text{환율} \\ \text{이미지} & \text{수익률} & \text{구매력} & \text{상승 기대} \\ (+) & (+) & (+) & (+) \end{array} \right)$$

⇒ 달러에 대한 수요는 달러의 이미지가 좋아질수록, 달러의 수익률이 상승할수록, 달러의 구매력이 증가할수록, 그리고 환율이 상승할 가능성이 높을수록 증가(+)한다.

러의 수익률이 상승하는 경우, 달러의 구매력이 높아지는 경우, 그리고 달러 가치의 상승이 예상되는 경우에는 달러에 대한 수요가 증가하고, 반대일 때는 감소한다.

달러의 공급에 영향을 미치는 핵심 동인은 무엇일까? 다행히 달러의 공급은 외환당국이 여러 요인을 고려하여 결정할 때가 많고 직관적으로 이해 가능하기 때문에 2단계까지 갈 필요 없이 1단계만으로도 설명이 충분하다.

환율 결정 3단계 | 경기, 금리, 물가가 미치는 영향 파악

1단계와 2단계를 거치면 환율에 미치는 영향에 대한 궁금증이 대부분 풀린다. 하지만 2단계까지 적용해도 여전히 헷갈리는 변수들이 있다. 달러의 수요와 공급에 영향을 미치는 요인으로 자주 언급되는 경기(소득), 금리, 물가이다. 이 책에서는 이들을 환율 결정 핵심 3인방이라고 부르겠다. 이들은 달러의 수요에 직접 영향을 미치기도 하고, 핵심 동인에 영향을 미쳐 간접적으로 달러의 수요에 영향을 미치기도 한다. 그 과정이 다소 복잡하기 때문에 별도로 다루는 것이 좋다. 특히 대부분의 이론이 이 3인방과 관련 있고 그 방향성에서 다소 차이가 있어 나름의 방식으로 정리해두는 것이 중요하다. 3단계는 환율 공부의 기본이기도 하지만 이를 정확히 이해하고 있는지가 환율의 고수와 하수를 구분하는 기준도 되기 때문에 이 책에서는 매우 공들여서 설명하려고 한다.

> ▶ 환율 결정에 미치는 영향이 크고 복잡하면서도 자주 등장하는 3가지 변수인 1) 경기(소득), 2) 금리, 3) 물가가 1단계와 2단계에 어떻게 영향을 미치는지 정리해두면 환율의 고수가 될 수 있다.

종합 | 환율 결정을 이해하는 틀

이제 환율을 결정하는 어떠한 요인에 대해서도 이해할 수 있는 나름대로의 틀을 구축할 준비가 되었다. 어떤 요인이 환율에 미칠 영향을 판단해야 한다면 앞에서 언급한 3단계를 거치면 된다. 먼저 수요와 공급에 미치는 영향이 직관적으로 나타나면 1단계에서 끝난다. 수요와 공급에 미치는 영향이 직관적이지 않은 요인들은 2단계 핵심 동인에 미치는 영향을 파악함으로써 판단할 수 있다. 핵심 동인에 미치는 영향이 복잡하고 모호하다면 핵심 변수 3인방에 미치는 영향을 살펴봄으로써 최종적으로 환율에 대한 영향을 판단할 수 있다. 이를 정리한 것이 표 4-1이다.

환율은 원화로 표시된 달러의 가격이다. 따라서 달러의 가치와 원화의 가치에 영향을 미치는 모든 경제적·정치적·사회적 요인은 환율에 영향을 미친다고 볼 수 있다. 표 4-1에서 보듯이 이러한 요인을 4개 그룹으로 나눌 수 있다. 구분의 기준은 앞에서 설명한 단계별 환율 결정 요인이다. 먼저 A그룹은 달러의 수요와 공급에 직접적으로 영향을 미치고, 별도의 설명 없이도 직관적으로 수요와 공급에 미치는 영향을 알 수 있다. B그룹은 수요와 공급을 움직이는 핵심 동인을 통해 달러의 수요와 공급에 영향을 미치는 요인들이다. C그룹은 핵심 변수 3인방이다. 마지막으로 D그룹은 핵심 변수를 거쳐야만 환율에 미치는 영향을 판단해볼 수 있는 요인이다. 가장 경로가 긴 요인이라 분석하기 어렵기도 하지만 환율을 어중간하게 아는 사람들과 차별화할 수 있는 부분이기도 하다. C그룹(핵심 변수 3인방)과 D그룹에 속하는 요인들은 초심자는 물론이고 전문가도 헷갈려 하기 일쑤이니 이 부분을 잘 정리해두자.

표 4-1 | 환율 결정을 이해하는 틀

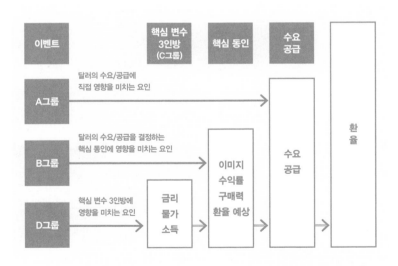

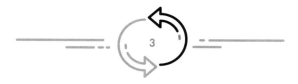

요인별 환율에 영향을 미치는 경로

A그룹 | 달러의 수요와 공급에 직접적 영향을 미치는 요인

A그룹은 주로 실수요자들에게 필요한 외환 거래와 관련된 요인들이다. 기업의 수출과 수입, 개인들의 여행경비와 해외 송금, 외국인의 국내 투자와 내국인의 해외 투자, 외화 부채 상환, 은행의 외환 포지션 조정, 외환당국의 직접 개입 등이 이에 해당한다. 그 거래 내용을 정확히 이해하면 달러의 수요와 공급이 어떻게 변할지를 직관적으로 알 수 있어서 환율에 미치는 영향도 쉽게 판단할 수 있다.

첫째, 수출입 거래이다. 외화를 수요하고 공급하는 실수요 거래이므로 가장 중요하다고 할 수 있다. 수출이 증가한다는 것은 국내에 달러 공급을 증가시킨다. 반대로 수입은 업체가 달러를 지급해야 하는 거래이므로 달러에 대한 수요를 증가시킨다. 상품수지(또는 무역수지)는 수출 금액에서 수입 금액을 차감한 것으로 상품수지가 흑자이면 달러 공급이 수요보다 많다는 의미이므로 환율은 하락하게 된다.

둘째, 해외여행에 따른 환율 영향이다. 내국인의 해외여행이 늘어나면 달러에 대한 수요가 증가해 환율은 상승하고, 반대로 외국인이 국내에 여행을 많이 오면 달러 공급이 증가하여 환율은 하락한다. 이 둘을 동시에 고려한 것이 여행수지이다. 외국인 여행객이 우리나라에서 쓴 달러에서 우리나라 여행객이 해외에서 쓴 달러를 뺀 것인데, 여행수지가 흑자이면 달러 공급이 수요보다 더 많이 증가했다는 의미이므로 환율은 하락하게 된다.

셋째, 해외 송금에 따른 영향이다. 유학 보낸 자녀에게 학비를 송금하거나 해외 지사에서 일하는 직원에게 봉급을 송금하려면 달러를 사서 보내야 하므로 달러에 대한 수요가 증가한다. 반대로 해외에 있는 자식들이나 친척들이 달러를 국내로 보내거나 해외 지사에서 벌어들인 수익금을 달러로 본사에 보내면 달러의 공급이 늘어난다. 해외로 나가는 송금은 유학비 송금, 외국인 근로자들의 송금 등이 있고, 국내로 들어오는 송금은 우리나라 파견 근로자들이 해외에서 벌어들인 돈을 보내오는 경우가 대부분이다.

넷째, 외국인 투자 및 해외 투자와 관련된 달러의 수급 변화이다. 외국인 투자는 외국인이 우리나라에 투자하는 것을 말하고 해외 투자는 우리나라 사람들(외환시장에서는 거주자라고 한다)이 해외에 투자하는 것을 말한다. 외국인 투자가 증가하면 당연히 달러 공급이 증가하고, 반대로 내국인의 해외 투자가 증가하면 달러에 대한 수요가 증가(해외 투자는 달러로 해야 한다)하게 된다. 외국인 투자에서 해외 투자를 뺀 것을 투자수지라고 하며, 투자수지가 흑자이면 달러 공급이 수요보다 크므로 환율은 하락하게 된다.

다섯째, 외화 부채의 증감이다. 외화 부채가 증가하면 외화, 즉 달러가 들어오는 것이므로 달러 공급이 증가하고, 외화 부채를 상환하려면(갚으려면) 달러가 필요하므로 달러 수요가 증가하게 된다. 따라서 외화 부채가 증가하면 환율은 하락 압력을 받게 되고, 반대로 줄어들면 상승 압력을 받게 된다.

여섯째, 은행의 외환 포지션이다. 이는 은행의 외화 자산에서 외화 부채를 뺀 것으로, 외환 포지션이 전체적으로 (+) 상태라면 외화 자산이 외화 부채보다 많은 것이고 (-) 상태라면 외화 자산이 외화 부채보다 적은 상태를 말한다. 외화 자산이 초과하거나 부족한 상태일 때 환율이 변하면 은행은 손실 혹은 이익을 볼 수도 있다. 하지만 환율의 변동에 따라 손익이 변하는 것은 건강한 은행 시스템에 바람직하지 않기 때문에 우리나라는 은행의 외환 포지션을 (0)에 가깝게 유지하도록 규제하고 있다. 따라서 은행은 외환 포지션이 (+)일 때나 (-)일 때 이를 (0)으로 만들려고 하는데 이를 외환 포지션을 중립화(또는 스퀘어링 = squaring)한다고 한다. 은행은 이러한 외환 포지션 중립화 과정에서 달러에 대한 수요와 공급에 영향을 미치게 되고 결국 환율에도 영향을 미친다. 즉, 외환 포지션이 (+) 쪽으로 많이 기울어져 있다면 은행은 이를 중립화하기 위하여 외화(달러)를 팔려고 할 것이므로 달러의 공급이 증가해 환율은 하락 압력을 받게 되고, 반대로 외환 포지션이 전체적으로 (-) 상태라면 달러를 사서 중립화해야 하므로 달러의 수요가 증가하고 환율은 상승 압력을 받게 된다. 따라서 은행의 외환 포지션을 알 수 있으면 환율의 방향을 예측하는 데 도움이 된다. 은행의 외환 포지션과 관련해서는 3부에서 보다 심층적으로 설명하고 환율에 미치는 영향도 다시 복습할 예정이므로 혹시 지금 이 부분이 어렵다면 일단 건너뛰어도 좋다.

마지막으로 외환시장의 큰손인 외환당국의 움직임이다. 외환당국은 앞에서 설명한 대로 정책적 목적에 따라 외환시장에 개입한다. 개입 방법은 달러를 외환시장에서 사거나(매입) 파는(매도) 것이다. 달러 매도 개입을 하면 외환시장에 달러의 공급이 증가하게 되고, 달러 매입 개입을 하게 되면 달러의 수요가 증가하게 된다. 따라서 외환당국의 달러 매입 개입은 환율을 상승시키고 매도 개입은 환율을 하락시킨다. 외환당국은 시장환율의 흐름이 마음에 안 들거나 바람직하지 않다고 판단되면 이러한 매입 또는 매도 개입을 통해 환율의 방향을 바꿀 수 있다.

위에서 살펴본 요인들이 일정 기간 나라 전체 달러의 수요와 공급을 어떻게 변화시켰는지를 파악하려면 국제수지를 보면 된다. 앞서 언급한 상품수지와 여행수지도 여기에 포함된다. 언론이나 분석 보고서에서 국제수지를 언급하면서 환율을 논할 때가 많기 때문에 이

표 4-2 | 외화의 수요 공급에 직접 영향을 미치는 요인(A그룹)

요인		수요/공급	환율 (달러의 가격)	관련 국제수지
1. 수출입	수출	공급 증가	하락	상품수지
	수입	수요 증가	상승	
2. 해외여행	외국인 국내여행	공급 증가	하락	여행수지
	내국인 해외여행	수요 증가	상승	
3. 해외 송금	국내로 송금	공급 증가	하락	소득수지
	해외로 송금	수요 증가	상승	
4. 외국인 투자	외국인 국내 투자	공급 증가	하락	자본수지
	내국인 해외 투자	수요 증가	상승	
5. 외화 부채	외화 부채 증가	공급 증가	하락	자본수지
	외화 자산 증가	수요 증가	상승	
6. 은행의 외환 　　포지션	포지션 (+)	공급 증가	하락	
	포지션 (−)	수요 증가	상승	
7. 외환당국 　　개입	매도 개입	공급 증가	하락	
	매입 개입	수요 증가	상승	

에 대해 숙지해두면 좋다. 다만 국제수지표를 본격적으로 분석하는 것은 이 책의 범위를 벗어나기 때문에 관심이 있는 분들은 다음 책을 참고하기 바란다『알기 쉬운 경제지표해설』(한국은행, 2019), 『환율의 이해와 예측』(이승호, 2020) 등l. 여기서는 환율 결정과 관련해 필요한 최소한의 설명으로 갈음하고자 한다.

국제수지는 경상수지 등 다양한 세부 항목으로 구성되며, 흑자일 경우 달러 유입이 유출보다 더 많고, 적자일 경우는 그 반대로 이해하면 된다. 즉 국제수지가 흑자이면 달러 공급이 증가한 것이고 따라서 환율은 하락하는 쪽으로 영향을 받는다. 반대로 국제수지가 적자이면 달러 공급이 감소한 것이고 따라서 환율은 상승하는 쪽으로 움직인다. 국제수지를 구성하는 항목 중 가장 중요한 것이 경상수지인데, 이는 상품수지(상품의 수출-상품의 수입), 서비스수지(서비스의 수출-서비스의 수입), 소득수지(임금, 투자소득, 이전소득 등의 유입-유출)로 이루어진다. 앞에서 설명한 수출입 거래(상품수지), 해외여행(서비스수지의 일부), 해외송금(소득수지의 일부)은 모두 경상수지의 범주에 포함된다. 어떤 수지이든 흑자일 경우 달러 공급 증가 → 환율 하락, 적자일 경우 달러 공급 감소 → 환율 상승으로 작용하는 것은 동일하다. 자본수지는 국제수지를 구성하는 또 다른 항목으로 직접 투자수지(외국인 직접 투자-내국인 해외 직접 투자)와 증권 투자수지(외국인 증권 투자-내국인의 해외 증권 투자)를 포괄하며, 모두 흑자일 경우 달러 공급이 증가하고, 적자일 경우 달러 공급이 감소하는 원리는 위에서 설명한 바와 같다.

B그룹 | 달러의 수요와 공급을 결정하는 핵심 동인에 영향을 미치는 요인

B그룹은 달러의 수요와 공급을 움직이는 핵심 동인에 영향을 주어서 간접적으로 달러의 수요와 공급에 영향을 미치는 것들이다. 이에 속하는 요인들은 수없이 많지만 주요 요인을 중심으로 살펴보자.

첫째, 뉴스다. 우리나라에 긍정적인 뉴스가 나오면 원화에 대한 이미지가 좋아지고 수익률이 상승할 것이라는 기대가 형성되어 원화에 대한 수요가 증가한다. 달러에 대한 수요는 상대적으로 줄어들어 환율은 하락한다. 부정적인 뉴스가 나오면 환율은 상승하게 된다. 반대로 미국에 긍정적인 뉴스는 환율 상승 요인으로, 부정적인 뉴스는 하락 요인으로 작용한다. 긍정적인 뉴스가 나오면 왜 그 나라 화폐의 가치가 올라갈까? 직관적으로 그 나라가 잘될 것 같으니 그 나라의 화폐도 잘되리라 생각한다. 좀 더 구체적으로 보면, 우리나라에 대한 긍정적인 뉴스가 발표되면 우리나라에 대한 투자 매력도가 커질 것이고 외국인들은 달러를 들고 와서 투자하려고 할 것이다. 우리나라 사람들도 굳이 해외에 투자하기보다는 국내에 투자하려고 할 것이다. 즉, 달러의 공급(외국인 투자)은 증가하고, 수요(내국인 해외 투자)는 감소하여 달러의 가격(환율)이 하락하는 것이다. 뉴스에 반응하는 환율의 변동 폭은 뉴스가 얼마나 좋은 뉴스인지, 그리고 경제에 얼마나 도움이 되는지에 따라 달라진다. 예컨대 한 독지가가 전 재산을 불우이웃을 돕기 위해 기부했다는 소식은 매우 좋은 뉴스이기는 하나 우리나라 경제와는 무관하기에 기본적으로 환율에 영향이 없다. 그러나 동해 인근에 석유 매장지가 발견되었다거나 우리나라와 미국, 중국 간 3자 정상회담이 성공적으로 개최되었다는 뉴스는 우리 경제에 호재라고 볼 수 있으므로 환율에 반영된다. 둘 다 긍정적인 뉴스이므로 환율은 하락하겠지만 아마 전자가 후자에 비해 환율을 더 크게 떨어뜨릴 것이다. 그럼 국가대표 축구팀의 월드컵 우승 뉴스는 어떨까? 좀 모호하기는 하지만 조금이나마 긍정적인 영향을 줄 것으로 보인다. 경제와 직접적인 관계는 없을지라도 월드컵 우승은 우리나라의 이미지를 크게 개선시키는 큰 뉴스이기 때문이다. 참고로 환율에 영향을 미치는 뉴스 가운데 자주 언급되는 유형을 표 4-3에 정리해놓았다.

둘째, 경제지표의 발표이다. 미국의 경제지표가 호조로 나타나면 달러에 대한 이미지가 좋아져 수요가 증가하고 환율이 상승한다. 반대로 미국의 경제지표가 부진한 것으로 나타나면 환율은 하락한다. 우리나라 경제지표의 호조와 부진은 당연히 미국과 반대 방향으로 환율에 영향을 미친다. 우리나라 경제지표가 호조로 나타나면 원화에 대한 이미지가 좋아지고 달러에 대한 이미지는 상대적으로 낮아지므로 달러에 대한 수요가 감소하여 환율이 하락한다. 우리나라 경제지표가 부진한 것으로 나오면 환율은 상승하게 된다.

그런데 경제지표와 관련하여 재미있는 점은 모든 경제지표는 '과

표 4-3 | 환율에 영향을 미치는 뉴스(예시)

Good News	Bad News
• 한미 통화 스와프 체결	• 외화부채 상환 부담 증가
• 신용등급 상승	• 신용등급 강등
• 북한 관련 지정학적 리스크 완화	• 북한 관련 지정학적 리스크 고조(핵실험 등)
• 주요 주식/채권 글로벌 지수 편입	• 주요 주식/채권 글로벌 지수 제외

거의 실적'을 나타낸다는 것이다. 통계 자료를 수집하고 분석하는 데 시간이 걸리기 때문이다. 예컨대 무역수지는 1개월 정도의 시차가 있다. 이번 달에 발표된 무역수지 흑자는 전월에 일어난 것이며, 외환시장에 이미 달러 공급이 늘어난 탓에 환율은 하락해 있을 것이다. 경제지표 발표 전에 시장에 이미 반영되어 있다는 것이다. 그런데 막상 무역수지가 흑자로 발표되면 이미 하락해 있는 환율이 한 번 더 하락하는 경우를 심심치 않게 볼 수 있다. 비록 과거의 실적이더라도 현시점에서 좋은 경제지표가 발표되면 앞으로도 계속 좋아질 것이라는 긍정적 기류가 형성되어 환율에 다시 한 번 영향을 미치는 것이다. 경제지표는 시차 때문에 상황이 실제로 좋아지는 시점에서 한 번, 그리고 발표 시점에서 또 한 번, 모두 두 번 영향력을 행사하는 경우가 많다.

셋째, 글로벌 금융시장 심리다. 분석 보고서나 기사를 통해 "위험선호risk-on 심리가 확대되면서 달러가 약세(환율 하락)를 보이고 있다" 또는 "위험회피risk-off 심리가 확대되면서 달러가 강세(환율 상승)를 보이고 있다"는 식의 내용을 곧잘 접할 수 있는데, 이처럼 시장 심리도 금융시장의 다른 변수들과 함께 환율에 영향을 미친다. 일반적으로 위험을 선호하는 분위기가 형성된다는 것은 국제 금융시장 상황이 좋아서 위험을 크게 걱정할 필요가 없다는 의미다. 위험이 크지 않기 때문에 평소에 위험하다고 생각했던 자산으로 투자가 몰려 안전한 자산의 가격은 하락하고 위험한 자산의 가격은 상승한다. 'risk-on'이라는 영어 표기로도 많이 사용한다. 이 말은 risk(위험)에 on했다(올라

됐다)라는 의미로 위험한 자산으로 돈이 몰린다는 얘기다. 위험회피를 뜻하는 'risk-off'는 risk(위험)에서 off했다(벗어났다)는 의미로 위험한 자산을 기피한다는 의미다.

그럼 외환시장에는 어떤 영향이 있을까? 이를 파악하기 위해서는 외환시장에서 안전자산이 무엇인지 알아야 하는데, 세계에서 가장 안전한 화폐가 바로 달러이다. 따라서 risk-on 분위기가 확대되는 경우 안전한 자산인 달러에 대한 수요가 줄어들고 환율은 하락한다. 반대로 위험회피 분위기가 확산되면 국제 금융시장에 위험이 커지고 있다는 의미로 안전한 자산인 달러에 대한 수요가 증가하여 환율이 상승한다. 시장 심리는 위험을 나타내는 지표로 판단할 수 있는데, 이러한 지표가 상승하면 위험회피 분위기가, 하락하면 위험선호 분위기가 확산되는 것으로 보면 된다. 2008년 글로벌 금융 위기와 2020년 코로나19 위기는 위험회피가 최고조에 달했던 시기다. 이 당시 시장 심리 지표가 극단적인 수준까지 폭등하여 원달러 환율이 크

■ 주요 시장 심리 지표

▶ VIX Index: 주가의 변동성을 나타내는 지표로 통상 30이 넘어가면 불안한 상태다.

▶ 금 가격: 금 가격의 급격한 상승은 시장 심리가 위험을 회피하고 있다는 신호이다.

▶ 투기등급 회사채 스프레드(High-Yield Bond Spread): 이 지표가 상승한다는 것은 투기등급 회사채가 위험하다는 것을 의미한다.

▶ JP Morgan EMBI + 스프레드: EMBI는 'Emerging Market Bond Index'로 신흥국 채권 지수를 말하며 이 지표가 상승한다는 것은 신흥국이 위험하다는 것을 의미한다.

게 상승한 바 있다.

② 달러의 수익률에 영향을 미치는 요인: 수익률 경로

첫째, 달러의 수익률에 영향을 미치는 가장 큰 요인은 달러에 대한 금리일 것이다. 미국의 금리가 상승하면 달러에 대한 이자가 증가할 것이므로 달러에 대한 수익률을 상승시킨다. 반대로 우리나라의 금리가 상승한다면 원화의 수익률이 상승해 달러에 대한 수익률은 상대적으로 적어 보이게 된다. 따라서 미국의 금리가 상승하면 달러에 대한 수요가 증가하고 환율은 상승한다. 반대로 우리나라의 금리가 상승하면 원화에 대한 수요가 증가하고 달러에 대한 수요는 감소하므로 환율은 하락하는 쪽으로 압력을 받는다.

둘째, 주식시장의 움직임이다. 우리나라의 주가가 상승하여 주식투자수익률이 올라가면 원화의 수익률도 올라간다. 이렇게 되면 원화에 대한 수요가 증가하고 달러에 대한 수요는 상대적으로 감소하여 환율은 하락한다. 반대로 우리나라 주가가 하락하면 환율은 상승하게 된다.

셋째, 대외 건전성 지표이다. 우리나라의 대외 건전성 지표가 개선되면 외환과 관련한 위험이 감소되었음을 의미하므로 원화에 대한 수익률이 상승하고 달러에 대한 수익률은 상대적으로 하락한다. 이에 따라 원화에 대한 수요가 증가하고 달러에 대한 수요는 감소하여 환율은 하락한다. 반대로 대외 건전성 지표가 악화되면 환율이 상승한다. 우리나라에 위기가 닥칠 기미가 보이면 예외 없이 환율이 급등하는 현상이 나타나는 이유다. 역으로 환율이 이유 없이 급등하면 정부, 기업, 그리고 일반인들이 위기가 오는 것은 아닌지 걱정하는 것도 같은 맥락이다. 우리가 눈여겨봐야 할 주요 대외 건전성 지표는 아래와 같다.

■ 주요 대외 건전성 지표

▶ 경상수지
▶ 대외 부채 규모(총 대외 부채, 단기 대외 부채 등)
▶ 외환보유액
▶ 국가신용등급

넷째, 관련국의 상황이다. 우리나라와 관련이 깊은 국가의 상황은 우리나라 경제와 원화의 가치에 영향을 주고 결과적으로 원달러 환율을 움직인다. 글로벌화로 세계 경제의 상호 연관성이 깊어져 우리와 같이 국제화된 나라는 다른 나라의 상황 변화에 알게 모르게, 크든 작든 영향을 받을 수밖에 없다. 그중에서도 특히 다음의 4개 국가가 중요하다. 먼저, 중국은 우리나라와 무역으로 밀접하게 관련되어 중국 경제가 좋아지면 긍정적으로 작용한다. 즉, 중국에 좋은 뉴스는 우리나라에도 좋은 뉴스로 여겨진다. 유로존은 미국의 경쟁 상대라는 점에서 유로존이 좋은 성과를 내면 미국에는 부정적으로 작용하므로 원달러 환율은 우리에게 좋은 쪽, 즉 하락 압력으로 작용한다고 보는 것이 대체적인 시각이다. 일본은 국제적으로 우리와 경쟁 관계에 있는 분야가 많기 때문에 일본에 좋은 뉴스는 우리에게 나쁜 뉴스일 때가 많다. 끝으로 호주를 들 수 있는데, 국제 금융시장에서 호주는 한국과 비슷한 수준의 국가로 본다. 신흥국은 졸업했지만 선진국에서는 아직 하위 그룹에 속한다. 따라서 호주에 좋은 뉴스는 우리에게 좋은 방향으로 작용한다고 봐도 무방하다.

중국, 유로존, 일본, 호주와 우리나라와의 관계를 일반적인 관점에서 살펴봤는데, 세부적으로 들어가면 앞서 설명한 것과는 다른 방향으로 환율에 작용하기도 한다. 예컨대 중국의 반도체 기술이 크게 발전했다는 뉴스는 중국에는 좋지만 우리나라에는 부정적인 뉴스이다. 전체적으로는 중국과 우리나라의 경제 방향이 비슷해도 반도체와 같은 부분에서는 경쟁 관계이기 때문이다.

표 4-4 | 주요국 환율과 우리나라 환율과의 관계(일반적인 관계)

국가	연관성	방향성
중국	수출입	+
유로존	미국과 경쟁	+
일본	우리나라와 경쟁	−
호주	우리나라와 유사한 선진국	+

* 이상의 관계는 최근의 상황을 반영한 것으로 시대에 따라서 달라진다.

지금까지 달러에 대한 이미지에 영향을 미치는 경로와 달러의 수익률에 영향을 미치는 경로를 나누어서 살펴보았지만, 이 두 경로는 유사하다. 달러의 이미지가 좋아졌다는 것은 그 근저에 달러를 가지고 있으면 수익에 도움이 되겠다는 생각이 깔려 있다고 볼 수 있는 것이다. 즉, 우리나라의 금리가 오르거나 대외 건전성 지표가 좋아진 것은 원화의 수익률에 도움이 되기도 하지만 원화의 이미지도 좋아지는 요소이기도 하다. 따라서 이 두 경로를 너무 엄격하게 구분할 필요는 없고 상황에 맞게 서로 교차해서 활용하는 것이 실용적이다.

③ 달러의 구매력에 영향을 미치는 요인: 구매력 경로

달러의 구매력에 영향을 미치는 요인 중에서 물가가 가장 중요하다. 미국의 물가가 상승하면 달러의 구매력은 떨어진다. 같은 1달러로 살 수 있는 물품이 줄어들기 때문이다. 따라서 달러에 대한 수요가 줄어들고 환율은 하락한다. 반대로 우리나라의 물가가 상승하면 우리나라 원화의 구매력이 떨어진다. 달러의 구매력은 상대적으로 상승하게 되어 달러에 대한 수요가 증가하고 환율은 상승한다.

교과서에 자주 등장하는 구매력 평가설, 일물일가의 법칙, 빅맥지수 등은 이 부분을 이론적으로 설명한 것이다. 즉, 환율(달러의 가격)은 우리나라의 물가(또는 가격) 상승에 비례하고, 외국(달러의 경우, 미국)의 물가(또는 가격)에는 반비례한다. 이 이론은 달러의 구매력이 환율에 미치는 영향과 동일하다. 우리나라 물가가 상승해서 원화의 구매력이 떨어지면 달러에 대한 수요가 증가해서 환율이 상승하고, 미국의 물가가 상승해서 달러의 구매력이 떨어지면 달러에 대한 수요가 감소해서 환율은 하락한다.

④ 환율에 대한 기대에 영향을 미치는 요인: 환율 예상 경로

많은 사람이 환율 상승을 예상할 경우 환율은 상승하고, 하락을 예상하면 환율은 하락한다. 말장난 같지만 실제로 그렇다. 왜냐하면 환율, 즉 달러의 가격이 상승할 것으로 예상하면 달러에 대한 수요가 증가한다. 미리 사두면 이익을 볼 수 있기 때문이다. 따라서 실제 환율도 상승하게 된다. 반대로 환율이 하락할 것으로 예상하면 달러에 대한 수요가 감소하여 실제 환율도 하락하게 된다.

여기에서 중요한 점은 어떤 사건이 사람들로 하여금 환율 상승 또는 하락을 기대하게 하느냐 하는 것이다. 환율에 영향을 미치는 모든 요인에 대한 예상이나 전망이 바뀌면 환율에 대한 전망도 바뀌게 된다. 예컨대 외환시장 참여자들은 수출이 증가한 것으로 확인될 때까지 기다리기보다 증가할 것인지를 예상해서 의사결정을 하는데, 수출 증가를 예상하게 만드는 사건이 발생하면 환율이 하락할 것이라는 기대가 형성되고 이러한 기대를 바탕으로 달러를 팔면 실제로도 환율이 하락하게 되는 것이다.

수출뿐만 아니라 수입, 해외여행, 해외 송금, 외국인 투자, 외화 부채, 은행의 외환 포지션, 외환당국의 개입 등 달러 수급에 직접 영향을 미치는 요인들과 뉴스, 경제지표, 시장 심리, 관련국 상황, 주가 변동, 대외 건전성 지표 등 환율 변동 요인들에 대한 예상을 변화시키는 사건이 발생하면 환율이 변동한다. 이러한 예상은 종종 단일한 형태가 아닌 꼬리에 꼬리를 물고 발생한다. 예컨대 세계적인 반도체 경기가 좋다는 예상이 시장에 퍼져 있다면 반도체는 우리나라 수출 주력 상품이므로 우리의 수출이 증가할 것으로 예측할 수 있다. 세계적인 반도체 경기가 좋다는 예상은 어디서 나올까? 반도체가 많이 쓰이는 산업이나 상품(스마트폰, 클라우드 서비스 등)에 대한 수요가 증가할 것으로 예상하면 반도체 경기가 좋아지리라 기대할 수 있다. 그러니까 예상에 기대가 더해지면서 환율에 영향을 미친다. 따라서 환율은 매우 많은 변수와 예상이 뒤섞이면서 결정된다. 환율의 예측 파트에서 상세히 설명하겠지만 실제로 환율을 예측하는 것은 어려운 일이다.

환율에 대한 예상이 어떤 영향을 미치는지 제대로 알면 환율을 설명할 때 유용하다. 환율에 대해 아는 척할 수 있다는 얘기다. 예컨대, "코로나19로 인한 방역 조치가 조만간 해제될 가능성이 있어 해외여행 수요가 증가할 것으로 예상된다. 따라서 달러 수요가 증가하고 환율이 오를 가능성이 있으므로 사람들은 달러를 미리 사려고 할 것이고, 그래서 실제로 환율이 올랐다"라고 나름의 설명을 할 수 있다.

C그룹 | 핵심 변수 3인방(경기, 물가, 금리)

지금까지 환율을 결정하는 요인 중 달러의 수요와 공급에 직접 영향을 미치는 요인과 달러의 수요와 공급을 결정하는 동인에 영향을 미치는 요인에 대해 설명했다. 이제 환율 결정과 관련하여 매우 까다롭고 자주 등장하는 요인들을 살펴볼 것이다. 바로 경기, 물가, 금리다. 이들도 결국은 달러의 수요와 공급에 직접 영향을 미치거나 달러의 수요와 공급을 결정하는 동인에 영향을 미쳐서 환율에 영향을 주는 요인들이긴 하지만 그 경로가 복잡하고 때로는 반대 방향으로 작동할 때도 있어서 깊이 파고들수록 어려워지기도 한다. 따라서 이들에 대해 정리해두는 것은 환율을 이해하는 데 매우 중요하다. 특히나 이 부분에 대해 나름의 틀을 갖추어놓으면 환율 고수가 될 수 있고 웬만한 교과서에 나오는 복잡한 이론을 충분히 이해하면서 실전에 써먹을 수 있으니 잘 정리하고 넘어가자.

핵심 변수 3인방인 경기, 금리, 물가는 환율과 같이 경제에서 중요한 변수들이기 때문에 서로 영향을 주고받으면서 결정된다. 따라서 이들 요인들이 서로 어떻게 영향을 미치면서 최종적으로 결론이 날지를 따지는 것은 꼬리에 꼬리를 무는 영향을 분석해야 할 만큼 복잡할 수 있다. 예컨대 금리가 변동하면 이와 연관해서 경기와 물가, 환율이 움직이고 이는 다시 금리를 변화시켜 경기, 물가, 환율의 변화로 이어진다. 이러한 연쇄적인 순환 과정에서 금리가 환율에 미치는 영향을 따로 떼어내어 정확하게 분석하는 것은 어렵기도 하지만 최종적으로 어떻게 될 것이라고 결론 내리기도 쉽지 않아 실용적이지 않다.

이 책에서는 두 단계로 나누어서 설명하고자 한다. 첫째는 가장 직접적이고 강력한 영향만을 분석하여 이들 변수가 환율에 미치는 영향을 단순화할 것이다. 대부분의 경우 이런 단순한 방법으로 낸 결론이 맞고 직관적으로 이해하기도 쉽다. 둘째는 간접적인 영향과 장기적으로 나타나는 영향을 종합적으로 고려하여 환율에 미치는 영향을 결론짓는 방법을 설명할 것이다. 이렇게 하면 웬만한 교과서에서 다루는 이론이 모두 적용되기 때문에 보다 정교한 설명이 필요하나 전문적인 분석 보고서를 이해하는 데 도움이 될 것이다. 여기서는 첫째 단계에 대해서 설명하고 둘째 단계는 5장에서 다루기로 한다.

① 경기(경제성장률, 소득, 생산)

경기景氣는 경제 상황을 말한다. 경기가 좋고 나쁨은 경제 상황이 좋고 나쁨과 같은 말이다. 경기를 나타내는 많은 지표 중에서 경제성장률과 소득이 대표적이다. 따라서 앞으로 경기 호전, 경제성장률 상승, 소득 상승은 같은 뜻으로 이해하면 좋을 듯하다. 경기가 환율에 미치는 영향은 '이미지 경로'로 이해하는 것이 간단하고 직관적이다. 즉, 우리나라의 경기가 좋으면 원화에 대한 이미지가 좋아져 원화에 대한 수요가 증가하고, 환율은 하락하게 되는 경로이다. 같은 이유로 미국의 경기가 좋아지면 달러에 대한 이미지가 좋아져 달러에 대한 수요가 증가하고 환율은 상승한다. 어느 나라이건 자국의 경기가 좋아지면 자국의 환율이 하락하는 것도 같은 경로로 이해하면 된다.

■ 경기(경제성장률, 소득, 생산)와 환율의 기본 관계

▶ 미국 경기 상승: 달러 이미지 제고 → 달러 수요 증가 → 환율 상승
▶ 한국 경기 상승: 원화 이미지 제고 → 원화 수요 증가, 달러 수요 감소 → 환율 하락

② 금리(이자율)

금리가 환율에 미치는 경로는 '수익률 경로'로 이해하는 것이 직관적이다. 미국의 금리가 오르면 달러에 대한 수익률이 증가하기 때문에 달러에 대한 수요가 증가하고 (달러를 확보하여 높은 금리를 받으려고) 환율이 상승하게 된다. 반대로 우리나라 금리가 상승하면 원화에 대한 수익률이 증가하기 때문에 달러에 대한 수요가 줄어들어 환율은 하락하게 된다.

■ 금리와 환율의 기본 관계

▶ 달러 금리 상승: 달러 수익률 상승 → 달러 수요 증가 → 환율 상승
▶ 원화 금리 상승: 원화 수익률 상승, 달러 수익률 하락 → 달러 수요 감소 → 환율 하락

144

③ 물가

물가가 환율에 미치는 영향은 '구매력 경로'로 이해하는 것이 직관적이다. 물가가 상승한다는 것은 화폐의 가치, 즉 구매력이 떨어진다는 것이다. 미국의 물가가 상승한다면 달러의 구매력이 하락하는 것이므로 달러의 수요는 감소하고 환율은 하락한다. 반대로 우리나라 물가가 상승한다면 원화의 구매력이 하락하여 달러에 대한 수요는 증가하고 환율은 상승하게 된다.

현실에서 경기, 금리, 물가의 영향은 보다 복합적이고 시간의 흐름에 따라 달라지기도 한다. 이에 대한 보다 세밀한 설명은 5장에서 다루기로 하고 여기에서는 기본적인 관계를 직관적으로 이해하는 선에서 넘어가도록 하자. 기본적인 관계만 파악하고 있어도 대부분의 설명이 가능하며, 5장에서 다루는 내용도 분석의 정치함을 좀 더 강조한 차이가 있을 뿐 결론은 유사하다는 점을 미리 밝힌다.

■ 물가와 환율의 기본 관계

▶ 미국 물가 상승: 달러 구매력 하락 → 달러 수요 감소 → 환율 하락
▶ 한국 물가 상승: 원화 구매력 하락, 달러 구매력 상승 → 달러 수요 증가 → 환율 상승

D그룹 | 핵심 변수 3인방에 영향을 미치는 요인

D그룹에 해당하는 요인들이 가장 복잡하다. 영향을 미치는 경로가 '요인 → 핵심 변수 3인방 → 수요, 공급에 미치는 동인 → 수급 → 환율'로 길고 그 영향도 제각각이어서 간단하지 않다. 하지만 핵심 3인방의 영향을 최대한 단순화했으므로 크게 복잡하지 않게 설명할 수 있다. D그룹에 속하는 요인 중 중요하게 다뤄야 하는 3가지는 통화정책, 재정정책, 생산성이다.

① 통화정책과 환율

각국의 중앙은행이 관장하는 통화정책은 실물과 금융 부문 둘 다에 가장 영향력이 큰 정책으로 당연히 환율에도 큰 영향을 미친다. 통화정책은 완화적인(확장적인) 통화정책과 긴축적인 통화정책으로 나눌 수 있는데 이 기준은 통화량과 금리를 중앙은행이 어떻게 운용하는가에 따라 구분된다. 완화적인 통화정책은 통화량을 증가시키거나 금리를 인하하는 조치를 말하며, 긴축적인 통화정책은 통화량을 감소시키거나 금리를 인상하는 조치를 말한다.

먼저 완화적인 통화정책의 영향을 살펴보자. 통화량이 증가하고 금리가 하락하는 완화적인 통화정책은 2가지 경로로 환율에 작동한다. 첫 번째는 직접적인 공급 경로로, 미국의 통화량이 증가하면 달러의 공급이 증가한 것이므로 환율 결정 1단계에 따라 환율은 하락한다. 반대로 우리나라의 통화량이 증가하면 원화의 공급이 증가한 것이므로 원화 가치는 하락하고 달러 가치인 환율은 상승한다. 두 번째 경로는 수익률 경로이다. 미국의 통화정책이 완화적이라면 미국 금리가 하락하고 수익률 경로에 따라 달러에 대한 수요가 감소하여 환율은 하락한다. 우리나라 통화정책이 완화적이라면 원화 수익률이 하락하여 원화에 대한 수요가 줄고 환율은 상승한다. 이처럼 완화적인 통화정책의 2가지 경로는 모두 환율에 같은 방향으로 작용한다.

표 4-5 | 통화정책과 환율

완화적인 통화정책: 통화량 증가 또는 금리 인하

① 미국의 완화적 통화정책
  ▶공급 경로: 미국의 통화량 증가 → 달러 공급 증가 → 환율 하락
  ▶수익률 경로: 미국의 금리 인하 → 달러 수익률 하락 → 달러 수요 감소 → 환율 하락

② 한국의 완화적 통화정책
  ▶공급 경로: 한국의 통화량 증가 → 원화 공급 증가 → 원화 가치 하락 → 달러 가치 상승 → 환율 상승
  ▶수익률 경로: 한국의 금리 인하 → 원화 수익률 하락 → 원화 수요 감소, 달러 수요 증가 → 환율 상승

긴축적인 통화정책: 통화량 감소 또는 금리 인상

① 미국의 긴축적 통화정책
  ▶공급 경로: 미국의 통화량 감소 → 달러 공급 감소 → 환율 상승
  ▶수익률 경로: 미국의 금리 인상 → 달러 수익률 상승 → 달러 수요 증가 → 환율 상승

② 한국의 긴축적 통화정책
  ▶공급 경로: 한국의 통화량 감소 → 원화 공급 감소 → 원화 가치 상승 → 달러 가치 하락 → 환율 하락
  ▶수익률 경로: 한국의 금리 인상 → 원화 수익률 상승 → 원화 수요 증가, 달러 수요 감소 → 환율 하락

표 4-6 │ 통화정책이 환율에 미치는 영향 정리

정책 방향		지표		환율에 미치는 영향	
		통화량	금리	직관적 포인트	환율 영향
우리나라 통화정책	확장 (완화)	원화 공급 증가	원화 금리 하락	원화 증가로 원화 가치 하락	환율 상승
	긴축	원화 공급 감소	원화 금리 상승	원화 부족으로 원화 가치 상승	환율 하락
미국 통화정책	확장 (완화)	달러 공급 증가	달러 금리 하락	달러 증가로 달러 가치 하락	환율 하락
	긴축	달러 공급 감소	달러 금리 상승	달러 부족으로 달러 가치 상승	환율 상승

긴축적인 통화정책의 효과는 완화적인 통화정책의 효과와 정반대이다. 통화정책의 환율 영향에 대해서는 표 4-5과 표 4-6에 정리해놓았다. 설명하는 방식을 조금 달리 했으니 더 마음에 드는 쪽으로 정리해두자.

② 재정정책과 환율

두 번째로는 재정정책이 환율에 미치는 영향이다. 재정정책도 완화적(확장적) 재정정책과 긴축적 재정정책으로 구분된다. 완화적 재정정책은 정부의 지출이 수입보다 많은 경우로 재정적자가 확대된다.

긴축적 재정정책은 정부의 수입이 지출보다 많은 경우로 재정흑자가
확대된다. 전통적인 케인스식 재정정책의 틀에서는 경제가 좋지 않
을 때 완화적 재정정책을 사용하여 부족한 수요를 정부가 보충하고,
경제가 너무 과열되었을 때는 긴축적인 재정정책을 사용하여 열기를
식히는 방식으로 운용된다.

먼저 완화적 재정정책의 효과를 살펴보자. 완화적 재정정책을 하
면 정부가 걷어가는 것(수입 또는 세금)보다 쓰는 것(정부 지출)이 더 많기
때문에 국가 경제 입장에서 보면 수요가 증가한다. 즉, 정부가 구매
를 많이 하기 때문에 수요가 증가하고 이를 맞추기 위해 생산도 증가
하게 된다. 그렇게 되면 국민 전체의 소득이 증가하고 경제성장률도
높아진다. 앞에서 설명한 바 있는 경기 경로가 작동하게 되는 것이
다. 미국 정부가 완화적 재정정책을 쓰면 미국 경기가 좋아지고 달러
에 대한 이미지가 좋아져서 달러에 대한 수요가 증가하고 환율은 상
승한다. 반대로 우리나라 정부가 완화적 재정정책을 쓰면 환율은 하
락한다.

긴축적 재정정책의 효과는 완화적 재정정책의 효과와 정반대로
작용하므로 스스로 분석해보기 바란다. 재정정책의 환율 영향은 표
4-7에 정리해놓았다.

여기서 한 가지 주의할 점이 있다. 재정정책이 확장적이면 경기가
좋아지고, 긴축적이면 경기가 악화된다(진정된다)는 전제가 맞아야 위
의 설명이 유효하다. 이 전제가 맞지 않는다면 전혀 다른 결론이 나
올 수 있다. 이와 관련해서는 학파 간 긴 논쟁이 있고 결론도 다르기

표 4-7 | 재정정책과 환율

완화적 재정정책

▶ 미국의 완화적 재정정책: 미국 경기 상승 → 달러 이미지 제고 → 달러 수요 증가 →
환율 상승

▶ 한국의 완화적 재정정책: 한국 경기 상승 → 원화 이미지 제고 → 원화 수요 증가,
달러 수요 감소 → 환율 하락

긴축적 재정정책

▶ 미국의 긴축적 재정정책: 미국 경기 악화 → 달러 이미지 악화 → 달러 수요 감소 →
환율 하락

▶ 한국의 긴축적 재정정책: 한국 경기 악화 → 원화 이미지 악화 → 원화 수요 감소,
달러 수요 증가 → 환율 상승

때문에 여기서는 논하지 않겠지만, 어느 정도 합의된 결론은 재정정책이 확장적이라면 단기적 관점에서 대체로 경기에 도움이 되고 긴축적이라면 대체로 경기를 진정시키는 효과가 있다는 점이다. 대부분 사람들이 장기적인 환율보다는 단기적인 환율 움직임에 더 관심이 많다고 하면 경기 경로를 통해 재정정책이 환율에 미치는 영향을 판단하더라도 크게 무리는 없다.

③ 생산성과 환율

D그룹의 마지막 요인으로 생산성이 환율에 미치는 영향을 살펴보

자. 생산성이라는 것은 투입 대비 산출량이다. 즉, 같은 양을 좀 더 저렴하게 생산하거나 같은 비용으로 보다 많은 양을 생산하게 되면 생산성이 상승하는 것이다. 따라서 우리나라 생산성이 상승하면 물가가 낮아지거나 경기(소득, 생산 또는 경제성장률)가 좋아진다.

생산성은 먼저 물가 경로로 환율에 작동한다. 미국의 생산성이 향상되면 생산에 따른 비용이 절감되어 전반적인 미국의 물가가 하락하고, 이는 달러의 구매력을 높여 달러의 가치를 상승시킨다. 즉, 환율이 상승하게 된다. 반대로 우리나라 생산성이 향상되면 원화의 구매력이 높아져 환율은 하락한다. 또한 생산성은 경기 경로를 통해서도 환율에 영향을 미친다. 미국의 생산성이 향상되면 미국의 경기가 좋아져 전형적인 경기 경로를 통해 환율이 상승한다. 우리나라 생산성이 좋아지면 미국과 반대로 경기 경로가 작동하여 환율이 하락한다. 물가 경로와 경기 경로는 같은 방향이므로 서로 방향성에 모순은 없다. 즉, 미국의 생산성이 향상되면 물가 경로든 경기 경로든 환율이 상승하는 쪽으로 작용한다. 생산성이 저하될 경우 환율에 미치는 영향은 향상될 경우와 정반대이다. 표 4-8에 생산성과 환율 간의 관계를 정리해놓았으니 참고하기 바란다.

생산성이 환율에 미치는 영향을 물가 경로와 경기 경로로 설명했지만, 간단하게 '이미지 경로'로 이해해도 좋다. 생산성이 향상되는 것은 좋은 일이기 때문에 그 나라 화폐에 대한 이미지가 좋아지는 요인이 된다.

표 4-8 | 생산성과 환율

미국의 생산성 향상

▶ 물가 경로: 미국의 물가 하락 → 달러 구매력 증가 → 달러 수요 증가 → 환율 상승

▶ 경기 경로: 미국의 경기 상승 → 달러 이미지 제고 → 달러 수요 증가 → 환율 상승

한국의 생산성 향상

▶ 물가 경로: 한국의 물가 하락 → 원화 구매력 증가 → 원화 수요 증가, 달러 수요 감소 → 환율 하락

▶ 경기 경로: 한국의 경기 상승 → 원화 이미지 제고 → 원화 수요 증가, 달러 수요 감소 → 환율 하락

지금까지 환율의 결정에 대해 가능하면 간단하고 적용하기 쉬운 분석 틀을 제시하였다. 각종 교과서에서 기술하고 있는 방대한 환율 결정이론을 한 챕터로 종합 정리한 것이므로, 이를 잘 활용한다면 환율 분석과 관련해 큰 도움을 받을 것이다. 다소 복잡하게 정리된 부분도 있을 텐데 이는 다른 전문가들이 말하는 내용을 이해하기 위한 방편으로 각자 나름대로 틀을 정립한다면 그렇게 어렵지 않을 것이다. 설명한 바를 다시 한번 정리해보자. 일단 다음 2가지를 상기하면 환율의 99%는 해결된다. 첫째, 환율은 달러의 가격이다. 원화의 가격도 아니고 교환비율로 생각해서도 안 된다. 다시 한번 강조한다. 둘째는 환율이 달러의 가격이므로 미국에 상대적으로 좋은 것은 환율을 상승시키고 우리나라에 상대적으로 좋은 것은 환율을 하락시킨

다. 결국은 우리나라에 좋으냐 나쁘냐, 미국에 좋으냐 나쁘냐로 일단 판단하면 된다. 환율의 방향성과 관련해 이렇게 이해하면 대부분은 해결된다. 그래도 해결되지 않을 때에는 다소 복잡하게 얘기한 부분들을 점검해보면 된다. 하지만 그럴 일은 필자의 경험상 많지 않았다.

표 4-9 | 환율 관점에서 좋은 점과 나쁜 점

우리나라 상황*	좋은 상황 (원화 가치 상승 = 환율 하락)	나쁜 상황 (원화 가치 하락 = 환율 하락)
경기(경제성장률)	상승	하락
물가	하락	상승
금리**	상승	하락
뉴스	좋은 뉴스	나쁜 뉴스
경제지표	좋은 지표 발표	나쁜 지표 발표
보완 국가 상황	개선	악화
경쟁 국가 상황	악화	개선
주가	상승	하락
대외 건전성	개선	악화
통화정책**	긴축적	확장적
정책금리	인상	인하
재정정책	확장적 (재정적자 확대)	긴축적 (재정적자 감소)
생산성	향상	저하
국제 금융시장 심리	위험자산 선호 (국제 금융시장 안정)	안전자산 선호 (국제 금융시장 불안)

* 이 표는 우리나라를 기준으로 상황별로 좋은 상황과 나쁜 상황을 정리하였다. 미국의 입장에서 이를 정리하면 환율에 미치는 영향은 반대가 된다. 즉, 미국의 경제성장률이 상승하는 것은 미국에 좋은 일이고 따라서 달러 가치인 환율은 상승한다. 또한 국제 금융시장 심리도 반대로 작용한다. 국제 금융시장이 불안할 경우 달러 가치인 환율은 오르게 된다.

** 금리, 통화정책은 좋은 상황과 나쁜 상황의 방향성이 직관적이지 않을 수 있다. 즉, 금리가 상승하는 것, 통화정책이 긴축적인 것이 좋은지 나쁜지는 다소 모호할 수 있다. 이때 환율은 결국 돈의 가치를 나타내는 것이므로 돈을 가진 사람 입장에서 생각하면 간단히 해결될 수 있다. 돈(원화)을 가진 사람 입장에서는 금리(이자)가 상승하는 것, 통화정책이 긴축적인 경우(돈이 귀해지는 것)가 좋다는 점은 자명하다.

환율 **노트** 핵심 **정리**

1 환율에 미치는 영향 파악 3단계: ①수요공급 → ②수요공급에 미
   치는 동인 → ③핵심 변수 3인방(경기, 금리, 물가)

- -

2 1단계: 환율 = 달러의 가격 = 달러의 수요와 공급으로 결정
   ① 수요 경로: 달러의 수요가 증가하면 환율 상승, 감소하면 환율
      하락 → 수출입, 해외여행, 외국인 투자, 해외투자, 은행의 외
      환 포지션
   ② 공급 경로: 달러의 공급이 증가하면 환율 하락, 감소하면 환율
      상승 → 외환당국이 결정

- -

3 2단계: 달러의 수요 = ①달러 이미지, ②달러의 수익률, ③달러
   의 구매력, ④환율 상승 기대에 의해 결정
   ① 이미지 경로: 달러의 이미지가 좋아지면 달러 수요 증가 → 뉴
      스, 경제지표 발표, 글로벌 금융시장 심리
   ② 수익률 경로: 달러의 수익률이 올라가면 달러 수요 증가 → 달
      러(원화) 금리, 주가, 대외 건전성 지표, 관련국 상황
   ③ 구매력 경로: 달러의 구매력이 좋아지면 달러 수요 증가 → 미
      국 물가, 우리나라 물가
   ④ 환율 예상 경로: 환율이 상승할 것으로 예상되면 달러 수요 증
      가 → 환율 결정에 영향을 미치는 모든 변수에 대한 예상

4 3단계: 핵심 변수 3인방 = ① 경기(소득, 성장률), ②금리, ③물가

① 경기: 이미지 경로를 통해 영향

② 금리: 수익률 경로를 통해 영향

③ 물가: 구매력 경로를 통해 영향

---

5 응용: 통화정책, 재정정책, 생산성 향상이 환율에 미치는 영향

① 통화정책: 공급 경로(통화량)와 수익률 경로(금리)를 통해 영향

② 재정정책: '경기 → 이미지 경로'를 통해 영향

③ 생산성: '물가 → 구매력 경로'와 '경기 → 이미지 경로'를 통해
영향

---

6 직관적 판단: 우리나라에 좋은 일이면 환율(달러 가격) 하락, 미
국에 좋은 일이면 환율 상승

5장

환율은 어떻게 결정되는가
(심화편)

경기, 물가, 금리와 환율

　4장에서 환율을 결정하는 요인에 대해 살펴보았다. 4장만 잘 이해해도 큰 어려움이 없겠지만, 교과서나 분석 보고서 또는 신문 기사 중에 이를 좀 복잡하게 설명할 때가 있다. 기본편에서 정리한 방식으로 설명이 잘되지 않거나, 환율에 영향을 미치는 경로가 보다 복잡하고, 시간이 지나면서 변수들 간에 서로 영향을 주고받는 경우가 발생할 수도 있고, 특수한 상황에서는 기본편에서 설명한 방식대로 작동하지 않을 때가 있기 때문이다. 교과서나 고급 분석 보고서 등에서는 환율의 변화에 대해 모든 경우를 다 설명해야 하므로 이러한 특수한 경우를 포괄하여 설명할 수 있는 여러 이론이 발전해왔다.

5장에서는 이러한 이론들을 대부분 포괄할 수 있도록 다양한 경로들을 소개하면서 설명하겠다. 이를 이해하면 환율 결정과 관련해서는 어떤 교과서나 분석 보고서도 대부분 이해할 수 있고, 환율 결정과 관련하여 본인만의 해석을 내놓을 수도 있다. 다소 복잡하지만 한번 해볼 만한 공부다. 다만 이렇게 복잡한 설명이 필요 없거나 어렵게 느껴진다면 일단 넘어가고 나중에 좀 더 공부하고 싶을 때 다시 돌아와도 좋다. 4장에서 설명한 부분만으로도 대부분의 문제가 해결되기 때문이다. 이론들이 복잡해지는 상황은 주로 핵심 변수 3인방과 관계 있다. 환율 결정 요인 중에서 C그룹과 D그룹을 분석할 때 기본편과 달리 보다 다양한 상황을 고려해야 한다는 것이다. 그럼 아래에서는 핵심 변수 3인방과 환율과의 관계, 그리고 핵심 변수 3인방에 영향을 미치면서 환율에 영향을 주는 2가지 요인, 즉 통화정책과 재정정책이 환율에 미치는 영향을 분석해보자.

4장에서는 경기, 물가, 금리 등 핵심 변수 3인방에 대해 가장 영향력이 크고 직관적인 경로를 이용하여 환율에 미치는 영향을 설명했다. 경기는 '이미지 경로'로, 금리는 '수익률 경로'로, 물가는 '구매력 경로'로 각각 한 경로만을 이용하여 환율에 미치는 영향을 분석했다. 하지만, 알고 보면 이들 세 변수는 달러의 수요에 영향을 미치는 핵심 동인인 1)달러의 이미지 경로, 2)달러의 수익률 경로, 3)달러의 구매력 경로, 4)환율 상승 기대 경로에 다양하고 복합적으로 작용하면서 환율에 미치는 영향도 매우 복잡하다. 그래서 이들에 대해 정리해두는 것은 환율을 이해하는 데 매우 중요하다. 특히나 이 부분에 대한 나름의 틀을 갖추어놓으면 웬만한 교과서에 나오는 복잡한 이론도 충분히 이해하면서 실전에도 써먹을 수 있으니 한 단계 더 깊이 들어가고자 한다면 이 부분을 잘 정리하고 넘어가자.

경기(경제성장률, 소득): 이미지 경로, 구매력 경로, 수요공급 경로가 복합적으로 작용

경기는 기본편에서 설명한 이미지 경로 외에 구매력 경로와 수요공급 경로(또는 수출입 수급 경로) 등 3가지 경로로 환율에 영향을 미친다. 미국의 경기가 좋아지는 경우 환율에 미치는 영향을 보자.

먼저 이미지 경로이다. 이는 기본편에서 설명한 바와 같이 미국의 경기가 좋아지면 미국 경제와 달러에 대한 이미지가 좋아져서 달러에 대한 수요가 증가하고 환율은 상승한다. 두 번째로 미국의 경기가 좋아지면 미국 경제 주체들의 소득이 증가하면서 구매력이 증가한다. 즉, 달러에 대한 수요가 그만큼 증가해 환율은 상승한다. 세 번째 경로는 달러의 수요공급에 직접 영향을 주는 경로로 수출입 수급 경로인데, 미국의 경기가 좋아지면 해외로부터 수입도 늘어난다. 즉, 수입품을 사기 위해 달러가 해외로 유출된다. 글로벌 시장에 달러의 공급이 증가해 환율은 하락하게 된다.

정리해보면, 경기가 환율에 미치는 3가지 경로 중 이미지 경로와 구매력 경로는 같은 방향으로 작용하고 수출입 경로는 다른 방향으로 작용한다. 이 두 방향 중 어느 방향이 큰가에 따라 환율의 방향이 정해진다. 다행히 대부분 이미지 경로와 구매력 경로가 수출입 수급 경로보다 더 빠르고 크다고 알려져 있다. 왜냐하면 이미지 경로와 구매력 경로는 즉시 효과를 나타낼 가능성이 큰 반면 수출입 경로는 수입 수요 증가, 수입 계약 등에 시간이 소요되는 등 뒤늦게 나타나는 경향이 크기 때문이다. 이를 종합해보면 미국의 경기(또는 경제성장률, 소득)가 좋아지면 달러의 이미지가 좋아지고 구매력도 상승하면서 환율은 상승한다. 시간이 지나면서 수출입 경로가 작동하면 점차 환율 상승이 완화된다. 하지만 전체적으로는 이미지 경로와 구매력 경로가 수출입 경로보다 커서 처음보다 환율은 상승한 상태로 완결된다.

그림 5-1 | 미국의 경기 상승 시 환율 변화

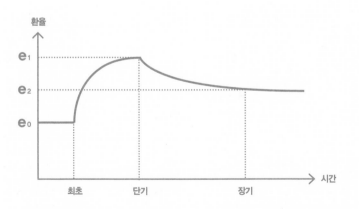

* 미국의 경기가 상승하면 먼저(단기적으로) 달러의 이미지가 좋아지고, 구매력도 상승하면서 환율이 e_0에서 e_1으로 상승한다. 시간이 지나면 미국의 경기 상승으로 수입이 증가하면서 달러가 해외로 나가 환율은 e_2 수준으로 하락하게 되는데, 이 수준은 당초 수준인 e_0보다는 높은 수준에서 결정되는 것이 일반적이다.

이를 그림으로 나타내면 그림 5-1과 같다.

반대로 우리나라의 경기(또는 경제성장률, 소득)가 좋아지면 미국의 경기가 좋아진 경우와 정반대의 영향을 준다. 즉, 이미지 경로와 구매력 경로는 원화의 이미지와 구매력을 상승시켜 원화 가치가 상승하는 쪽으로 작용해 달러 가치인 환율은 하락하게 된다. 수출입 수급 경로는 우리나라로의 수입이 증가하여 달러에 대한 수요가 증가하고 환율은 상승하는 쪽으로 작동한다. 즉, 우리나라 경기가 좋을 때는 이미지 경로와 구매력 경로는 환율을 하락시키고 수출입 경로는 환율을 상승시킨다. 종합적으로는 초기에 환율이 하락했다가 시간이 갈수록 수출입 경로가 작동하여 환율이 오르기 시작하지만 처음 환

■ 경기와 환율: 복합적인 경로

미국의 경기가 좋을 때

▶ 이미지 경로: 달러 이미지 제고 → 달러 수요 증가 → 환율 상승
▶ 구매력 경로: 미국 소득 증가 → 미국 구매력 증가 → 달러 수요 증가 → 환율 상승
▶ 수출입 경로: 미국의 수입 증가 → 달러 공급 증가 → 환율 하락

한국의 경기가 좋을 때

▶ 이미지 경로: 원화 이미지 제고 → 원화 수익률 상승, 달러 수익률 하락 → 달러 수요 감소 → 환율 하락
▶ 구매력 경로: 한국 소득 증가 → 한국 구매력 증가 → 원화 수요 증가, 달러 수요 감소 → 환율 하락
▶ 수출입 경로: 한국의 수입 증가 → 달러 수요 증가 → 환율 상승

율보다는 낮은 상태에서 멈추게 된다.

■ **경기와 환율의 관계 종합 결론**

경기와 환율과의 관계 종합(원칙)

▶ 일반적으로 이미지 경로와 구매력 경로로 분석
▶ 시간이 지남에 따라 수출입 수급 경로가 나타나지만 수익률 경로와 구매력 경로의
   효과를 추월하는 경우는 적음

경기와 환율과의 관계 종합(적용)

▶ 미국 경기 상승: 달러 이미지 제고와 구매력 증가로 달러 가치 상승 → 환율 상승
   * 시간이 지남에 따라 수출입 경로가 작동하면서 환율 상승 완화
▶ 한국 경기 상승: 원화 이미지 제고와 구매력 증가로 원화 가치 상승 → 환율 하락
   * 시간이 지남에 따라 수출입 경로가 작동하면서 환율 하락 완화

금리(이자율): 수익률 경로와 경기 경로가 작용

금리가 환율에 미치는 경로는 2가지로 정리할 수 있다. 첫 번째는 수익률 경로이다. 이는 기본편에서 설명한 바 있다. 미국의 금리가 오르면 달러에 대한 수익률이 증가하기 때문에 달러에 대한 수요가 증가하고(달러를 확보하여 높은 금리를 받으려고), 따라서 환율이 상승하게 된다. 금리의 두 번째 경로는 경기(또는 소득) 경로이다. 미국의 금리가 상승하면 돈을 빌려서 투자하기가 꺼려진다. 즉, 투자가 줄어들고 미국의

경기가 둔화된다. 미국의 경기 둔화는 앞에서 설명한 바와 같이 달러에 대한 수요를 감소시켜 달러 가격, 즉 환율은 하락 압력을 받는다.

금리의 환율에 대한 영향도 수익률 경로와 경기 경로가 반대 방향으로 나왔다. 각종 분석 보고서에서 금리 상승이 환율에 미치는 영향을 설명할 때 이러한 2가지 상반된 결론을 내더라도 이제는 충분히 이해할 수 있을 것이다. 그럼, 금리의 수익률 경로와 경기 경로 중 어느 쪽이 더 영향력이 클까? 기본편에서 본 바와 같이 수익률 경로로 해석하는 것이 일반적이다. 즉 미국이 금리를 인상하면 달러의 가격인 환율은 상승하는 쪽으로 방향을 잡는다. 수익률 경로는 경로가 직접적이어서 즉각 일어나기 때문에 금리가 변동하는 일이 발생하면 수익률 경로부터 생각하는 것이 타당하다. 경기 경로는 경로의 단계가 길고 불확실해서 당장 나타나지 않거나 그냥 사라지기도 한다. 한마디로 금리가 상승할 때 경기가 악화되는지 안 되는지는 복잡한 사정이 얽혀 있어 장담을 못 한다. 따라서 금리의 수익률 경로가 우선한다고 일단 정리할 수 있다. 다만, 시간이 지날수록 금리가 경기에 부담을 주기 때문에 경기 경로가 작동하면서 환율 상승 폭을 일정 부분 반납할 가능성이 크다. [그림 5-2(a)]

그러나 예외가 있다. 외환시장을 포함한 국제 금융시장이 경기 상황에 민감한 시기라면 금리의 경기 경로가 크게 작동할 가능성이 커진다. 이런 시기에는 주로 경제 상황이 좋지 않을 때가 대부분이다. 즉, 미국 경제가 부진한 상황에서 금리가 올랐다면 경제가 더 악화되겠구나 하는 경기 경로가 더 빨리 강하게 작동해 환율이 상승하기보

164

다는 하락하는 쪽으로 방향을 잡을 가능성이 크다. 또는 금리가 너무 가파르게 오를 때에도 달러의 수익률이 증가하는 영향보다는 경제에 부담이 될 가능성이 크다는 쪽이 더 우세할 수가 있다.[그림 5-2(b)]

이렇게 금리가 환율에 미치는 영향이 나누어질 수 있다는 점은 혼란스러울 수도 있지만, 오히려 금리가 오를 때 환율이 통상의 예상과 달리 움직일 수 있다는 사실까지 알게 되었다는 점에서 분석의 폭이 더 넓어졌다. 그리고 같은 현상에 대해서도 상황에 따라 그 결과가 달라진다는 점은 환율의 세계뿐만 아니라 우리가 사는 세상사에 늘

그림 5-2 | 달러 금리 상승 시 환율 변화

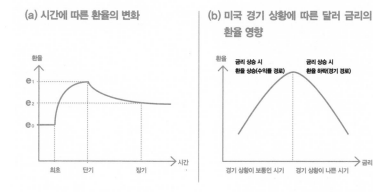

* (a) 달러 금리가 상승하면 먼저 수익률 경로가 작동하여 환율이 e_0에서 e_1 수준까지 상승한다. 시간이 지나면서 금리 상승이 미국 경기에 부담을 주게 되면 경기 경로가 작동하면서 환율은 e_2 수준까지 조정된다. 통상적으로 e_2는 e_0보다는 높다.
(b) 미국의 경기 상황이 보통인 경우 금리가 상승하면 환율은 상승한다(수익률 경로가 경기 경로보다 영향력이 크다). 하지만 미국의 경기 상황이 매우 나쁜 경우 금리 상승은 수익률 경로보다 경기 경로가 더 크게 작용하여 환율이 하락할 수 있다.

있는 일이기도 하다.

반대로 우리나라의 금리가 상승하면 미국의 금리가 상승하는 경우와 반대의 결과가 나온다. 1)수익률 경로에 따라 원화에 대한 수익률이 증가(달러에 대한 수익률은 상대적으로 감소)하기 때문에 달러에 대한 수요가 줄어들어 환율은 하락한다. 2)시간이 지날수록 경기 경로도 작동한다. 우리의 금리가 상승하면 우리나라에서 돈을 빌려 투자하기가 꺼려진다. 이는 투자 감소로 이어지고 경기는 둔화된다. 원화에 대한 이미지가 나빠지므로 원화 가치는 하락하고 달러 가치, 즉 환율은 상승하게 된다. 하지만 상승 폭은 수익률 경로로 인한 하락 폭보다는 일반적으로 작다.

■ 금리와 환율: 복합적인 경로

미국의 금리가 상승할 때

▶ 수익률 경로: 달러 수익률 상승 → 달러 수요 증가 → 환율 상승
▶ 경기 경로: 금리 상승으로 미국 경기 둔화 → 달러 이미지 저하 → 달러 수요 감소 → 환율 하락

한국의 금리가 상승할 때

▶ 수익률 경로: 원화 수익률 상승 → 원화 수요 증가, 달러 수요 감소 → 환율 하락
▶ 경기 경로: 금리 상승으로 한국 경기 둔화 → 원화 이미지 저하 → 원화 수요 감소, 달러 수요 증가 → 환율 상승

금리와 환율과의 관계 종합(원칙)

▶ 일반적으로 수익률 경로에 따름

▶ 시간이 지남에 따라 경기 경로가 작동하기 시작하지만 수익률 경로를 추월하지는 않음

▶ 경기가 아주 나쁜 상황이거나 금리 인상 속도가 경제가 견디기 어려울 정도로 빠른 경우에는 경기 경로가 수익률 경로보다 강하게 나타날 수 있음

금리와 환율과의 관계 종합(적용)

▶ 미국 금리 상승: 달러 수익률 증가로 달러 수요 증가 → 환율 상승

 * 시간이 지남에 따라 경기 경로 작동하면서 환율 상승 폭 일부 반납

 * 미국 경기가 어려운 상황이라면 경기 경로가 더 강하게 작동하여 환율 하락 가능

▶ 한국 금리 상승: 원화 수익률 증가로 원화 수요 증가 및 달러 수요 감소 → 환율 하락

 * 시간이 지남에 따라 경기 경로가 작동하면서 환율 하락 폭 일부 반납

 * 한국 경기가 어려운 상황이라면 경기 경로가 더 강하게 작동하여 환율 상승 가능

물가: 구매력 경로와 금리 경로가 작용

물가도 환율에 미치는 영향이 만만치 않은 변수다. 물가도 2가지 경로로 환율에 영향을 미친다. 첫 번째는 구매력 경로이다. 이는 기본편에서 설명한 바 있다. 미국의 물가가 상승한다면 달러의 구매력이 하락하게 된다. 달러의 구매력이 하락하면 달러의 수요는 감소하고 달러의 가격인 환율은 하락한다.

두 번째 경로는 금리 경로다. 물가가 지속 상승하게 되면 인플레

이션 기대가 형성된다. 인플레이션 기대가 형성되면 금리가 상승하게 된다. 금리는 돈을 빌려주는 데 따른 대가이다. 물가 상승이 예상되면 미래의 돈 가치가 떨어질 것이기 때문에 그 부분에 대해서도 대가를 받으려고 한다. 따라서 일반적인 대가(이를 실질 금리라고 한다)에 더해서 인플레이션 예상치를 반영하여 최종 금리(이를 명목 금리라고 한다)가 결정된다.[8] 따라서 인플레이션이 발생할 것 같으면 이를 반영하여 금리가 상승하는 것이다. 이렇게 되면 금리의 수익률 경로가 작동한다. 미국의 물가가 지속 상승하면 미국의 인플레이션이 상승할 것으로 예상되고 이에 따라 미국의 금리가 오른다. 미국의 금리 상승은 달러의 수익률을 상승시키고 달러에 대한 수요를 증가시켜 환율이 상승한다.[9] 물론 금리의 경기 경로가 작동하는 상황(경기가 매우 어려운 상황 등)이라면 금리가 상승하더라도 경기에 부담으로 작용하여 달러에 대한 수요가 줄고 환율이 하락하는 방향으로 작동한다.

　물가의 영향을 종합해보면, 구매력 경로가 금리 경로보다는 더 즉각적이고 경로가 짧아서 더 우선하고 영향력도 크다. 즉, 미국의 물가가 상승하면 달러 가치가 하락하여 환율이 하락하고, 한국의 물가가 상승하면 원화 가치가 하락(즉, 달러 가치의 상대적 상승)하여 달러에

8　명목 금리는 우리가 실생활에서 보는 금리로서 물가상승률(또는 인플레이션율)이 반영된 금리를 말한다. 명목 금리에서 물가상승률을 뺀 금리는 실질 금리라고 하는데, 실질 금리는 관찰되지 않는 개념상의 금리로서, 물가와 같은 명목상의 변수를 뺀 실질적인 금리라는 뜻이다.

9　금리의 수익률 경로는 명목 금리보다 실질 금리를 중심으로 작동한다고 보는 것이 합리적일 수 있으나, 현실에서는 화폐환상 등으로 명목 금리에 따라 작동하는 상황이 더 자주 발생한다.

대한 수요가 증가하여 환율이 상승한다. 다만 물가가 지속적으로 상승하는 상황이라면 시간이 지남에 따라 금리의 수익률 경로가 작동하면서 환율이 반대 방향으로 변한다. 그러나 이 반대 방향의 변화는 애초의 변화 방향보다는 크지 않은 수준이라고 알려져 있다. 예컨대 한국의 물가가 상승했다고 하면 원화 가치가 하락하고 달러의 상대적 가치가 상승해 환율이 상승하게 된다. 그러나 시간이 지남에 따라 금리가 상승하면서 금리의 수익률 경로가 작동하여 환율 상승 폭 중 일부분을 반납하게 되는데 이 반납 폭은 당초 인상 폭보다는 작다.

그림 5-3 | 미국의 물가 상승에 따른 환율의 기간별 반응

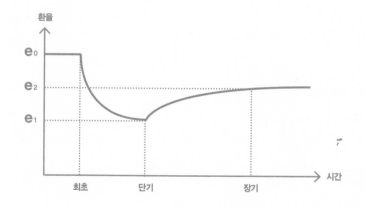

* 미국의 물가가 상승하면 먼저 달러의 구매력이 하락하여 환율이 e_0에서 e_1까지 하락한다. 시간이 지나면서 인플레이션 기대가 형성되면 명목 금리가 상승하면서 금리의 수익률 경로가 작동하여 환율은 e_2 수준으로 상승한다. 통상 e_2는 최초 환율 e_0보다는 낮은 수준에서 결정된다.

■ 물가와 환율: 복합적인 경로

___

미국의 물가가 상승할 때

▶ 구매력 경로: 미국 물가 상승 → 달러 구매력 하락 → 달러 수요 감소 → 환율 하락

▶ 물가의 금리 경로: 미국 물가 상승 → 인플레이션 기대 형성 → 미국 금리 상승 → 달러 수익률 증가 → 달러 수요 증가 → 환율 상승

한국의 물가가 상승할 때

▶ 구매력 경로: 한국 물가 상승 → 원화 구매력 하락 → 원화 수요 감소, 달러 수요 증가 → 환율 상승

▶ 물가의 금리 경로: 한국 물가 상승 → 인플레이션 기대 형성 → 한국 금리 상승 → 원화 수익률 상승 → 원화 수요 증가, 달러 수요 감소 → 환율 하락

___

■ 물가와 환율의 관계 종합 결론

___

물가와 환율과의 관계 종합(원칙)

▶ 대부분의 경우: 구매력 경로에 따라 분석

▶ 시간이 경과하면서 인플레이션 기대가 형성되면 금리 경로가 작동하여 구매력 경로로 변한 환율이 소폭 반대 방향으로 움직임

물가와 환율과의 관계 종합(적용)

▶ 미국의 물가 상승: 달러의 구매력 하락으로 환율 하락

＊ 시간이 지남에 따라 인플레이션이 발생하면 금리가 상승하면서 환율 하락 폭 일부 반납

▶ 한국의 물가 상승: 원화의 구매력 하락으로 환율 상승

＊ 시간이 지남에 따라 인플레이션이 발생하면 금리가 상승하면서 환율 상승 폭 일부 반납

___

환율의 기간별 반응과 오버슈팅

위에서 경기, 물가, 금리가 환율에 미치는 영향을 보다 심층적으로 분석하면서 환율이 기간별로 다소 달리 반응하는 공통점을 발견했다. 그림 5-1~5-3에서 보듯이 경기, 물가, 금리가 변했을 때 환율의 처음 반응이 나중의 환율 반응보다 더 크게 나타난다. 이런 현상을 "환율이 처음에 오버슈팅overshooting했다"라고 표현한다. 교과서나 분석 보고서에서 자주 나온다. 즉, "현재 환율이 오버슈팅하고 있다"는 표현이 나오면 향후 좀 완화될 것으로 본다는 의미로 해석하면 된다.

이제 3대 핵심 변수와 환율과의 관계를 정리해보자. 이 3대 핵심 변수는 환율을 설명할 때 가장 비중 있고 빈번하게 나오면서도 효과가 상반된 부분도 섞여 있어서 헷갈리기 때문에 환율 결정의 틀을 만드는 데 핵심적이다. 이 부분은 시간을 들여 자기만의 방식으로 꼭 정리해두어야 한다. 앞에서 설명한 내용을 표 5-1에서 다시 한번 짚어보자.

표 5-1 | 3대 핵심 변수 종합

	처음에는	시간이 지나면
① 경기	▶ 수익률 경로/구매력 경로 * 미 경기 호전 → 달러 수익률 상승/ 구매력 증가 → 달러 수요 증가 → 환율 상승	▶ 수출입 경로: 시간이 지나면서 수 익률/구매력 경로 효과 완화 * 미 경기 호전 → 수입 수요 증가 → 달러 공급 증가 → 환율 하락
② 금리	▶ 수익률 경로 * 미 금리 상승 → 달러 수익률 상승 → 달러 수요 증가 → 환율 상승	▶ 경기 경로: 1)시간이 지나면서 금 리 상승이 경기에 부담을 줄 경우 2)경기가 좋지 않거나 금리의 경제 에 대한 영향력이 큰 상황일 때는 수익률 경로 효과를 완화시키거나 경우에 따라서는 역전도 가능 * 미 금리 상승 → 투자 감소로 경기 악화 → 달러 수요 감소 → 환율 하락
③ 물가	▶ 구매력 경로 * 미 물가 상승 → 달러 구매력 하락 → 달러 수요 감소 → 환율 하락	▶ 금리 경로: 인플레이션이 발생하 여 물가 상승이 금리에 반영되기 시작하면 구매력 경로 효과 완화 * 미 물가 상승 → 인플레이션 기대 형성 → 미 금리 상승 → 달러 수익률 상승 → 달러 수요 증가 → 환율 상승

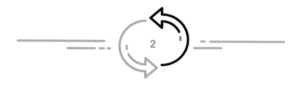

통화정책과 환율

이제 통화정책과 재정정책이 환율에 미치는 영향을 심도 있게 분석해보자.

미국의 통화정책과 환율

먼저, 완화적인 통화정책의 영향을 살펴보자. 완화적인 통화정책을 하면 통화량(또는 통화량의 증가 속도)이 증가하고 금리가 하락하는데, 4가지 경로가 작동한다. 1)수요공급 경로, 2)금리 경로, 3)환율 예상 경로, 4)물가 경로가 그것이다.

첫 번째 수요공급 경로다. 미국이 완화적인 통화정책을 하면 미국의 통화량 증가로 달러의 공급이 증가하므로 환율은 하락한다. 두 번째 금리 경로는 앞에서 설명한 대로 금리의 수익률 경로와 금리의 경기 경로가 복합되어 있는데, 일반적으로는 금리의 수익률 경로가 강하므로 미국이 완화적 통화정책을 펴면 금리가 하락하고 달러에 대한 수익률이 하락하여 환율도 내려간다. 다만 미국의 경기가 좋지 않은 상황이라면 금리의 경기 경로가 더 강하여 경기를 크게 부양해 환율이 상승할 수 있다. 세 번째는 환율 예상 경로로 수요공급 경로와 수익률 경로를 통해 환율이 하락하면 앞으로도 환율이 내려갈 것이라는 기대가 형성된다. 그러면 달러에 대한 수요가 감소하기 때문에 환율이 추가로 하락하게 된다. 네 번째는 물가 경로인데 물가 경로도 심화 분석에서 다룬 바와 같이 물가의 구매력 경로와 물가의 금리 경로 등 2가지가 작동한다. 다만 물가의 구매력 경로가 더 강하기 때문에 미국이 완화적인 통화정책을 한다면 물가가 상승하고 달러의 구매력이 하락하여 환율이 하락하는 방향으로 작동하게 된다. 위 4가지 경로 중에서 수요공급 경로와 금리 경로 중 수익률 경로는 기본편에서 다룬 바 있다.

이제, 완화적 통화정책이 환율에 미치는 영향을 종합해보자. 수요공급 경로, 금리 경로, 환율 예상 경로, 물가 경로 모두 달러의 공급을 증가시키거나 달러의 수요를 감소시키는 쪽으로 작용하여 환율을 하락시킨다. 다만, 시간이 갈수록 금리의 경기 경로와 물가의 금리 경로가 작동하면서 환율 하락 폭 중 일부분은 회복된다. 그리고 미국 경제가 매우 어려운 상황이라면, 금리 경로 중 경기 경로가 강하게 나타나면서 환율이 상승할 가능성도 있다. 즉, 미국 경제가 침체에 빠졌을 때 완화적인 통화정책을 펴면 경제가 급속히 살아나면서 환율이 상승할 수도 있다.

긴축적인 통화정책의 영향은 당연히 완화적인 통화정책과 정반대이므로 스스로 분석해보기 바란다. 그 결과는 표 5-2와 그림 5-4에 정리해두었다.

통화정책이 환율에 미치는 영향을 시간의 흐름으로 이해하면 보다 다채롭고 동태적으로 이해할 수 있다. 통화정책이 변하면, 첫 번째 공급 경로와 두 번째 금리 경로 중 수익률 경로는 단기간 내 즉시 일어나는 일이고, 세 번째 환율 예상 경로와 네 번째 물가 경로 중 구매력 경로는 조금 시간이 지난 중기中期에 일어나기 시작한다. 두 번째 금리 경로 중 경기 경로와 네 번째 물가 경로 중 금리 경로는 상당히 시간이 흘러간 이후인 장기長期에 발생한다. 이를 시간대별로 정리해보자. 미국의 통화정책이 긴축적으로 바뀌었다면, 미국의 통화량이 감소하면서 달러의 공급이 감소해서 환율이 상승하기 시작하고 (수요공급 경로), 금리가 상승하면서 달러의 수익률이 상승하면 환율이 상승한다(금리의 수익률 경로). 조금 시간이 지나면, 환율이 계속 상승할 것이라는 기대가 형성되면서 달러에 대한 수요가 또 증가하여 환율은 추가적으로 상승하고(환율 예상 경로), 또 통화량 감소 효과가 나타나면서 물가가 하락하게 되면 달러의 구매력이 증가하면서 환율은 또 상승하게 된다(물가의 구매력 경로). 시간이 더 지나가면, 금리 상승으로 인해 경기가 둔화되면서 달러에 대한 이미지가 나빠지면 환율 상승이 멈추고 하락하기 시작한다(금리의 경기 경로). 또 물가 하락이 계속되면서 물가 하락 기대가 형성되면 금리가 하락하게 되어 달러에 대한 수익률이 악화되면서 환율이 하락한다(물가의 금리 경로). 물론 환율 하락 폭은 그동안의 환율 상승 폭보다 낮기 때문에 결과적으로는 애초의 환율보다는 상승한 상태로 미국의 긴축적 통화정책의 효과는 끝이 난다. 즉, 미국의 긴축적 통화정책은 환율이 쭉 상승하다가 나중

표 5-2 │ 미국의 긴축적 통화정책 시 환율에 미치는 효과: 다양한 경로와 발생 시기

전달 경로		환율에 미치는 영향	발생 시기
수요공급 경로		미국의 통화량 감소 → 달러 공급 감소 → 환율 상승	단기
금리 경로	▶ 수익률 경로	미국 금리 상승 → 달러 수익률 상승 → 환율 상승	단기
	▶ 경기 경로	미국 금리 상승 → 경기에 부담 → 달러 이미지 하락 → 환율 하락	장기
환율 예상 경로		환율 상승 기대 형성 → 달러 수요 증가 → 환율 상승	중기
물가 경로	▶ 구매력 경로	미국 물가 하락 → 달러 구매력 상승 → 달러 수요 증가 → 환율 상승	중기
	▶ 금리 경로	물가 하락 기대 형성 → 딜러 금리 하락 → 달러 수익률 하락 → 환율 하락	장기
⇒ 결론		초기에 환율이 크게 상승했다가 나중에 다소 조정된 수준에서 균형	

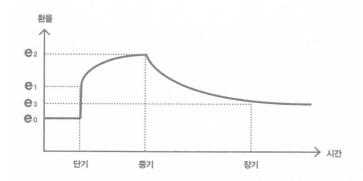

그림 5-4 | 미국의 긴축적 통화정책 시 환율에 미치는 효과: 시간대별 경로 및 오버슈팅

* 미국이 긴축적 통화정책을 시행할 경우, 먼저 미국의 통화량이 감소하면서 달러의 공급이 감소하여 환율이 상승(수요공급 경로)하고, 금리가 상승하면서 수익률 경로가 작동하여 환율이 e_0애서 e_1까지 상승한다. 시간이 조금 지나면 긴축적 통화정책으로 인해 환율이 계속 상승할 것이라는 기대가 형성되면서 달러에 대한 수요가 또 증가하고(환율 예상 경로), 통화량 감소로 물가가 하락하면서 구매력 경로가 작동하여 환율은 e_2까지 추가 상승한다. 시간이 더 지나면 금리 상승으로 인해 경기가 둔화되면서 경기 경로가 작동하고, 물가 하락이 지속되면 물가 하락 기대 형성으로 금리가 하락하면서 금리의 수익률 경로가 작동하여 환율은 일부 하락하게 되어 장기적으로 e_3 수준에서 균형을 이룬다. 통상 e_3는 e_0보다는 높고 e_2보다는 낮다.

에 다소 조정된 상태로 끝나게 되는데 이렇게 처음에 과도하게 환율이 반응하는 것을 환율의 '오버슈팅'이라고 한다는 점은 앞에서 설명한 바와 같다. 이 과정을 시간대별로 표시하면 그림 5-4와 같다. 그림 5-4에서 환율이 장기 균형점인 e_3보다도 높은 $e_0 \rightarrow e_1 \rightarrow e_2$까지 상승하는 것을 오버슈팅 현상이라고 한다.

우리나라의 통화정책과 환율

우리나라의 통화정책과 환율과의 관계는 미국과 반대로 움직인다. 앞에서 미국의 완화적인 통화정책에 대해 설명했으니 우리나라의 긴축적인 통화정책이 미치는 영향을 살펴보자. 긴축적인 통화정책을 펴면 통화량(또는 통화량의 증가 속도)이 감소하고 금리가 상승하는데, 4가지 경로가 작동한다. 1)수요공급 경로, 2)금리 경로, 3)환율 예상 경로, 4)물가 경로가 그것이다.

첫 번째 수요공급 경로다. 한국이 긴축적인 통화정책을 하면 한국의 통화량이 감소하면서 원화의 공급이 감소하므로 원화의 가치가 상승하고 환율은 하락한다. 두 번째 금리 경로는 금리의 수익률 경로와 금리의 경기 경로가 복합되어 있는데, 일반적으로는 수익률 경로가 강하므로 한국이 긴축적 통화정책을 하면 원화 금리가 상승하고 원화에 대한 수익률이 상승하여 원화에 대한 수요는 늘고 달러에 대한 수요는 줄어 환율은 하락한다. 다만, 한국의 경기가 좋지 않은 상황이라면 금리의 경기 경로가 더 강하게 나타나 경기가 더욱 침체될 수 있기 때문에 환율이 상승할 수 있다. 세 번째는 환율 예상 경로인데 수요공급 경로와 수익률 경로를 통해 환율이 하락하게 되면 앞으로도 환율이 하락할 것이라는 기대가 형성된다. 그러면 달러에 대한 수요가 감소하기 때문에 환율이 추가 하락하게 된다. 네 번째는 물가 경로인데 물가 경로도 심화 분석에서 다룬 바와 같이 물가의 구매력 경로와 물가의 금리 경로 등 2가지가 작동한다. 다만 물가의 구매력

경로가 더 강하기 때문에 긴축적인 통화정책을 한다면 물가가 하락
하여 원화의 구매력이 증가하므로 달러의 구매력은 상대적으로 하락
해 환율이 하락하는 방향으로 작동하게 된다.

이제 긴축적 통화정책이 환율에 미치는 영향을 종합해보면, 수요

표 5-3 | 한국의 완화적 통화정책 시 환율에 미치는 효과: 다양한 경로와 발생 시기

전달 경로		환율에 미치는 영향	발생 시기
수요공급 경로		한국 통화량 증가 → 원화 공급 증가 → 원화 가치 하락 → 환율 상승	단기
금리 경로	▶ 수익률 경로	한국 금리 하락 → 원화 수익률 하락 → 원화 수요 감소, 달러 수요 증가 → 환율 상승	단기
	▶ 경기 경로	한국 금리 하락 → 경기에 도움 → 원화 이미지 상승 → 달러 수요 감소 → 환율 하락	장기
환율 예상 경로		환율 상승 기대 형성 → 달러 수요 증가 → 환율 상승	중기
물가 경로	▶ 구매력 경로	한국 물가 상승 → 원화 구매력 감소 → 원화 수요 감소, 달러 수요 증가 → 환율 상승	중기
	▶ 금리 경로	물가 상승 기대 형성 → 원화 금리 상승 → 원화 수익률 상승 → 달러 수요 감소 → 환율 하락	장기
⇒ 결론		초기에 환율이 크게 상승했다가(수요공급 경로, 금리 수익률 경로, 물가 구매력 경로, 환율 예상 경로) 나중에 다소 조정된 수준에서(금리 경기 경로, 물가 금리 경로) 균형	

공급 경로, 금리 경로, 물가 경로 모두 원화의 공급을 감소시키거나 수요를 증가시키는 쪽으로 작용하여 원화 가치는 상승하고, 환율은 하락한다. 다만, 시간이 갈수록 금리의 경기 경로와 물가의 금리 경로가 작용하면서 환율 하락 폭 중 일부분은 회복한다. 그리고 우리나라 경제 상황이 매우 어렵다면 금리 경로 중 경기 경로가 강하게 나타나면서 경기를 더욱 침체시켜 환율이 상승할 가능성도 있다. 즉, 경제가 침체에 빠졌을 때, 긴축적인 통화정책을 편다면 경제가 더욱 침

그림 5-5 | 한국의 완화적 통화정책 시 환율에 미치는 효과: 시간대별 경로 및 오버슈팅

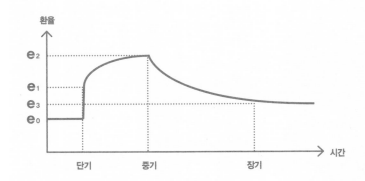

* 우리나라가 완화적 통화정책을 시행할 경우, 먼저 원화 통화량이 증가하면서 환율이 상승(수요공급 경로)하고, 금리가 하락하면서 수익률 경로가 작동하여 환율이 e_0에서 e_1까지 상승한다. 시간이 조금 지나면 완화적 통화정책으로 인해 환율이 계속 상승할 것이라는 기대가 형성되면서 원화에 대한 수요가 또 감소하고(환율 예상 경로), 통화량 증가로 물가가 상승하면서 구매력 경로가 작동하여 환율은 e_2까지 추가 상승한다. 시간이 더 지나면 금리 상승으로 우리나라 경기가 둔화되면서 경기 경로가 작동하고, 물가 상승이 지속되면 물가 상승 기대가 형성되어 금리가 상승하면서 금리의 수익률 경로가 작동하여 환율은 일부 하락하게 되어 장기적으로 e_3 수준에서 균형을 이룬다. 통상 e_3는 e_0보다는 높고 e_2보다는 낮다. 다만 우리나라 경제가 매우 어려운 상황이라면 금리의 경기 경로가 크게 나타나면서 환율이 하락하여 e_3가 e_0보다 낮은 수준에서 균형을 이룰 수 있다.

체의 늪에 빠져 다른 경로들에도 불구하고 원화에 대한 이미지가 급격히 나빠져 환율이 하락할 수 있다.

반대로 완화적인 통화정책을 할 경우 긴축적인 통화정책과 정반대로 영향을 미치므로 스스로 분석해보기 바란다. 그 결과는 표 5-3과 그림 5-5에 정리해두었다.

재정정책과 환율

    기본편에서 설명했듯이 재정정책과 환율의 관계에서 제일 중요한 것은 재정정책이 경기에 일관성 있는 영향을 주는가이다. 이에 대한 논쟁이 많지만, 앞에서도 설명했듯이 이를 논하는 것은 이 책의 범위를 넘어가므로 재정정책이 단기적으로는 경기에 직접적인 영향을 미친다는 점을 전제로 논의를 진행하기로 한다. 즉, 확장적 재정정책은 경기를 부양시키고 긴축적 재정정책은 경기 상승을 억제시킨다.

    재정정책을 이렇게 정리하면 재정정책이 환율에 미치는 영향은 경기가 환율에 미치는 영향과 동일하다. 즉, 완화적 재정정책을 펴면 경기가 좋아져서 긍정적 경기 경로가 작동하고 긴축적 재정정책을 펴면 경기가 억제되어서 부정적 경기 경로가 작동하는 것이다. 그럼 다소 중복되지만 재정정책의 효과를 살펴보자. 먼저 미국의 재정정책의 효과이다.

미국의 재정정책과 환율

미국이 완화적 재정정책을 실시한다고 하자. 그럼 미국의 경기가 좋아질 것이다. 미국의 경기가 좋아지면 경기의 3가지 경로가 작동하면서 환율에 영향을 미친다. 즉, 이미지 경로, 구매력 경로, 수출입 수급 경로이다.

먼저 이미지 경로이다. 이는 기본편에서 설명한 바와 같이 미국의 경기가 좋아지면 미국 경제와 달러에 대한 이미지가 좋아져서 달러에 대한 수요가 증가하고 환율은 상승한다. 두 번째로 미국의 경기가 좋아지면 경제 주체들의 소득이 증가하면서 구매력이 증가한다. 즉, 달러에 대한 수요가 그만큼 증가해 환율이 상승한다. 세 번째 경로는 수출입 수급 경로인데, 미국의 경기가 좋아지면 해외로부터 수입도 늘어난다. 즉, 수입품을 사기 위해 달러가 해외로 유출된다. 달러의 공급이 증가해 환율은 하락하게 된다.

정리해보면, 경기가 환율에 미치는 3가지 경로 중 이미지 경로와 구매력 경로는 같은 방향으로 작용하고 수출입 경로는 다른 방향으로 작용한다. 이 두 방향 중 어디가 큰가에 따라 환율의 방향이 정해진다. 다행히 대부분의 경우 이미지 경로와 구매력 경로가 수출입 수요 경로보다 더 빠르고 큰 것으로 알려져 있다. 왜냐하면 수익률 경로와 구매력 경로는 즉시 효과를 나타낼 가능성이 큰 반면 수출입 경로는 수입 수요 증가, 수입 계약 등에 시간이 소요되는 등 뒤늦게 나타나는 경향이 크기 때문이다. 따라서 미국의 경기(또는 경제성장률, 소득)가 좋아지면 달러도 좋아져서 환율은 상승한다. 그러나 시간이 지나면서 수출입 경로가 작동하면 환율 상승이 완화된다. 하지만 전체적으로는 이미지 경로와 구매력 경로가 수출입 경로보다 커서 처음보다 환율은 상승한 상태로 완결된다. 이를 그림으로 나타내면 그림 5-6과 같다.

그림 5-6 | 미국의 완화적 재정정책 시 환율 변화

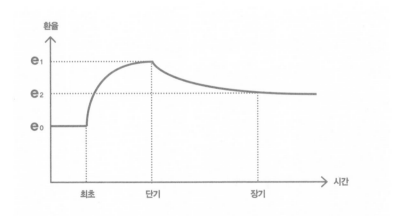

* 미국이 완화적 재정정책을 하면 미국 경제가 좋아지고(이미지 경로) 미국 경제가 좋아지면서 미국민들의 구매력이 증가하여(구매력 경로) 달러에 대한 수요가 증가하게 되어 환율은 e_0에서 e_1으로 상승한다. 시간이 지나면서 경기가 좋아진 효과로 수입이 증가해 환율 상승은 e_2 수준으로 완화된다(수요공급 경로). 통상 e_2는 e_1보다는 낮고 e_0보다는 높은 수준에서 균형을 이룬다.

■ 미국의 재정정책과 환율: 복합적인 경로

미국이 완화적 재정정책을 실시할 경우

  ▶ 이미지 경로: 미국 경기 상승 → 달러 이미지 제고 → 달러 수요 증가 → 환율 상승
  ▶ 구매력 경로: 미국 경기 상승 → 미국 구매력 증가 → 달러 수요 증가 → 환율 상승
  ▶ 수출입 경로: 미국 경기 상승 → 미국의 수입 증가 → 달러 공급 증가 → 환율 하락

⇒ 이미지 경로와 구매력 경로가 수출입 경로보다 빠르고 크므로 환율 상승으로 결론

미국이 긴축적 재정정책을 실시할 경우

  ▶ 이미지 경로: 미국 경기 하락 → 달러 이미지 하락 → 달러 수요 감소 → 환율 하락
  ▶ 구매력 경로: 미국 경기 하락 → 미국 구매력 감소 → 달러 수요 감소 → 환율 하락
  ▶ 수출입 경로: 미국 경기 하락 → 미국의 수입 감소 → 달러 공급 감소 → 환율 상승

⇒ 이미지 경로와 구매력 경로가 수출입 경로보다 빠르고 크므로 환율 하락으로 결론

미국이 긴축적 재정정책을 실시하는 경우는 완화적 재정정책을 실시할 때와 정반대이므로 이에 대한 설명은 생략하고 위의 표를 참조하기 바란다.

우리나라의 재정정책과 환율

우리나라가 완화적 재정정책을 실시한다고 하자. 그럼 우리나라의 경기가 좋아질 것이다. 경기가 좋아지면 경기의 3가지 경로가 작동하면서 환율에 영향을 미친다. 즉, 이미지 경로, 구매력 경로, 수출

입 수급 경로이다.

먼저 이미지 경로이다. 우리나라의 경기가 좋아지면 우리 경제와 원화에 대한 이미지가 좋아져서 원화에 대한 수요가 증가하고 원화 가치가 상승하여 환율은 하락한다. 두 번째로 우리 경기가 좋아지면 사람들의 소득이 증가하면서 구매력이 증가한다. 즉, 원화에 대한 수요가 그만큼 증가해 원화 가치는 상승하고 환율은 하락한다. 세 번째 경로는 수출입 수요 경로인데, 경기가 좋아지면 해외로부터 수입이 늘어난다. 즉, 수입품을 사기 위해 달러에 대한 수요가 증가한다. 그렇게 되면 환율은 상승하게 된다.

정리해보면, 앞에서 설명한 바와 같이 이미지 경로와 구매력 경로가 수출입 수요 경로보다 더 빠르고 크기 때문에 우리나라의 경기(또는 경제성장률, 소득)가 좋아지면 원화도 좋아져서 환율은 하락한다. 그러나 시간이 지나면서 수출입 경로가 작동하면서 환율 하락이 완화된다. 하지만 전체적으로는 이미지 경로와 구매력 경로가 수출입 경로보다 커서 처음보다 환율은 하락한 상태로 완결된다. 이를 그림으로 그리면 그림 5-7과 같다.

우리나라가 긴축적 재정정책을 실시하는 경우는 완화적 재정정책을 실시할 때와 정반대이므로 이에 대한 설명은 생략하고 188쪽 표를 참조하기 바란다.

다만 한 가지 주의할 점이 있다. 재정 건전성 이슈가 큰 나라라면 반대의 효과가 나타날 수 있다는 것이다. 즉, 재정 건전성이 악화된 국가이거나 재정 건전성이 큰 이슈가 되는 국가의 경우 완화적 재정

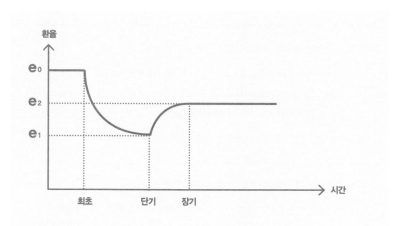

그림 5-7 | 우리나라의 완화적 재정정책 시 환율 변화

* 우리나라가 완화적 재정정책을 하면 우리 경제가 좋아지고(이미지 경로) 우리 경제가 좋아지면서 우
  리나라 국민들의 구매력이 증가하여(구매력 경로) 원화에 대한 수요가 증가하게 되어 환율은 e_0에서
  e_1으로 하락한다. 시간이 지나면서 경기가 좋아진 효과로 수입이 증가하면 환율이 하락해 e_2수준으로
  완화된다(수요공급 경로). 통상 e_2는 e_1보다는 높고 e_0보다는 낮은 수준에서 균형을 이룬다.

정책은 경기 상승이라는 긍정적 이미지보다는 재정 악화라는 부정적
이미지 효과가 더 커서 일반적인 상황과 반대로 환율이 상승하는 쪽
으로 영향을 미칠 수 있다. 반대로 재정 건전성이 악화된 국가가 긴
축적 재정정책으로 재정 지출을 축소하는 경우 이것이 오히려 좋은
뉴스로 환율에 작용할 수 있다.

정리하면 완화적 재정정책이 나쁜 뉴스가 되면 그 나라 경제와 통
화에 대한 이미지도 나빠져서 그 나라 통화에 대한 수요가 감소하여
통화 가치가 하락하게 된다. 그 나라가 우리나라라면 원달러 환율이

우리나라가 완화적 재정정책을 실시할 경우

▶ 이미지 경로: 한국 경기 상승 → 원화 이미지 제고 → 원화 수요 증가 → 환율 하락

▶ 구매력 경로: 한국 경기 상승 → 원화 구매력 증가 → 원화 수요 증가 → 환율 하락

▶ 수출입 경로: 한국 경기 상승 → 한국의 수입 증가 → 달러 수요 증가 → 환율 상승

⇒ 이미지 경로와 구매력 경로가 수출입 경로보다 빠르고 크므로 환율 하락으로 결론

우리나라가 긴축적 재정정책을 실시할 경우

▶ 이미지 경로: 한국 경기 하락 → 원화 이미지 하락 → 원화 수요 감소 → 환율 상승

▶ 구매력 경로: 한국 경기 하락 → 원화 구매력 감소 → 원화 수요 감소 → 환율 상승

▶ 수출입 경로: 한국 경기 하락 → 한국의 수입 감소 → 달러 수요 감소 → 환율 하락

⇒ 이미지 경로와 구매력 경로가 수출입 경로보다 빠르고 크므로 환율 상승으로 결론

상승하고, 그 나라가 미국이라면 원달러 환율은 하락한다. 이 관계를 나타낸 것이 그림 5-8이다. 우리나라가 재정 건전성에 크게 문제가 없는 구간에 있다면 정부 지출이 증가하여 재정정책이 확장적으로 되면 경기가 좋아지면서 환율은 하락하게 된다. 그러나 재정 건전성에 문제가 있는 구간에서 재정정책을 확장하면 환율은 오히려 상승(달러 가격은 상승하고 원화 가치는 하락)하게 되는 것이다. 우리나라의 경우 국제적으로 재정 건전성이 좋은 국가로 알려져 있기 때문에 확장적 재정정책은 기본적으로 환율을 하락시키는 쪽으로 작동한다고 보

는 것이 안전하다.

그림 5-8 | 우리나라 재정 건전성과 재정정책의 환율 효과

* 우리나라가 양호한 재정 건전성을 유지하고 있는 구간에 있을 때에는 재정정책이 완화적일 때 경기 부양 효과가 커서 환율은 하락(원화 가치는 상승)한다. 반면, 우리나라의 재정 건전성이 위험구간일 때 완화적 재정정책은 우리 경제에 대한 이미지를 악화시키면서 환율이 오히려 상승(원화 가치 하락) 하는 쪽으로 작동할 수 있다.

지금까지 경기 경로를 중심으로 재정정책이 환율에 미치는 영향을 분석했다. 그런데 재정정책에 국채 발행이 수반되는 점에 착안하여 국채 발행의 영향을 중심으로 재정정책의 환율에 대한 영향을 분석하기도 한다. 이에 대해서는 「참고문헌」에 있는 이승호(2020)를 참고하면 좋다.

환율 **노트** 핵심 **정리**

1 경기(경제성장률, 소득)와 환율의 관계 심화 분석
▶ 일반적으로 이미지 경로와 구매력 경로로 분석
▶ 시간이 지남에 따라 수출입(수요공급) 경로가 나타나지만 수
  익률 경로와 구매력 경로의 효과를 상쇄하지는 못함
  ⇒ 미국 경기가 상승할 경우: 달러 이미지 제고(이미지 경로)와 미국
     경제의 구매력 증가(구매력 경로)로 달러에 대한 수요 증가 → 환
     율 상승
  − 그러나 시간이 지남에 따라 수출입 경로가 작동하면서 환율 상승은
     완화됨

2 금리와 환율의 관계 심화 분석
▶ 일반적으로 수익률 경로에 따름
▶ 시간이 지남에 따라 경기 경로가 작동하기 시작하지만 수익률
  경로의 효과를 상쇄하지는 못함
▶ 경기가 아주 나쁜 상황이거나 경제가 견디기 어려울 정도로
  금리 인상 속도가 빠른 경우에는 경기 경로가 수익률 경로 효
  과보다 강하게 나타날 수 있음
  ⇒ 미국 금리 상승 시: 달러 수익률 증가(수익률 경로)로 달러 수요 증
     가 → 환율 상승
  − 그러나 시간이 지남에 따라 경기 경로가 작동하면서 환율 상승 폭
     일부 반납

– 미국 경기가 어려운 상황이라면 경기 경로 효과가 강하여 환율이
하락할 수도 있음

3   **물가와 환율의 관계 심화 분석**
- ▶ **일반적으로 구매력 경로에 따름**
- ▶ **시간이 지남에 따라 인플레이션 기대가 형성되면 금리 경로가
  작동하여 구매력 경로 효과를 일부 상쇄**
  - ⇒ 미국 물가 상승 시: 달러의 구매력(구매력 경로) 하락으로 달러 수
    요 감소 → 환율 하락
  - – 그러나 시간이 지남에 따라 인플레이션이 발생하면 금리가 상승하
    면서 환율 하락 폭 일부 상쇄

4   **통화정책과 환율 관계 심화 분석**
- ▶ **수요공급 경로, 금리 경로, 환율 예상 경로, 물가 경로가 시차
  를 두면서 환율에 영향을 미침**
- ▶ **미국의 통화정책이 긴축적으로 바뀌면**
  - – 수요공급 경로, 금리 경로 중 수익률 경로, 환율 예상 경로, 물가 경
    로 중 구매력 경로는 달러 공급을 감소시키고 수요를 증가시켜 환
    율을 상승시키는 쪽으로 작용
  - – 시간이 지나면서, 금리 경로 중 경기 경로와 물가 경로 중 금리 경
    로가 작용하면서 환율 상승 움직임을 상쇄하면서 환율 상승 폭 중
    일부 반납
  - ⇒ 미국의 통화정책이 긴축적으로 바뀌면 초기에 환율이 크게 상승했
    다가 나중에 일부 조정된 수준에서 균형

5 재정정책과 환율 관계 심화 분석

▶ 이미지 경로, 구매력 경로, 수출입(수요공급) 경로가 시차를 두면서 환율에 영향을 미침

▶ 미국의 재정정책이 완화적으로 바뀌면

    – 이미지 경로와 구매력 경로를 통해 달러 수요가 증가하여 환율 상승

    – 시간이 지나면서 미국의 경기가 상승해 미국의 수입이 증가하고 달러 공급이 증가하여 환율 상승 움직임을 상쇄하면서 환율 상승 폭 중 일부 반납

    ⇒ 미국의 재정정책이 완화적으로 바뀌면 초기에 환율이 크게 상승했다가 나중에 일부 조정된 수준에서 균형

6 경기 상황과 통화정책의 환율 영향

▶ 우리나라의 통화정책은 긴축적일 때 환율이 하락하고, 완화적일 때 상승하는 것이 일반적이다.

▶ 경기가 매우 좋지 않은 상황이라면 경기 경로가 강하게 나타나면서 우리나라의 통화정책이 긴축적일 때 환율이 상승하고, 완화적일 때 하락할 수 있다.

7 재정 건전성과 재정정책의 환율 영향

▶ 우리나라의 재정정책이 긴축적일 때 환율은 상승하고, 완화적일 때 환율은 하락하는 것이 일반적이다.

▶ 우리나라 재정 건전성이 매우 나쁜 상황이라면 재정정책이 긴축적일 때 환율은 오히려 하락하고, 완화적일 때 상승할 수 있다.

6장

환율이 변하면 무슨 일이 생기는가

실물경제에 미치는 영향

　지금까지 환율이 어떻게 결정되는지를 알아보았다. 이제 환율이 변하면 경제에 무슨 일이 발생하는지 알아볼 때가 되었다. 환율은 가격 변수이기 때문에 웬만한 경제 변수에는 모두 영향을 미친다고 할 수 있다. 아래에서는 환율의 영향을 크게 다섯 부문으로 나누어 검토한다. 첫째, 수출입, 경제성장, 고용, 물가 등 실물 부문에 어떤 영향을 미치는지 살펴본다. 둘째, 환율은 실물경제에 큰 영향을 미치므로 각국은 환율을 자국에 유리하게 결정되도록 유도하는데, 이 과정이 지나치면 소위 '환율전쟁'으로 발전할 수 있다. 셋째, 기업과 소비자에게 미치는 영향을 살펴본다. 이 부분은 보다 피부에 와닿을 수 있도록 구체적인 예시를 들면서 분석한다. 넷째, 환율이 금융시장, 특히 주가에 미치는 영향을 살펴본다. 마지막으로 환율이 경제 위기와는 어떠한 관계가 있는지 따져본다. 그럼 먼저 실물경제에 미치는 영향부터 살펴보자.

수출입에 미치는 영향

환율에 가장 민감한 곳을 꼽으라면 역시 무역업계일 것이다. 수출입 대금을 결제하기 위해서는 달러가 필요하고 달러의 가격인 환율의 움직임에 직접적인 영향을 받는다. 환율은 달러의 가격이므로 달러가 필요한 사람은 환율이 낮을수록 좋고 달러를 받는 사람은 높을수록 좋다. 전자는 수입업체이고, 후자는 수출업체이다. 좀 더 구체적으로 살펴보자.

먼저 수출이다. 환율이 오르면 달러 가치가 상승하고 원화 가치는 하락한다. 이 경우 달러를 사용하는 미국인 입장에서 우리나라 물건(원화로 가격이 매겨져 있다)의 가격이 싸 보일 것이다. 1,000원짜리 볼펜을 예로 들면, 환율이 1,000원에서 1,100원으로 상승하면 달러로는 1달러에서 0.9달러로 낮아지는 것이다. 그럼 수출이 증가하게 된다. 수출업체 입장에서도 달러로 받은 수출 금액이 동일하다 해도 환율이 상승하면 더 많은 원화로 환전할 수 있어 수출할 동기가 더 증가한다. 환율이 내려가면 반대 효과가 생긴다. 달러의 가치가 하락함에 따라 우리나라 물건의 가격(달러 가격)이 오르고 수출은 줄어든다.

수입은 수출과 반대 방향으로 환율에 영향을 받는다. 환율이 오르면 달러 가치가 상승한 것이므로 미국산 물건값이 우리나라 입장에서 보면 비싸진다. 즉, 환율이 1,000원에서 1,100원으로 상승하면, 10달러 하는 수입 양산이 10,000원에서 11,000원으로 비싸지는 것이다. 따라서 수입하려는 동기가 감소해 수입량이 줄어든다. 반대로 환율이 내려가면 미국산 물건의 원화 환산 가격이 낮아지기 때문에 수입이 증가한다.

그런데 여기서 주의해야 할 점은 수출입 금액과 수출입 물량은 다르다는 것이다. 앞에서 환율 변동에 따른 수출과 수입의 변동은 물량을 의미한다. 그런데 무역수지는 '달러 표시' 수출 금액과 '달러 표시' 수입 금액의 차이를 말한다. 따라서 물량 변화만이 아니라 가격 변동도 함께 살펴봐야 한다. 수출 금액은 수출 물량 × 수출 가격이고, 수출가격 = 국내 가격/환율로 계산된다. 즉, 국내 가격이 20,000원이고 환율이 1,000원이라면 수출 가격은 20,000원/1,000원 = 20달러인 것이다. 이제 환율이 상승했다고 하자. 그러면 앞에서 살펴본 바와 같이 수출 물량이 증가한다. 그러나 달러로 표시된 수출 가격은 하락한다. 그러면 수출 금액은 어떻게 될까? 수출 물량은 증가하고 수출 가격은 하락한다면 어떤 것이 더 크게 변하는가에 따라 수출 금액이 증가할 수도 혹은 감소할 수도 있다. 수출 물량 증가가 수출 가격 감소를 압도한다면 수출 금액은 증가할 것이고 반대의 경우 수출 금액은 감소할 것이다.

이를 간단하게 표로 설명한 것이 표 6-1이다. 이 표에서 ①은 물량 증가가 가격 하락보다 큰 경우로 수출 금액이 증가함을 알 수 있고, ②는 물량 증가가 가격 하락보다 작은 경우로 수출 금액이 감소하는 것을 알 수 있다. 경제학에서는 수출의 가격탄력성이 1보다 클 경우(표 6-1에서 ①의 경우)에만 환율이 상승할 때 수출 금액이 증가한다고 본다. 여기서 수출의 가격탄력성이란 수출 가격이 하락했을 때 수출이 얼마나 크게 증가하는가를 나타내는 지표로서 1보다 크다는 것은 수출 가격의 하락 폭보다 수출 물량의 증가 폭이 더 크다는 것을 의미한다.[10]

달러 표시 수입 금액의 경우는 조금 다르다. 수입 물량은 우리나라 사람들이 생각하는 가격이 중요하기 때문에 수입 물량의 변화는 원화 표시 수입 가격에 영향을 받는다. 원화 표시 수입 가격 = 미국 가격(달러) × 환율이므로 환율이 상승하면 원화 표시 수입 가격이 상승하여 수입 물량이 줄어든다. 예컨대, 환율이 1,000원일 때 10달러짜리 수입 양산은 국내 가격으로 10,000원이다. 그런데 환율이 1,100원으로 오르면 이 수입 양산은 11,000원으로 가격이 올라 수입량이 줄어든다. 반면, 달러 표시 수입 가격은 애초부터 달러로 표시되어 있으므로 환율이 바뀌더라도 변하지 않는다. 즉, 앞의 예에서 환율이

---

10   수출 가격은 원화가 아니라 달러 단위로 결정되는 것이 관례이기 때문에(예: 20달러) 환율이 변하더라도 수출 가격이 변하지 않는다고 볼 수 있다. 이 경우 이하 분석과는 다른 결론에 도달할 수도 있다. 다만, 이런 때에도 수출기업은 환율이 변하면 매출(수출)을 최대화하기 위해 달러 단위 수출 가격을 깎아주거나(환율 상승 시), 인상(환율 하락 시)하는 경우가 많기 때문에 통상 이하의 분석을 적용해도 큰 무리가 없다.

바뀌더라도 수입 양산의 달러 표시 가격은 10달러로 동일하다. 종합하면, 환율이 상승하면 수입 물량은 줄고 수입 가격(달러 표시)엔 변화가 없기 때문에 달러 표시 수입 금액은 무조건 줄어들게 된다. 수출 금액이 가격 하락과 물량 증가 간의 크기로 결정되는 것과는 다른 점이다. 수입 물량이 수입 가격(원화 표시)에 어느 정도 민감하게 반응하는가를 나타내는 지표를 '수입의 가격탄력성'이라고 한다. 1보다 크면 민감하게 변하고 1보다 작으면 적게 변한다.

무역수지는 수출 금액에서 수입 금액을 뺀 것을 말하는데 이때 금액은 달러로 표시된다. 따라서 환율이 상승할 때 무역수지가 개선되는지 여부는 달러 표시 수출 금액과 수입 금액 변화의 크기에 달려 있다. 수출 금액은 탄력성에 따라 증가하기도 하고 감소하기도 하지만

표 6-1 | 환율에 따른 수출 금액 변동의 구체적 예시

현재: 환율=1,000원	환율 상승: 환율=1,200원	
수출 물량 10,000개 수출 가격 1,000원 (=1달러)	①수출 물량 20,000개 수출 가격 1,000원 (=0.83달러)	②수출 물량 11,000개 수출 가격 1,000원 (=0.83달러)
수출 금액: 10,000달러	수출 금액: 16,700달러 (=20,000개 × 0.83달러)	수출 금액: 9,130달러 (=11,000개 × 0.83달러)

* 환율이 상승했을 때 수출 금액의 변화는 수출량이 수출 가격에 얼마나 민감하게 변하는가에 따라 달라진다. 왜냐하면 '수출 금액=수출량×수출 가격'인데 수출량은 수출 가격에 반비례하므로 수출량과 수출 가격의 변화 크기에 따라 수출 금액이 증가할 수도 감소할 수도 있기 때문이다. ①은 물량 증가가 가격 하락보다 큰 경우인데, 이때는 수출 금액이 증가한다. 반면 ②와 같이 물량 증가가 가격 하락보다 작을 때는 수출 금액이 감소한다.

〈표 6-1〉 수입 금액은 탄력성에 관계없이 감소하므로, 수출 금액이 수출 가격 하락 효과로 인해 설사 감소하더라도(표 6-1에서 ②의 경우) 수입 금액 감소분보다 적다면 무역수지는 개선된다. 따라서 환율 변동에 따른 무역수지의 개선 여부는 수출과 수입의 탄력성을 종합 고려해야 하는데, 둘을 합쳐서 1 이상이 되면 무역수지가 개선되고 1보다 작으면 환율이 상승하더라도 악화될 수 있다. 이를 경제학에서는 '마샬-러너 조건Marshall-Lerner condition'이라고 한다. 마샬-러너 조건의 의미는 환율 상승으로 수출량이 증가하고 수입량이 줄어드는 효과가 충분히 커서 수출 가격 하락 효과를 압도하면(즉, 탄력성의 합이 1보다 크면) 무역수지는 개선된다는 의미다.

환율이 무역수지에 미치는 영향을 종합해보면, 수출량과 수입량이 가격에 민감하게 변할 경우에는 환율 상승 시 무역수지가 개선(수출 금액은 증가하고 수입 금액은 감소)되고 환율 하락 시 무역수지는 악화(수출 금액은 감소하고 수입 금액은 증가)된다. 반대로 수출과 수입이 가격에 민감하지 않을 때는 환율이 상승하더라도 무역수지가 악화되는 등 반대 방향으로 작용할 수 있다. 이러한 이유로 환율이 상승했는데도 초기에는 무역수지가 오히려 악화되는 현상이 나타나다가 시간이 조금 지나면서 개선될 때가 많다. 이를 환율의 'J-Curve 효과'라고 한다. 그림 6-1에서 보듯이 그래프의 모양이 영문 알파벳 'J'를 닮아서 붙여진 이름이다. 환율 상승 초기에 무역수지가 악화되는 것은, 수출입 단가는 환율 상승에 즉각적으로 반응하는 데 비해 수출입 물량은 이에 민감하게 반응할 시간이 없어 즉시 바뀌지 않기 때문이다. 그러나 시간이 지나면서 가격이 싸진 국산품의 수출은 증가하고 가격이 비싸진 외국 제품의 수입은 감소하여 결국은 무역수지가 개선된다. 그림 6-1에서 무역수지가 적자인 상황에서 이를 개선하고자 환율을 상승시켰는데 초기에는 무역수지가 더 악화되는 상황이 나타났다가 시간이 지나면서 무역수지가 개선되는 것을 볼 수 있다.

환율이 수출입에 미치는 영향과 관련하여 마지막으로 언급할 부분은 무역수지와 경상수지이다. 설명의 편의를 위해 수출입을 중심으로 설명하다 보니 무역수지를 주로 언급했으나 이를 경상수지로 확장해도 된다. 경상수지는 상품수지(무역수지와 동일한 개념), 서비스수지, 본원소득수지, 이전소득수지로 구성되는데 상품수지와 서비스수지가 가장 큰 비중을 차지하며, 서비스수지도 환율의 변화에 동일한 방향으로 움직이므로 환율이 경상수지에 미치는 영향은 무역수지에

그림 6-1 | 환율 상승과 'J-Curve 효과'

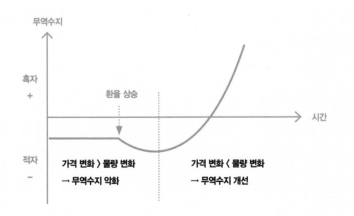

미치는 영향과 같다고 봐도 좋다. 참고로 상품수지가 환율에 가장 민감하고 서비스수지가 그다음, 그리고 소득수지나 이전소득수지는 환율 변동에 크게 민감하지 않은 것으로 알려져 있다.

경제성장에 미치는 영향

환율이 실물경제에 미치는 영향은 대부분 앞에서 설명한 수출입에 미치는 영향을 통해서 이루어진다. 경제성장은 국가 전체의 총생산량이 전년도에 비해 얼마나 증가했는지로 평가되며, 이를 나타내는 지표로는 경제성장률, 즉 국내총생산(GDP)의 증가율이 가장 많이 활용된다. GDP는 실질 GDP와 명목 GDP로 나뉘는데 실질 GDP는 총생산량을, 명목 GDP는 총생산가치(총생산 가격)를 나타낸다. 실질 GDP는 물가와 관계없이 결정되는 물량의 변화이고 명목 GDP는 물가의 변화가 반영된 금액인 것이다. 경제성장률은 물가가 올라서 생산이 증가한 것처럼 보이는 것을 배제하기 위해 실제로 생산한 총량이 얼마나 증가했는지를 보여주는 실질 GDP의 변화로 표시된다. 따라서 미국의 경제성장률이 3%라고 하면 미국의 생산량이 작년에 비해 올해 3% 더 늘었다는 의미다.

환율이 경제성장에 미치는 영향을 살펴보기 전에 수출과 수입이 경제성장에 미치는 영향부터 살펴보자. 수출이 증가하면 우리나라 물건이 많이 팔리는 것이므로 우리의 생산이 늘어나고 경제성장률이 높아진다. 수입이 증가하면 외국 물건을 많이 사는 것이므로 그만큼 국내 생산이 감소하여 경제성장률은 하락한다. 여기서 경제성장률은 '실질' GDP의 변화이므로 수출과 수입도 수출입 금액이 아니라 수출입 물량이라는 점을 기억하자.

이제 환율이 경제성장에 미치는 영향을 분석하면, 환율이 상승하면 수출은 증가하고 수입은 감소하므로 국내 생산은 증가하고 경제는 성장하게 된다. 반대로 환율이 하락하면 수출은 감소하고 수입이 증가하여 경제는 둔화한다. 경제성장률이 떨어지는 것이다. 경제학에 익숙한 분들은 다음과 같은 식을 상기하면 더 좋다.

$$Y = C + I + G + (X-M)$$

Y = 총생산, C = 소비, I = 투자, G = 정부 지출, X = 수출, M = 수입

소비(C), 투자(I), 정부 지출(G), 수출(X)이 증가하면 물건을 더 많이 팔 수 있으므로 생산(Y)이 증가하고, 수입(M)이 증가하면 국내 생산을 대체하는 것이므로 그만큼 생산(Y)이 감소한다는 것을 이 식이 잘 표현하고 있다. 경제성장과 관련하여 분석의 틀을 만들 때 중요한 식이므로 기억해두면 경제 현상을 분석하는 데 큰 도움이 된다. 물론 이런 공식이 부담스럽다면 앞에서 설명한 방식과 같이 수식 없이 이해해도 된다.

고용에 미치는 영향

환율이 고용에 미치는 영향도 결국은 수출입 경로를 통해서 반영된다. 수출이 증가하면 생산이 증가하고 이를 위한 투자와 고용이 함께 늘어난다. 수출이 줄면 생산이 동반 감소하면서 투자와 고용도 줄어든다. 반대로 수입이 증가하면 그만큼을 국내에서 생산할 필요가 없어져 생산과 고용이 감소하고, 수입이 감소하면 그만큼 국내에서 생산할 수 있어 생산과 고용은 증가한다. 따라서 환율이 상승하면 수출 증가와 수입 감소를 통해 고용이 증가하고 반대로 환율이 하락하면 수출 감소, 수입 증가로 생산이 감소하고 고용도 감소한다.

물가에 미치는 영향

환율은 수입품의 국내 가격에 영향을 미침으로써 국내 물가에 영향을 준다.

수입품 국내 가격(₩) = 수입품의 달러 가격($) × 환율

즉, 환율이 오르면 수입품의 국내 가격이 상승하여 국내 물가도 들썩이게 된다. 환율이 내려가면 수입품의 국내 가격이 하락하여 국내 물가도 하락하게 된다. 또한, 수입품 중 원료나 중간재로 사용되는 원자재나 부품, 소재의 국내 가격도 올라 이를 이용해 제조되는 최종 상품들의 가격도 상승하게 된다. 첫 번째와 같은 사례로는, 환율이 1,000원에서 1,200원으로 상승하면 100달러짜리 샤넬 향수가 10만 원에서 12만 원으로 국내에 판매되므로 국내 물가가 상승하게 된다. 두 번째 사례로는, 배럴당 50달러인 원유 수입 가격이 당초에 5만 원에서 6만 원으로 상승해 원유를 원료로 하는 모든 제품에 원유 가격 상승분이 반영된다. 국내 물가가 오르는 것이다.

통화량에 미치는 영향

환율 변동은 통화량에도 영향을 미치고 이를 통해 다시 물가에도 영향을 미친다. 그 경로는 다음과 같다. 환율이 상승하면 수출 증가와 수입 감소를 통해 경상수지 흑자가 증가(또는 경상수지 적자가 감소)한다. 경상수지 흑자는 그만큼 외화가 국내에 유입되었음을 의미하는데 국내에 들어온 달러는 결국 원화로 환전되기 때문에 흑자분만큼 통화량이 증가한다. 이를 보다 구체적으로 살펴보면, 수입보다 수출이 많아 달러가 유입되면 그 달러는 은행에서 원화로 환전되고, 달러를 받은 은행은 서로 사고파는 과정을 거치기는 하지만, 최종적으로는 이를 중앙은행에서 원화로 환전하게 된다. 은행이 중앙은행에서 달러를 원화로 환전하면 그만큼 원화가 시중에 풀려 통화량이 증가하게 된다. 물론 중앙은행은 원화를 준 대가로 달러를 가지게 되므로 외환보유고는 그만큼 늘어난다. 여기서 주의할 점은 수출입업체가 벌어온 달러를 모두 원화로 바꾸지는 않는다는 것이다. 일부는 외화

예금과 같은 형태로 가지고 있기도 한다. 은행도 달러를 모두 환전하지 않고 일부를 보유하는데, 이렇게 원화로 바꾸지 않고 가지고 있는 달러는 통화량 증가에 영향을 미치지 않는다. 중앙은행에서 원화가 나갈 일이 없기 때문이다.

환율의 하락은 반대로 작용한다. 수출 감소, 수입 증가로 이어져 경상수지가 적자로 바뀌고, 적자분만큼 달러가 해외로 유출된다. 수입업체가 대금 결제를 위해 은행에서 달러 환전을 요청하면, 은행은 달러를 내주기 위해 1)중앙은행 또는 2)외은지점에 원화를 주고 달러를 사 와야 한다. 물론 은행이 가지고 있는 달러로 해결할 수도 있지만 통상적으로 은행은 달러에 대한 포지션을 스퀘어로 해놓기 때문에 이러한 주문이 들어오면 어떡하든 외부에서 달러를 구해오는 경우가 대부분이다. 중앙은행에서 환전하면 원화가 중앙은행으로 다시 복귀한 것이므로 시중에 유통되는 통화량이 줄어들게 된다. 이때 중앙은행의 외환보유고는 감소한다.

환율 변동에 따른 통화량의 변화는 다시 물가에 영향을 준다. 환율 상승으로 경상수지가 흑자가 되고 통화량이 증가하면 물가가 상승 압력을 받게 되고, 환율 하락으로 경상수지가 적자가 되면 통화량이 감소하면서 물가는 하락 압력을 받게 된다. 앞에서 환율이 상승하면 수입 물가가 상승하여 물가가 상승하고, 환율이 하락하면 수입 물가가 하락하여 물가가 하락한다고 하였는데 이러한 수입 물가를 통한 직접적 물가 영향뿐만 아니라 통화량 변동을 통한 간접적 물가 영향도 함께 고려해야 한다. 다행히 두 경로 모두 방향성이 같아서 혼동되는 일은 없다.

환율이 변하면 중앙은행의 의사와 관계없이 통화량과 물가가 변하는데 이를 방지하기 위해 중앙은행은 통화량 변화를 중립화(또는 전문용어로는 불태화, sterilization)하는 조치를 할 수 있다. 달러 과다 유입 때문에 시중에 늘어난 원화(통화량)를 흡수하기 위하여 중앙은행이 가지고 있는 채권(대표적으로 국채와 통화안정증권이 있다)을 시중에 매각하는 것이 대표적인 방식이다. 환율이 물가에 미치는 영향은 중앙은행이 달러 매입에 따른 통화량 증가를 중립화시키는 조치를 취할 경우 변동이 없지만 그렇지 않다면(이를 태화, unsterilization이라고 한다) 물가에 영향을 준다.

환율전쟁이 일어나는 이유

　책이나 언론에 화폐전쟁, 환율전쟁이라는 말이 종종 나온다. 화폐
전쟁은 환율전쟁을 다소 음모론적 관점에서 서술한 책이 유행하면서
회자되는 용어이므로 환율전쟁이 보다 적확한 표현이다. 환율전쟁이
일어나는 이유는 환율의 변동이 실물경제에 영향을 주는 동시에 상
대방이 있는 게임이기 때문이다. 환율의 특성상 한 국가의 환율 상승
은 다른 국가의 입장에서 환율 하락이기에 환율 변동의 실물경제 영
향은 상대방 국가와 반대로 나타난다. 즉 환율을 자국에 유리한 방향
으로 운용하면 상대국에는 불리하게 작용하는 상대성이 존재하므로
환율 운용 방향을 놓고 갈등이 격화하면 전쟁과 같은 상황이 된다고

하여 '환율전쟁'이라고 표현한다.

　앞에서 환율이 실물경제에 영향을 미친다는 사실을 분석하면서 환율 상승이 실물경제에 도움이 된다는 점을 살펴보았다. 물가에 다소 부담이 될 수 있으나 경제가 성장하고 고용과 투자도 늘어나며, 외환보유고가 늘어나는 부수적 효과도 누릴 수 있다. 따라서 각국은 항상 환율이 다소나마 높은 상태에 있기를 원한다. 그런데 상대가 있는 게임이다 보니 상대 국가도 마찬가지이므로 환율을 서로 올리려는 경쟁이 생길 수 있다. 예컨대, 우리나라가 원달러 환율을 올려서 달러 가치를 높이면 미국은 원화 가치를 올리는 조치를 하고 이에 대응하여 우리는 다시 달러 가치를 높이는 조치를 하는 등 서로 환율을 인상하려고 대응하게 된다. 이러한 상황이 바로 환율전쟁이다.

　대표적인 환율전쟁 사례로, 첫 번째는 대공황기인 1930년대 서구에서 일어난 환율전쟁이다. 이 시기 각국의 경제는 극심한 침체 국면에서 벗어나지 못하고 있었고 실업률은 하늘을 찌르고 있었다. 물건 한 개라도 더 팔아서 생산과 고용을 늘려야 하는 절박한 상황에서 각국은 환율을 건드리기 시작했다. 영국, 미국, 프랑스 등은 자국 화폐의 가치를 앞다퉈 떨어뜨렸는데 한 국가에서 자국의 화폐 가치를 떨어뜨리면 상대방 국가의 화폐 가치는 올라가므로 환율전쟁은 서로 주고받으면서 진행되었다. 환율을 인상(자국 화폐 가치 하락)함으로써 자국의 수출, 생산, 고용을 늘리려는 시도는 다른 나라의 수출, 생산, 고용을 감소시키는데, 이는 후대에 '이웃 나라(근린) 궁핍화Beggar-Thy-neighbor 정책'으로 불리게 된다. 이 당시의 환율전쟁은 결국은 서로의 수출, 생산, 고용을 깎아 먹으면서 당사국 모두의 경제를 더욱 침체시키는 결과를 낳았다.

두 번째는 그 유명한 플라자 합의다. 만성 경상수지 적자에 시달리던 미국은 1985년 선진 5개국(G5) 정상회담을 통해 일본과 서독의 화폐 가치를 절상시키는 데 합의했다. 이후 엔화와 마르크화의 급격한 절상이 이루어졌는데, 결과적으로 플라자 합의 자체로 미국의 만성 경상수지 적자 문제가 해결된 것은 아니지만, 일본은 플라자 합의를 계기로 침체의 20세기 말을 보내게 된다. 잃어버린 10년을 넘어 잃어버린 20년, 이제는 잃어버린 30년을 얘기할 정도로 일본 경제는 긴 침체의 늪에서 헤어나지 못하게 된 것이다. 플라자 합의는 다른 환율 전쟁과 달리 미국이 일본과 서독의 화폐 가치를 일방적으로 상승시킨 사례라고 할 수 있다.

세 번째는 2008년 글로벌 금융 위기 이후 미국이 쏟아낸 양적완화 정책이다. 미국의 양적완화는 달러화 가치의 하락을 초래했고, 우리나라와 브라질 등 신흥국을 중심으로 환율이 폭락하는 상황이 발생했다. 이 문제는 세계 20개 주요 국가 모임인 G20 회의에서 한동안 미국을 비판하는 단골 주제가 되었다.

왜 환율을 올리려고 하는가

그런데 좀 이상하지 않은가? 환율은 달러의 가격이다. 달러의 가격이 쌀수록 우리나라 원화의 가치가 높아지므로 환율이 낮은 게 좋지 않을까? 왜 환율을 올리려고 할까? 배추 가격은 하락하는 것이 좋은데 왜 남의 나라 돈인 달러 값은 높은 것이 좋다고 할까? 이는 환율이 일반 물건과는 다른 특성을 가진 화폐의 가격을 나타내기 때문이다. 화폐는 다른 물건의 가치를 측정하는 척도로서 기능을 지닌다. 달러 가격이 상승하면 달러 가격만 상승하는 것이 아니라 달러로 표시된 모든 물건의 가격이 상승하는 것이다. 이렇게 되면 다른 나라 사람들이 달러를 사용하는 국가의 물건이 비싸서 사지 않으려고 하기 때문에 문제가 발생한다. 달러 가격이 올라가면 달러를 가진 개인들은 좋아지겠지만 국가 경제 전체적으로 보면 물건이 덜 팔려 도움이 안 된다. 이것은 논리학에서 자주 인용되는 구성의 오류에 해당한다. 부분(달러를 보유한 개개인들)으로 보면 좋지만 전체(국가 경제)로는 좋지 않은 것이다.

좀 더 구체적으로 환율의 변동에 따른 유불리를 따져보자. 환율이 상승했다고 하자. 그러면 원화는 싸지고 달러는 비싸져서 달러로 환산된 우리나라 사람들의 자산과 소득이 감소하게 된다. 그러나 환율이 상승하면 앞에서 상세히 살펴본 바와 같이 고용이 증가하고 성장률도 증가하여 그 혜택을 볼 수 있다. 그럼 간단한 예시로 유리한 점과 불리한 점을 살펴보자.

표 6-2 | 환율 변동에 따른 소득과 고용 변화

환율	소득		재산		고용
	원화 기준	달러 기준	원화 기준	달러 기준	
1,000원	1,000만 원	1만 달러	1억 원	10만 달러	100명
2,000원	1,500만 원	7,500달러	1억 원	5만 달러	150명

표 6-2에서 재산이 1억 원인 우리나라 기업 A가 환율이 1,000원일 때 100명을 고용하여 1,000만 원의 소득을 올리고 있다고 해보자. 그럼 달러 기준으로 재산은 10만 달러, 소득은 1만 달러가 된다. 이제 환

율이 2배로 뛰어 2,000달러가 되어 수출, 소득, 고용이 모두 증가해 표 6-2와 같이 소득은 1,500만 원, 고용은 150명이 되었고 재산은 그대로 1억 원이라고 하자. 그런데 달러 기준으로 보면 소득은 7,500달러가 되고 재산은 5만 달러로 줄어든다. 정리해보면, 국내 관점에서 보면 환율이 상승할 때가 훨씬 좋다. 소득도 1,500만 원으로 상승했고 고용도 50명이 더 늘었다. 반면, 해외 기준으로 보면 소득이 1만 달러에서 7,500달러로 2,500달러가 감소하고 재산도 반으로 줄어들었다. 해외여행을 하면 환율이 상승하기 전보다 더 싼 호텔에 묵고 더 저렴한 식당을 찾아야 한다. 그러나 국내에만 머무는 사람이라면 직원도 더 늘고 소득도 더 늘어 더 비싼 음식을 먹을 수 있다. 즉, 환율이 오르면 국내에서는 부유해지나 해외에 나가서는 지갑이 더 가벼워짐을 알 수 있다.

정리해보자. 환율이 상승하면, 국내적으로는 고용이 늘고 소득이 증가하여 더 부유해지고 국외적으로는 원화 가치 하락에 따라 가난해진다. 수입품 구매, 해외여행, 해외 자산 취득이 가격 상승으로 어려워진다. 반면에 외국인들은 우리나라 상품 구매, 우리나라 여행, 우리나라 자산(부동산, 주식 등) 취득을 원하는 경우 가격이 하락했기 때문에 더 수월해진다. 이런 이유로 우리나라 사람들은 해외 물건에 대한 소비를 줄이고 국산 물건 소비를 늘려 국내 생산이 증가하게 된다. 반면 미국인들은 우리 물건에 대한 소비를 더 늘리고 미국 물건에 대한 소비를 줄여 미국의 생산은 줄어든다. 이 지점에서 환율 상승의 유불리가 결정된다. 즉, 환율이 상승하면 외국 제품의 가격이 올라가므로 개별적으로는(해외 물품을 선호하는 소비자, 원료와 중간재를 수입하는 수입업체 등) 불리한 사람이 나오지만, 국가 경제 전체적으로는 자국의 생산을 늘리는 긍정적인 방향으로 작용한다. 반면 환율이 하락하면 자국의 생산을 억제하고 외국의 생산과 고용을 본의 아니게 지원하는 상황이 된다. 환율 하락 시 노동계에서 '실업을 대가로 외국 노동자들의 고용을 지원한다'는 비판이 나오는 배경이다. 이런 이유로 각국 정부는 저환율 정책을 선호하지 않는다. 특히, 경제가 침체되어 있거나 고용 사정이 악화되었을 경우 환율에 더욱 민감할 수밖에 없다. 이때는 저환율을 피하는 데 그치는 것이 아니라 적극적으로 고환율 정책을 펼친다. 상대 국가의 보복과 환율전쟁은 이렇게 시작된다.

그러나 때론 강한 화폐 가치를 선호하기도 한다. 먼저, 패권국가가 세계 경제를 지배 또는 경영하려고 할 때이다. 이런 국가들은 자국 경제에 대한 강한 자신감을 가지고 있어(실제로 패권국가는 당대에 가장 효율적이고 강한 경제를 가지고 있다) 굳이 자국 화폐의 가치를 떨어뜨려 성장을 하거나 고용을 증가시킬 필요가 적다. 특히, 세계 경영의 요체는 세계 각국에 자신들의 자산을 많이 늘리고, 곤란에 빠진 국가들에는 자금을 지원해줄 수 있어야 하는데, 이렇게 하려면 자국 화폐의 가치가 높은 것이 유리하다. 더군다나 명색이 세계 경영을 하겠다는 패권국가가 환율을 이용해 다른 나라의 고용과 소득을 빼앗아 온다는 비난을 듣는 것이 민망하다는 점도 작용할 것이다. 전성기의 영국이나 미국이 강파운드strong pound와 강달러strong dollar를 유지한 것이 좋은 예다. 그러나 패권국이 전성기를 지나면 얘기가 달라진다. 더 이상 강한 화폐 가치를 유지하는 것이 어려워진다. 이때부터는 패권국가도 체면 불구하고 상대방 국가의 환율 움직임에 예민해진다. 미국이 플라자 합의를 통해 달러의 가치를 강제로 떨어뜨린 조치를 한 것이나, 환율조작국 지정 제도를 도입하여 환율 조작을 감시하는 것도 이런 상황의 변화를 보여준다.

때로는 경제적 이유가 아닌 정치적 이유로 강한 화폐를 내세울 때도 있다. 패권국가이면서 기축통화국인 미국은 화폐 가치를 낮게 가져가는 것을 공식화하기가 부담스럽다. 미국이 환율조작국 지정 제도로 고환율을 유지하려는 국가들을 제재하면서도 정치인들이 강한 달러라는 수식어를 자주 사용하는 것은 이런 이유다. 또한 영국이 패권국가의 자리를 미국에 넘겨준 지 70년이 지났음에도 1파운드가 1달러 밑으로 내려가지 않도록 유지하려는 것과 유로화가 출범부터 1달러보다는 높은 가치를 유지하도록 설정한 것도 모두 국가적 자존심 문제라고 볼 수 있다. 이런 점에서 우리나라 화폐 단위는 우리의 화폐 가치를 매우 낮아 보이게 만든다. 1달러에 1,000~1,200원이므로 달러가 1,000~1,200배 비싼 것이다. 화폐 단위를 바꾸는 것이 쉽지 않다는 점도 있지만 화폐 단위만 보면 명분보다는 실리를 택하고 있는 셈이다.

외환 위기가 고조될 때도 환율 하락을 선호하게 된다. 달러가 빠져나가면서 환율이 치솟으면 원화의 가치가 급락하여 대외 결제를 하지 못하는 상황까지 갈 수 있는데 이때 원화의 가치를 올리고 환율을 떨어뜨리려는 노력이 이루어진다. 그 외에 환율 하락을 선호하는 경우는 경제가 너무 과열되었을 때다. 환율이 하락하면 수출 증가세가 완화되고 수입 물가가 하락하면서 경제 전체적으로 과열이 가라앉을 수 있다.

기업과 소비자에게 미치는 영향

수출기업

우리나라와 같이 수출로 성장해온 국가는 수출기업의 경쟁력이 매우 중요하다. 환율이 수출에 영향을 미친다는 점은 앞에서 상세히 설명한 바와 같다. 환율이 상승하면 달러 가치가 상승하므로 외국에서 보는 우리나라 물건의 가격이 내려간다. 이에 따라 수출이 증가하는데 수출기업은 매출액과 이익이 증가하게 되고 직원들의 임금과 수출기업 주주의 이익도 함께 증가하게 된다. 반대로 환율이 하락하면 수출기업의 매출, 주주와 직원들에게 돌아가는 몫도 모두 하락하게 된다. 환율이 일정 수준까지 하락하면 수출기업의 이익이 0이 될 때가 있다. 이를 무역업계에서는 손익분기점 환율이라고 하는데, 환율이 이보다 하락하면 수출기업은 적자가 되고 반대라면 이익을 보게 된다. 아래 그림 6-2는 이를 설명하고 있다.

그림 6-2 | 손익분기점 환율

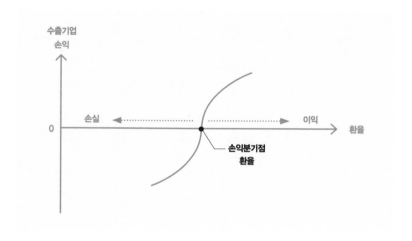

수출기업과 환율에 대해서 구체적인 사례로 들여다보자. 다음 페이지에 수출기업 A의 상황이 나온다.

환율 변화에 따라 A기업의 손익이 어떻게 바뀌는지를 정리해보자. 환율이 900원일 때 매출 = 수출 물량(30만 개) × 수출 단가(1,200원) = 3.6억 원이다. 비용 = 수출 물량(30만 개) × 제조단가(1,000원) + 고정비용(1억 원) = 4.0억 원이다. 매출(3.6억 원)보다 비용(4.0억 원)이 더 커서 0.4억 원의 손실이 발생한다. 이런 상황이 계속되면 이 기업은 결국

우리나라 수출기업 A의 상황

> ▶ A기업은 환율에 따라 볼펜 수출량이 다음과 같이 달라진다.
>   – 환율이 900원이면 30만 개, 950원이면 50만 개, 1,000원이면 100만 개, 1,050원이
>   면 150만 개
> ▶ A기업의 수출 단가는 볼펜 1개당 1,200원
> ▶ A기업의 제조원가는 볼펜 1개당 1,000원
> ▶ A기업의 고정비용(임대료, 이자, 임금 등 볼펜 제조량과 관계없이 발생하는 비용)은 1억 원

표 6-3 | 환율 변화와 수출기업의 손익 변화 및 손익분기점 환율

환율		900원	950원	1,000원	1,050원
매출	수출 물량(A)	30만 개	50만 개	100만 개	150만 개
	수출 가격(B)	1,200원 (1.33달러)	1,200원 (1.26달러)	1,200원 (1.20달러)	1,200원 (1.14달러)
	수출 금액(C=A×B)	3.6억 원	6억 원	12억 원	18억 원
비용	고정비용(D)	1억 원	1억 원 .	1억 원	1억 원
	제조원가(E)	1,000원	1,000원	1,000원	1,000원
	제조비용(F=A×E)	3억 원	5억 원	10억 원	15억 원
	총비용(G=D+F)	4억 원	6억 원	11억 원	16억 원
손익(C-G)		-0.4억 원	0원	1억 원	2억 원

손실을 이기지 못하고 문을 닫아야 한다. 그런데 환율이 올라 950원이 되었다고 하자. 이렇게 되면 수출 단가는 1,200원으로 동일하지만 환율 상승 덕분에 외국인들에게는 이 볼펜이 저렴해진다. 환율이 900원일 때는 1,200원이 1.33달러였는데 환율이 950원이 되면서 1.26달러가 된 것이다. 그래서 예시에서 표시했듯이 더 많은 주문이 들어와서 30만 개보다 많은 50만 개가 팔린다. 그러면 매출 = 50만 개 × 1,200원 = 6억 원이 되고, 비용은 50만 개 × 1,000원 + 1억 원 = 6억 원이 되어 손실과 이익이 0이 된다. 이제 이 기업은 적어도 손실은 보지 않기 때문에 영업을 계속할 수 있다. 환율 950원이 이 기업의 입장에서 손익분기점 환율이 되는 것이다. 이제 환율이 1,000원, 1,050원으로 상승한다면 매출이 더 증가하여 이익은 각각 1억, 2억으로 증가한다.

수입기업

수입기업은 수출기업과 반대의 영향을 받는다. 환율이 상승하면 원화 기준 수입 가격이 상승하고 수입기업의 비용은 증가한다. 이익이 감소하면 수입기업 관련자(경영자, 노동자, 주주) 모두 손해를 보게 된다. 환율이 하락하면 반대로 수입기업의 비용이 감소하고 이익이 증가하여 수입기업 관련자(경영자, 노동자, 주주) 모두 이익을 보게 된다.

내수기업

그럼 수출과 수입을 하지 않는 순수 내수기업은 어떤 영향을 받을까? 내수기업은 주로 유통업체(백화점, 편의점, 마트 등), 숙박, 음식, 그리고 내수용 물건이나 서비스를 파는 업체 등이다. 환율이 상승하면 수출은 증가하고 수입은 감소하여 경상수지가 흑자를 기록한다. 앞에서 살펴본 바와 같이 경상수지가 흑자이면 통화량이 증가하고 투자와 고용, 소득이 증가한다. 경제에 활력이 넘친다. 그러면 소비도 늘어 내수기업의 매출이 증가한다. 또한 환율이 상승하면 외국인 관광객도 증가하는데, 외국인 관광객이 구매하는 물건과 서비스(숙박, 교통, 식당, 관광지 요금 등)는 수출과 같은 효과를 낸다. 내수기업도 수출전선에 뛰어든 셈으로 수출기업과 마찬가지로 매출이 증가하고 이익을 보게 된다.

환율이 수출에 영향을 미치고 수출은 다시 경제를 활성화시켜 내수기업에도 도움이 되는 것을 '낙수효과trickle down effect'라고 한다. 낙수효과는 고소득층이나 대기업의 소득이 증가하면 소비가 증가하면서 경제가 활성화되고 중저소득층과 중소기업의 소득도 증가할 수 있다는 이론이다. 즉, 위쪽의 풍성해진 물이 흘러내리면서 중간과 아래쪽도 혜택을 누린다는 것이다. 원래 게오르그 짐멜Georg Simmel이라는 독일 학자가 1904년에 최초로 주장했는데, 미국 레이건 행정부가 경제정책으로 채택하면서 많이 쓰는 용어가 되었다. 이를 확장하여 수출기업과 내수기업에도 적용하여 수출기업의 이익 증가가 전체 국가 경제를 활성화시켜 내수기업에도 도움이 된다는 주장으로 사용되기도 한다.

우리나라는 경제발전 과정에서 낙수효과의 경험을 많이 했기 때문에 낙수효과에 대한 거부감이 적었으나, 경제가 성숙 단계에 들어가면서 그 효과가 약해지고 있다는 주장이 설득력을 얻고 있다. 즉, 수출기업의 이익이 국가 경제 전체적으로 확산되기보다는 수출기업에만 머무는 경우가 많아졌다는 것이다. 고환율 정책으로 수출이 증가해봐야 수출기업만 좋을 뿐 고용도 별로 증가하지 않고 소비자나 내수기업에 도움이 되지 않는다고 주장한다.

소비자

환율이 상승하면 수입품 가격이 상승해 소비자들은 원하는 수입품을 비싸게 사야 하므로 손해를 본다. 반면에 환율 하락은 수입품 가격 하락을 통해 소비자들이 값싸게 외국 제품을 살 수 있어 이익이 된다. 이렇게 환율 하락은 소비자에게 직접적으로 이익이 되지만, 소비자는 가계의 일원이기도 하다. 가계는 고용이 늘어나고 소득이 증가해야 궁극적으로 이익이 되므로 환율 하락으로 인해 수입품 가격이 하락하는 이익보다 수출이 줄어들어 소득이 감소하는 손실이 더 클 수 있다. 반대로 환율이 상승하여 수입품 가격이 오르면 당장은 소비자가 손해를 보는 것 같지만 국내 생산품 소비로 전환되어 결국에는 그 혜택이 소비자에게 돌아오기 때문에 이익일 수 있다는 점도 마찬가지다. 우리나라는 수출 주도 성장을 해왔고 고가 수입품에 대한 거부감도 저변에 자리 잡고 있어서 환율과 관련한 소비자의 이익과 손실에 대해서는 무시하는 경우가 많았다. 하지만 사회가 성숙해 가면서 국가 전체의 이익뿐만 아니라 개개인의 이익에도 관심을 확대하고 있어 앞으로 환율 관련 논의에서 소비자에 대한 고려가 점차 늘어날 것으로 보인다.

살펴본 바와 같이 환율은 개별 경제 주체들에게 차별적으로 영향을 미치므로 소득 분배에도 영향을 준다. 환율이 소득 분배에 미치는 영향은 너무 깊이 들어가면 복잡해질 수 있으므로 여기서는 간단하게 방향성을 살펴보고 넘어가겠다. 환율 상승은 수출을 증가시켜 수출 부문과 관련 있는 사람들의 소득을 증가시키고, 내수 부문과 수입 부문과 관련 있는 사람들의 소득은 상대적으로 덜 증가하거나 감소하여 수출 부문과 내수 부문과의 소득 격차를 확대시킨다. 낙수효과가 잘 작동할 때는 소득 분배가 악화되는 것을 어느 정도 희석할 수 있지만, 그렇지 않을 때는 이러한 경향이 더 강해진다. 수출 부문이 어떻게 구성되어 있는가에 따라서도 소득 분배 효과가 나타나는데, 수출 부문이 대기업 중심으로 되어 있다면 환율 상승으로 대기업과 중소기업 간 격차가 커지고, 수출 부문이 자본집약적인 산업 중심으로 이루어져 있다면 환율 상승으로 자본가(주주, 지분 있는 경영자, 오너)에게 돌아가는 몫이 커져서 자본가와 노동자 간 격차가 커질 수 있다.

금융시장에 미치는 영향

　최근 개인 투자자가 늘어나면서 환율이 금융시장에 미치는 영향, 특히 주가에 미치는 영향에 관심이 커지고 있다. 환율이 상승하면 우리나라 주가는 오르는가, 내리는가? 결론부터 얘기하면, 상황에 따라 다르다. 결론이 이렇게 애매한 것은 환율이 원인이 될 수도 있고 결과물이 될 수도 있기 때문이다. 즉, 외환당국이 갑자기 환율을 올렸다고 하면 환율이 다른 경제 변수(주가 포함)의 원인이 될 수 있지만, 다른 경제 상황의 변화에 따라 환율이 상승했다면 환율을 변화시킨 근본 원인(예컨대 경기 호황)을 살펴보아야 정확한 진단을 할 수 있다. 그럼 이런 상황을 모두 고려해서 환율이 주가에 미치는 영향을 살펴보자.

환율이 주가에 미치는 영향을 살펴보려면, 먼저 주가가 어떻게 결정되는가를 알아야 한다. 주가는 기업의 이익이 증가하면(또는 증가할 것으로 전망되면) 상승하고, 금리가 상승하거나(또는 상승할 것으로 예상되거나) 주가 변동 위험이 증가하면(또는 증가할 것으로 예상되면) 하락한다. 즉, 주가는 기업 이익에 비례하고 금리와 위험에 반비례한다. 이를 식으로 표현하면, 주가는 그 회사가 앞으로 낼 수익흐름을 현재가치(금리와 위험으로 할인한)로 환산한 것으로 아래 '주식의 가치 모델'로 간단히 나타낼 수 있다.

■ 주가의 결정: 주가의 현재가치 모델

$$주가 = \frac{CF}{(1+r+risk)}$$

여기서 CF는 'Cash Flow(현금흐름)'의 약자로 이 기업의 현금흐름을 나타내고 r은 금리, risk는 주식시장의 위험(이를 정확하게는 주가위험, equity risk premium이라 한다)을 나타낸다. 즉 주가는 이 기업이 창출할 수 있는 현금흐름에 비례하고 기회비용인 금리와 주식시장의 위험에 반비례한다. 보다 정교하게 표현하면 미래의 현금흐름과 할인율을 모두 고려해야 하지만 여기서는 단순화를 위해 1년 치만 고려했다.

이에 더해서, 주가는 다른 자산 가격과 마찬가지로 주가가 오를 것으로 예상되면 상승하고, 하락할 것으로 예상되면 하락하므로 이를 다음과 같이 표현하는 것이 보다 실전적이다.

$$주가 = \frac{CF}{(1+r+risk)} + 주가 상승 전망$$

물론, 주가 상승 여부에 대한 전망은 risk나 CF에 이미 반영된다고 봐도 되지만, 이를 분리해서 생각하는 것이 주가를 이해하는 데 보다 직관적일 수 있다. 특히, 어떤 이유로 주식에 대한 수요와 공급 전망이 바뀐다면 이를 반영하는 통로로 주가 상승 예상치가 활용될 수 있다.

주가에 영향을 미치는 경로는 4가지로 볼 수 있다. 1)기업 실적 (CF), 2)금리(r), 3)주식시장의 위험도, 4)주가 상승 전망이다. 기업 실적이 오르거나 주가가 상승할 것으로 보이면 주가는 상승할 것이고, 금리가 오르거나 금융시장의 불안이 증가하면 하락할 것이다. 따라서 환율이 주가에 미치는 영향도 이들 4가지 요소에 어떻게 영향을 미치는지를 종합하여 결정하여야 한다.

또한, 환율이 주가에 미치는 영향을 판단할 때 중요하게 고려해야 할 점은 상황을 잘 파악해야 한다는 것이다. 아래에서 환율이 상승한 경우를 중심으로 3가지 단계로 나누어 설명했으니 환율이 하락한 경우는 그 반대로 생각하면 된다. 먼저 1단계는 환율을 인위적으로 상승시켰는지 아니면 환율이 경기 상황을 반영하여 결과적으로 상승하였는지를 판단해야 한다. 인위적인 환율 상승의 경우 다른 상황은 변화가 없으므로 환율 상승의 독자적인 효과만 분석하면 된다. 하지만 경기가 나빠져서 환율이 상승한 것이라면 이때는 환율이 상승한 효과를 분석할 것이 아니라 환율을 상승시킨 근본 원인(예컨대 경기침체)이 주가에 미치는 영향을 살펴야 한다. 2단계는 환율이 상승했을 때 일시적 상승으로 끝날 것인지 계속 상승할 것인지를 판단하여야 한다. 마지막 3단계는 개별 기업의 특수성을 파악해야 한다. 1단계와 2단계는 주식시장 전체의 움직임과 관련이 있고 3단계는 개별 주식의 가격 흐름과 관련이 있다. 그럼, 주가에 미치는 경로 4가지와 상황 판단 3단계를 활용하여 환율이 주가에 미치는 영향을 살펴보자.

환율이 주가에 미치는 영향

① 인위적인 환율 상승

우리 외환당국이 어느 날 갑자기 시중에 있는 달러를 매입하여 인위적으로 환율을 상승시켰다고 하자. 이때 다른 조건들은 그대로인데, 환율만 올랐으므로 환율의 영향을 독립적으로 분석하여 판단하면 된다. 환율이 상승하면 수출은 늘고 수입은 줄어들어 생산이 늘고 경제성장률도 올라간다. 경기가 좋아지는 것이다. 따라서 기업들의 실적(기업 실적 경로)이 좋아져서 주가는 상승한다. 그런데, 현재 우리나라는 변동환율제도를 채택하고 있기 때문에 외환당국이 무단히 환율을 상승시키는(또는 하락시키는) 일은 없으므로 이러한 경우는 거의 없다고 보는 것이 좋다.

인위적으로 볼 수 있는 두 번째 환율 상승은 미국이 금리를 인상하거나 우리나라가 금리를 인하하는 경우다. 4장에서 살펴보았듯이 이경우 달러에 대한 수요가 증가하여 환율이 오른다. 정부가 환율 상승을 의도했는지 여부를 떠나서 정부의 조치에 의한 것이므로 금리를 제외한 다른 상황들은 변동이 없는 상태에서 환율이 상승한 것이다. 이런 경우 위에서 설명한 바와 같이 환율이 상승하면 주가도 상승하는 효과가 나타난다. 이와 아울러 환율 상승의 원인인 우리나라 금리 인하 조치는 주가 결정 공식에서 분모를 작게 만들어 주가를 상승시키는 효과도 추가된다.

② 결과적인 환율 상승

앞에서 살펴본 정부 주도와 달리 환율이 결과적으로 상승했다고 하면 주가는 어떻게 될까? 우리나라 경기가 나빠지면 이미지 경로를 통해 환율이 상승한다. 경기가 나빠져서 환율이 상승했다면 기업 실적도 좋지 않을 것이고 (기업 실적) 주식시장의 분위기도 나빠져 (리스크 프리미엄) 주가는 하락하리라는 예상이 힘을 얻고(주가 상승 예상) 주가는 떨어진다. 이를 보고 "환율이 상승하면 주가는 하락한다"라고 결론 지을 수도 있다. 반은 맞고 반은 틀린 얘기다. 즉, 환율이 상승하는 경우는 경기가 좋지 않을 때 자주 발생하므로 그때는 주가도 좋지 않다. 인과관계가 아니라 상관관계가 된다. 마치 "가로등이 켜지는 때에 야간 경비원들이 출근한다"는 것과 같다. 둘 다 날이 어두워질 때 동시에 일어난 일일 뿐이다. 다시 환율과 주가로 돌아가보면, 대부분의 경우 환율의 상승은 결과로 나타나고 그 원인 중 가장 큰 것이 경기 악화이므로 환율이 상승하는 것이 관찰되면 주가도 하락하리라고 보는 것이 합리적이다. 인위적인 환율 상승 때와는 정반대의 결과다. 인과관계 상황일 경우 환율과 주가는 같은 방향으로 움직이고, 상관관계일 때는 반대 방향으로 움직인다.

③ 환율 상승이 얼마나 지속될 것인가?

환율이 주가에 미치는 영향을 결정짓는 다음 상황은 환율 상승이 일회적으로 끝날지 상당 기간 지속될지를 판단해야 한다. 인위적인 환율 상승은 외환시장 개입을 지속적으로 하기 어렵다는 점에서 일회적일 가능성이 크다. 다만, 금리정책에 따른 환율 상승일 때는 관련 정책(즉, 통화정책)의 지속성 여부를 잘 판단해야 한다. 통화정책의 변화는 일시적이기보다는 지속적으로 이루어지는 경우가 대부분이므로 환율 상승이 이어질 가능성이 크다. 다음으로 결과적인 환율 상승도 지속적일 가능성이 크다. 경기 악화로 환율이 상승한 경우, 경기 악화가 단번에 호전되는 일은 거의 없기 때문이다.

환율 상승이 일회적일지 지속적일지에 대한 판단은 주가 상승 예상 경로에 영향을 미친다. 이 경로는 외국인 투자자들에게 특히 영향이 크다. 외국인 투자자들의 최종 관심은 투자한 주가의 달러 가치인데, '주가의 달러 가치 = 주가/환율'이므로 주가 변화뿐만 아니라 환율 변동도 큰 관심 사항이다. 환율이 상승하면 주가가 그대로 있어도 손해를 볼 수 있기 때문이다. 따라서 환율 상승이 지속될 것으로 보이면, 외국인 투자자들은 우리나라 주식시장에서 자금을 빼려고 할 것이다. 주식시장에서 외국인 자금이 빠져나가면 주가 상승 예상치가 하락하여 주가는 하락하게 된다.

따라서 한국은행의 시장 개입으로 환율이 올랐다고 하면 이런 환율 상승은 일회성일 가능성이 크므로 그 효과는 한 번에 끝나고 주가 상승 예상치를 통한 추가 효과는 없을 것이다. 그러나 미국이나 우리나라의 통화정책 변화로 환율이 상승했을 때는 환율 상승이 지속될 가능성이 커 주가 상승 예상치를 통한 추가 효과가 발생한다고 볼 수 있다. 즉 주가는 하락 압력을 받게 된다. 또한 환율 상승이 경기 악화에 따른 결과로 발생할 때도 기업 실적이 악화되는 데다 환율도 지속적으로 상승할 가능성이 커 외국인 투자자들은 우리나라 주식시장을 떠나려고 할 것이다. 이 상황에서는 주가가 지속적으로 하락할 가능성이 크다고 보는 것이 합리적이다.

④ 개별 기업의 특수성

주가는 결국 개별 기업의 특성에 따라 결정된다. 환율의 영향도 마지막 단계에서는 개별 기업의 특수성을 반영하여 결론을 내야 한다. 여러 특수성을 고려할 수 있겠지만 환율과 관련하여 가장 중요한 특수성은 기업의 달러 포지션이다. 달러예금이나 달러 자산이 많은 기업이나 달러가 많이 들어오는 수출기업의 경우 인위적이든 결과적이든 환율 상승은 주가에 긍정적으로 작용한다. 반면, 달러 부채가 많거나 주로 달러로 결제해야 하는 수입업체의 경우 환율 상승은 주가에 부정적인 요인이다. 하지만 글로벌 경제가 복잡하게 얽히면서 단순히 수출기업과 수입기업으로 나누어 이를 판단하기보다는 개별 기업의 외환 포지션을 구체적으로 파악하는 것이 좀 더 정확하게 분석할 수 있는 방법이다.

환율과 주가의 관계 정리

환율이 주가에 미치는 영향은 일률적이지 않고 상황에 따라 달라진다. 그 상황을 정리해보면 다음과 같다.

---

1) 정부가 시장 개입을 통해 인위적으로 환율을 상승시키면 주가는 상승함
- 환율 상승으로 수출이 증가하고 경기가 호전되어 기업 실적이 증가하는 효과가 있기 때문임

2) 정부가 통화정책을 변경함으로써 환율이 상승했을 때는 환율이 지속적으로 상승할 가능성이 크기 때문에 주가는 하락함
- 환율이 계속 상승할 것으로 예상될 경우 환차손을 우려한 외국인 투자자의 자금이 빠져나가기 때문임

3) 환율이 경기 하락의 결과로 상승했을 때 주가는 하락함
- 경기가 하락하고 있기 때문에 기업 실적이 나쁠 것이고
- 경기 하락세가 일정 기간 지속되므로 환율의 상승세도 지속될 것으로 예상되어 환차손을 우려한 외국인 투자자의 자금도 빠져나갈 것이기 때문임

외환 위기는 환율 폭등과 함께 찾아온다

환율 상승은 언제나 좋을까? 평상시에는 환율이 상승하면 경제에 도움이 되고 하락하면 경제에 부담이 되는 것이 일반적이다. 그러나 '위기' 시에는 정반대가 된다. 우리나라 사람들은 IMF 외환 위기 때 환율 폭등의 위험을 누구보다도 뼈저리게 체험했다. 환율에 대해서 막연하게 불안한 마음이 드는 것은 이런 경험 탓이고 환율이 좀 크게 상승할 때면 깜짝 놀라는 것도 이런 트라우마의 영향일 것이다. 환율의 완만한 상승은 경제에 도움이 될 때가 많지만 환율이 폭등하는 것은 경제에 막대한 부담을 준다. 다른 가격 변수와 마찬가지로 환율이 갑자기 크게 변하면 경제 주체들이 환율에 기반하여 내리던 의사결정의 기본 틀이 흔들려 예상치 못한 부작용이 속출할 수 있다. 대표적으로 달러를 많이 빌려서 사업을 확장한 기업들은 큰 어려움에 빠진다. 1,100원 정도의 환율로 달러를 빌려서 사업을 하다가 1,500원이 되었다면 그 빚을 갚기가 쉽지 않아 파산할 수 있다. 이 기업이 우리 경제에 큰 비중을 차지하는 대기업이거나 기간산업을 담당한다면 그 파장은 상상을 초월한다. 이런 기업들은 은행 대출도 많은 것이 보통인데 은행도 같이 어려움을 겪게 되고, 급기야 은행이 부도가 나는 상황까지 가면 경제 위기가 온다. 우리나라 IMF 외환 위기가 그랬다. 이 경우 일자리도 없어져서 실업자가 양산되면서 경제와 사회 분위기 모두 흉흉해진다. 환율 상승이 좋다고는 하나 폭등은 위험하다.

환율 폭등이 문제가 되는 것은 자본 유출, 즉 달러의 유출을 가속화한다는 점이다. 환율이 계속 오를 것으로 예상되면 시장에서는 달러를 사 모으려는 수요가 폭발한다. 투기자본들은 원화를 빌려서라도 국내에 있는 모든 달러를 다 사려고 한다. 그러면 환율은 더 치솟는다. 환율이 급등하면 우리나라의 자산 가격은 그야말로 바닥을 치게 된다. 환율이 700원대에서 1,600원대까지 2배 이상 치솟았던 IMF 외환 위기 때는 강남이나 명동의 큰 빌딩들이 헐값에 외국인들 손에 넘어갔다. 100억짜리 빌딩을 사려면 1,400만 달러가 필요했지만 경제가 위기에 빠지면서 빌딩 가격은 반값인 50억 원으로 떨어졌고 달러 값은 2배 이상 뛰었으므로 300만 달러 조금 넘는 돈으로 이 빌딩을 살 수 있게 된 것이다. 환율이 갑자기 상승하면 원자재의 국내 가격도 치솟아 이를 원료 삼아 수출하는 수출기업도 어려움을 겪는다. 결국

이를 원료로 해서 만드는 국산 생필품의 가격도 치솟아 국가 경제 전체적으로 큰 곤욕을 치르게 된다.

환율 폭등이 문제인가, 외화 부족이 문제인가?

외환 위기가 닥치면 환율 폭등과 외화 부족이 서로 주고받으면서 상황을 악화시킨다. 그러면 이 둘 중 어느 것이 더 문제인가? 엄격하게 구분한다면, 외화가 부족하지 않다면 환율 폭등은 위기의 핵심이 아니다. 외화의 가격이 높아져서 환율이 폭등했다 하더라도 외화의 공급만 원활히 이루어진다면, 어려움은 겪겠지만 경제가 파탄 나지는 않기 때문이다. 외화 사정에 따라 환율이 상승하거나 하락하는 것은 가장 필요한 곳에 외화가 공급될 수 있도록 하는 가격 기능을 하는 것이다. 정말 달러가 필요한 기업은 2배 높은 가격에도 달러를 살 수 있으면 위기를 넘길 수 있고 아무리 높은 가격에도 달러를 확보하지 못하면 파산해 추후 복구가 불가능해진다. 가격 기능이 정상적으로 작동하는 상황에서 환율이 폭등하면 수출이 크게 늘어 다시 달러가 유입되고 환율은 다시 안정화되는 방향으로 조정된다. 또한 환율이 가격 조정 기능을 잘한다고 하면 시장 참여자들은 환율에 함부로 투기하기가 어려워진다.

문제는 외화가 공급되지 않는 상황이 발생할 때다. 이런 상황은 환율이 무한대로 치솟는다는 얘기와 다름없다. 아무리 달러를 사려고 해도 살 수 없는 상황, 아무리 가격을 올려도 달러를 살 수 없는 상황,

이런 상황은 국가가 파산default한 상태다. 외환 위기 사례로는 우리나라가 함께 겪었던 1997년 아시아 외환 위기와 그보다 4~5년 전에 있었던 멕시코 외환 위기가 가장 유명하고, 그보다 더 전에는 영국의 파운드화 위기가 있다.

환율의 안전구간은 1,100~1,200원

이상에서 환율이 다른 부문에 미치는 영향에 대해 상세히 살펴보았다. 일반적으로 환율의 상승은 경제 전체적으로 좋은 현상이지만, 심하면 문제가 될 수 있다. 그럼 바람직한 환율은 있을까? 바람직한 환율에 대해서는 국제경제학 교과서에서 일부 논의가 되어 있고, IMF 같은 국제기구에서는 국가별로 적정 환율을 산출해서 현재의 환율이 고평가되어 있는지 또는 저평가되어 있는지 등을 발표한다. 미국은 이를 활용하여 저평가되어 있다고 발표된 나라들 중 미국과의 경상수지가 불균등한 국가들을 환율조작국으로 지정하는 제도를 운용하고 있다.

우리나라는 주로 환율이 적정 환율보다 높다고 나온다. 즉, 원화가 저평가되었다고 나오는 것이다. 경상수지가 줄곧 흑자를 보이기 때문에 당연한 결과일 수 있다. 경상수지가 흑자라는 것은 외국과의 경쟁에서 우리나라 물건이 좀 싸게 팔린다는 것인데 이는 우리나라의 경쟁력이 높아서(다른 나라보다 효율적으로 만들어서 값이 싸다) 그럴 수도 있지만 통상은 환율의 덕을 보는 것으로 국제사회에서는 평가한다.

예컨대, 수출기업의 손익분기점 환율을 나타낸 표 6-3에서 보았듯이, 환율 950원이 손익분기점 환율로 적정하지만(이 경우 경상수지는 균형일 가능성이 크다) 실제 환율은 1,050원 정도로 높아서 수출이 잘된다고 보는 것이다. 그리고 이렇게 높은 환율을 유지하기 위해서 우리나라의 외환당국이 개입하고 있다고 의심한다.

이런저런 이유로 우리나라 외환당국은 외환시장에 함부로 개입하지 않는다. 변동환율제를 운용하고 있기 때문에 일상적인 환율 변동에 개입하지 않지만, 환율이 너무 급하게 변하거나 일정 수준 이상으로 상승 또는 하락할 때는 환율 상황을 예의 주시하고, 문제를 일으킬 수준이라면 개입을 한다. 외환당국이 개입할 가능성이 적은 구간을 환율의 안전구간이라고 한다. 이 구간은 시장에서 충분히 적응할 수 있는 환율 수준으로 볼 수 있는데, 물론 환율이 안전구간에 있더라도 급격한 변동이 있으면 변동성을 완화하기 위해 개입을 단행할 수 있다. 우리나라의 경우 환율의 안전구간은 대략 1,100~1,200원 수준으로 알려져 있다. 1,100원보다 하락하면 수출 경쟁력을 약화시킨다는 차원에서 환율 하락이 부담스럽고, 1,200원을 넘어서면 수출 경쟁력 제고에 따른 이익보다는 대외 신인도 악화라는 손실이 더 커질 우려로 환율 상승이 부담스러워 외환당국은 바짝 신경을 쓰게 되고 경제도 민감하게 반응한다.

그러면 우리나라 환율의 위기구간red zone은 어디일까? 시계열을 봤을 때 1,300원을 넘어가면 위험한 상황일 때가 많았다. 물론 앞으로 경제 규모, 발전 단계 등에 따라서 이 수준은 얼마든지 바뀔 수 있지만, 가까운 장래에 환율 1,300원은 시장이나 외환당국에서 보고 싶지 않은 환율일 것이다. 외환당국이 발표한 자료에 따르면 2020년 1분기에 코로나19 팬데믹발 환율 급등 및 외환시장 변동성 억제를 위해 58억 달러 규모의 달러화 매도 개입을 단행했으며, 2020년 4분기에는 환율이 너무 가파른 속도로 하락하는 것을 조절하기 위해 115억 달러를 매수했다. 2020년 1분기에는 환율이 안전구간 상단을 벗어났고 2020년 4분기에는 안전구간 하단을 벗어났다는 점은 외환당국의 시장 개입과 관련하여 시사하는 바가 크다.

그림 6-3 | 우리나라의 환율 안전구간과 위기구간

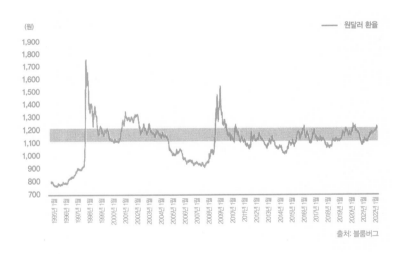

출처: 블룸버그

 환율 **노트** 핵심 **정리**

1   실물경제에 미치는 영향

① 환율 상승 시, 수출품 가격(달러 표시)은 하락하여 수출 물량은 증가, 수입품 가격(원화 표시)은 하락하여 수입 물량은 감소

② 환율 상승 시, 수출 금액 변화(달러 표시)

   i) 수출품 가격 하락 폭 〉 수출 물량 증가 폭 → 수출 물량이 가격에 민감하지 않음(= 가격탄력성 1보다 작음) → 수출 금액 감소

   ii) 수출품 가격 하락 폭 〈 수출 물량 증가 폭 → 수출 물량이 가격에 민감함(= 가격탄력성 1보다 큼) → 수출 금액 감소

③ 환율 상승 시, 수입 금액 변화(달러 표시)

   수입품 가격은 원화 표시로 상승 → 수입 물량 감소(얼마나 감소하는지는 가격탄력성에 달려 있음) 하지만, 수입품 가격은 달러 표시 그대로

   ⇒ 수입 가격은 그대로, 수입 물량은 감소 → 수입 금액은 감소(가격탄력성에 따라 많이 감소하느냐 적게 감소하느냐만 달라짐)

④ 환율 상승 시, 무역수지 변화: 무역수지 = 수출 금액 − 수입 금액

   수출 금액은 증가하거나 감소, 수입 금액은 감소 → 수출의 가격탄력성과 수입이 가격탄력성의 합이 1보다 크면 무역수지 개선(마샬 러너 조건)

⑤ J−Curve 효과: 환율 상승 초기에는 가격만 변하고 수출입 물량이 변할 시간이 없어 (탄력성이 낮아) 수출 금액도 감소하여 수입 금액 감소보다 큰 상황 발생 → 무역수지가 오히려 악화

→ 시간이 지나면서 수출입 물량이 가격에 반응하면 탄력성이 1보다 커져서 무역수지 개선 ⇒ 무역수지가 처음에 줄어들었다가 커지는 모습이 J를 닮았음

⑥ 경제성장, 고용에 미치는 영향: 환율이 상승하면 수출이 증가하여 경제성장과 고용 모두 증가

⑦ 통화량과 물가에 미치는 영향: 환율이 상승하면 i) 무역수지 개선으로 달러 유입 → 달러를 원화로 환전 → 통화량 증가 → 물가 상승, ii) 수입 물가 상승 → 물가 상승

---

2 환율전쟁이 일어나는 이유

① 환율 상승이 실물경제에 유리하게 작용한다는 점을 활용하여 서로 환율을 올리려는 것을 환율전쟁이라 함

② 1930년대 대공황 시기, 불황 극복을 위해 미국과 유럽이 환율전쟁을 한 사례

③ 1980년대 플라자 합의로 일본의 엔화를 강제 절상(미국 입장에서는 환율 상승)시킨 사례

---

3 환율 상승의 득과 실

① 환율이 상승하면 좋은 점: (국내 관점에서 볼 때) 일반적으로, 수출이 증가하고 수입이 감소하여 무역수지는 개선 → 고용과 생산도 증가 → 경제성장률 상승

② 환율이 상승하면 나쁜 점: (해외 관점에서 볼 때) 달러 가치로 평가한 재산이 감소, 해외여행 시 불리

4   기업과 소비자에게 미치는 영향
① 손익분기점 환율: 수출기업이 수출할 때 손익이 0이 되는 환율. 환율이 손익분기점 환율보다 높으면 이익 발생, 낮으면 손실 발생
② 환율과 낙수효과: 환율 상승 시 직접적인 혜택은 수출기업이 받는데, 경기가 활성화되어 내수기업도 혜택을 받는 것
③ 소비자는 환율 상승 시 수입 물가 상승으로 피해를 보고 해외 여행 시에도 불리함 → 소비자도 가계의 일원이라는 관점에서는 수출이 잘되어서 경제가 전반적으로 활황이면 소득이 증가하는 효과는 있음

5   금융시장에 미치는 영향
① 환율과 주가의 관계는 인과관계라기보다는 상관관계로 파악하는 것이 정확할 때가 많음 → 환율이 상승한 이유와 상황에 따라 환율과 주가의 관계가 달라진다는 의미
② 인위적인 환율 상승: 외환당국의 환율 개입으로 인한 환율 상승 또는 미국 정책당국이 금리를 인상 또는 우리나라 정책당국이 금리를 인하하여 환율이 상승한 경우 → 수출 증가, 고용 증가, 경제성장률 상승 등으로 주가 상승
③ 결과적인 환율 상승: 경기가 불황이어서 환율이 상승한 경우 → 기업 실적도 좋지 않을 것이므로 주가 하락

6   환율과 경제 위기

① 환율 폭등과 외화 부족 모두 위기의 원인이지만, 더 중요한 것은 외화 부족

외화가 원활하게 공급된다면, 극단적으로는 환율이 폭등하더라도 위기까지는 가지 않을 수 있음

② 우리나라 환율의 안전구간은 1,100~1,200원, 위험구간은 1,300원 이상

안전구간에 있을 경우 → 급격한 변동성을 보이지 않으면 외환당국의 개입 거의 없음

안전구간 밑에 있을 경우 → 수출 경쟁력 약화에 대한 우려 확산 → 외환당국도 불편한 상태

안전구간 위에 있을 경우 → 원화에 대한 신뢰성 약화에 대한 우려 확산 → 외환당국도 불편한 상태

위험구간에 진입한 경우 → 2021년까지의 사례로만 보면, 이 구간에 진입하면 거의 위기 상황으로 진전

7장

환율은 예측 가능한가

환율을 예측하는 이유

　예측은 신의 영역이다. 환율 예측도 예외는 아니다. 난다 긴다 하는 글로벌 투자은행들도 환율 예측에 있어서는 일반인과 별반 다르지 않다. 환율은 어디로 움직일지 알 수 없다고 주장하는 '랜덤워크 모델'이 가장 예측력이 높다는 아이러니가 별다른 저항 없이 통용되는 것이 현실이다. 그럼에도 불구하고 여러 이유 때문에 우리는 환율을 예측해야 한다.

　환율을 예측하는 이유는 이익 추구, 손실 최소화, 준거 기준 설정 등 3가지로 구분할 수 있다. 먼저 환율을 잘 예측할 수 있다면 큰 이익을 볼 수 있다. 환율도 달러라는 자산의 가격이므로 자산의 가격이 어떻게 변할지를 알면 그야말로 떼돈을 벌 수도 있다. 이런 이유 때문에 다른 자산 가격(주식, 채권, 부동산, 유가, 원자재 가격 등)과 마찬가지로 환율을 예측하려는 시도는 계속되고 있다.

두 번째로는 손실을 최소화하기 위해서도 환율의 예측이 필요하다. 이익을 추구하는 이유와 동전의 양면이기는 하나 의사결정 방식에는 다소 차이가 있다. 이익을 추구하는 동기에 따라 환율을 예측하는 것은 실물거래(실수요) 없이 투자를 하거나 더 나아가 투기 목적으로 외환매매를 하는 것이다. 마치 주식 투자를 하는 것과 같은 동기에서 출발한다. 그러나 손실을 최소화하기 위해 환율을 예측하려는 사람들은 주로 실물거래(실수요)가 주업인 사람들로, 실물거래에 외환이 개입되어 있어 환율 변동으로 손실이 발생할 수 있으므로 이를 최소화하기 위해서 의사결정을 한다. 즉 투기 목적이 아니라 헤지 목적이 더 강하다. 전자가 공격적이라면 후자는 수세적 환율 예측 동기이다. 그리고 이익추구형 환율 예측 수요자와 손실 회피형 환율 예측 수요자는 환율 거래를 본업으로 하는지 다른 본업이 있는지에 따라 결정된다고 봐도 된다. 극단적인 손실 회피 전략은 완전한 헤지를 하는 것으로 다른 본업(수출입 등 실물거래)에서 승부를 걸고 환율 변동에 따른 손익은 생각하고 싶지 않은 사람들이 하게 되는데 이때는 환율을 예측할 필요도 없이 선물환 거래를 하거나 옵션 거래를 하면 된다.[11]

---

11   선물환거래, 옵션 거래, 환율 위험에 대한 헤지와 관련해서는 3부에서 자세히 다룬다.

세 번째로 준거 기준 또는 참고 자료로 환율 전망이 필요한 경우다. 환율 예측이 이익 추구나 손실 최소화보다 의외로 준거 기준 설정에 더 많이 활용될 때가 있다. 대표적인 예가 기업들이 다음 해 사업계획이나 예산을 세울 때이다. 수출입 기업뿐만 아니라 내수기업들도 원자재 수입 등과 관련해서 외환 거래가 반드시 수반되기 때문에 거의 모든 기업이 환율을 예측해서 사업계획과 예산에 반영한다. 뒤에서 자세히 알아보겠지만 환율을 예측하는 것은 쉽지 않고 심지어 틀릴 때가 대부분이지만 주요 국책연구소를 비롯하여 많은 기관에서 연말에 환율 전망치를 내놓는 것은 이러한 수요를 감안한 것이다. 참고자료로 사용하기 위한 환율이 정확하면 더할 나위 없겠지만, 정확하지 않더라도 서로 동의할 수 있는 수준의 환율 준거 기준이 있어야 사업계획이든 예산이든 수립할 수가 있다. 그렇지 않으면 논의가 한 발짝도 진행될 수가 없기 때문이다. 아래 표 7-1에는 2021년 수

표 7-1 | 수출기업들의 2021년 사업계획상 환율

	사업계획 환율	적정 환율	손익분기점 환율
대기업	1,150	1,172	1,126
중견기업	1,144	1,168	1,135
중소기업	1,138	1,166	1,133
전체	1,140	1,167	1,133

출처: 한국무역협회, 최근 수출기업의 환율 인식과 영향 조사(2020. 11.25)

출기업들의 사업계획에 반영된 환율과 기업들이 생각하는 적정 환율을 조사해 정리해놓았다. 대기업일수록 환율을 보다 공격적으로(높게) 잡고, 중소기업일수록 보수적으로(낮게) 잡고 있음을 알 수 있다. 수출기업에게 환율이 계획보다 내려가면 영업에 차질을 빚을 수 있기 때문에 환율을 높게 잡는 것을 공격적이라고 할 수 있고, 낮게 잡았다는 것은 안전하게 잡았다고 할 수 있다. 정부도 예산편성을 위해 적용할 환율을 미리 정해야 하는데, 논란의 여지를 최소화하기 위해 보통 최근 3개월 평균환율을 다음 연도 환율로 설정한다. 정부가 자체적으로 전망한 환율을 발표하여 사용할 경우 외환시장에 부작용을 일으킬 우려가 있기 때문이다.

■ A기업의 사업계획과 환율에 따른 결과

- 수출 100만 개, 수출 단가 10달러, 환율 1,100원 전망
→ 총매출액 계획 110억 원(=100만 개×10달러×1,100원)

▶ 사례 1: 수출은 늘었으나 환율이 하락한 경우

- 수출 110만 개, 수출 단가 10달러, 환율 900원
→ 총매출액 결과 99억 원(=110만 개×10달러×900원)

▶ 사례 2: 수출은 줄었으나 환율이 상승한 경우

- 수출 90만 개, 수출 단가 10달러, 환율 1,300원
→ 총매출액 결과 117억 원(=90만 개×10달러×1,300원)

사업계획을 세울 때 기준으로 사용한 환율은 추후 기업의 성과를 평가할 때도 활용된다. 즉 기업의 성과가 계획보다 좋았는지 나빴는지를 평가할 때 기업 영업활동의 성패로 인한 것이었는지 환율 변동 때문인지를 구분할 필요가 있다. 영업활동을 계획보다 잘해서 성과가 좋았다면 칭찬할 일이지만 환율이 우연히 기업에 유리하게 작용한 것은 축하할 일이긴 해도 칭찬받을 일은 아니기 때문이다. 구체적으로 A기업의 사업계획과 결과를 들여다보자. 어떤 경우가 A기업이 잘한 것일까?

사례 1은 수출을 10만 개 더 했음에도 불구하고 환율이 당초 사업계획에서 예상했던 것보다 하락하여 실제로는 계획 대비 성과가 부족한 것으로 나왔다. 수출을 담당했던 영업부는 10만 개나 더 판매했으므로 잘했다고 할 수 있지만, 환율 예측을 담당했던 기획부는 질책을 들을 가능성이 높다. 외부에서도 이 회사를 평가할 때 환율이라는 외부 변수로 인해서 당초 계획보다 실적이 나빠졌으나 회사의 영업력은 좋았다고 평가하는 것이 타당하다.

반대로 사례 2는 수출을 10만 개 덜했음에도 불구하고 당초 사업계획에서 예상했던 것보다 환율이 상승하여 실제로는 계획 대비 성과가 더 나온 경우다. 회사의 영업 노력은 좋지 않았으나 본업이 아닌 환율 때문에 좋아진 것이므로 이 회사의 실적은 박하게 평가하는 것이 맞다. 그러나 현실적으로는 결과로 말할 때가 많다. 사례 1은 환율을 제대로 예측하지 못해서 실적이 부진한 회사로 평가받을 가능성이 크고, 사례 2는 환율의 도움을 받아 실적이 크게 개선되었다고 평가받을 수 있다. 기업의 세계에서도 운이 더 중요할 수 있다는 사실을 보여준다. 어찌되었든 이러한 이유로 기업들(특히 실무자들)은 환율을 가능한 한 보수적(안전한 쪽으로)으로 잡으려는 동기가 발생한다. 수출기업은 환율이 상승하면 실적이 계획보다 좋아지므로 사업계획에 환율을 가능한 한 낮게 잡으려 하고, 수입기업은 반대로 환율을 높게 잡으려고 한다.

'어디로 튈지 모른다'는 환율 예측 모델

환율을 잘 예측하면 대박을 터트릴 수 있기 때문에 환율을 예측하려는 시도는 끊임없이 계속되고 있다. 그러나 아이러니하게도 환율을 가장 잘 예측하는 모델은 '환율은 어디로 튈지 모른다'는 모델이다. 이를 통계학적으로 '랜덤워크random walk' 모델이라고 부르는데, 그림 7-1에서 보듯이 환율이 앞으로 상승할지, 하락할지, 그대로 있을지, 그리고 변동 폭이 얼마나 될지 모른다는 것이 정답이라는 것이다.

어디로 튈지 모른다고 주장하는 것이 가장 정확한 예측이라고? 이게 뭔 말인가 싶을 것이다. 필자도 '랜덤워크'를 처음 배울 때 그랬듯이 '랜덤워크 = 환율은 예측이 안 된다'로 이해하는 것이 당연할 터이

그림 7-1 | 환율의 예측과 랜덤워크

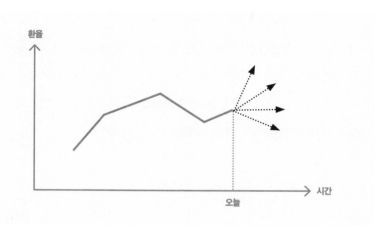

다. 그러나 랜덤워크는 환율을 예측하는 강력한 모델이 될 수 있다. 통계학을 활용하여 확률적으로 환율의 방향성과 변동 폭을 예측하는 것이다. 과거 환율의 움직임을 잘 살펴보면 환율의 방향성은 제각각 이겠지만 환율의 변동 폭은 어느 정도 평균을 계산할 수 있다. 예를 들어, 지난 20년간 일일 환율 동향을 분석해보니 평균 0.5% 정도 움직였고 최고로 많이 움직였던 것이 10%, 그리고 거의 99%는 5% 정도 움직였고, 95%는 3% 정도 움직였으며, 90%는 1% 수준에서 아래위로 움직였다고 하자. 그러면 오늘 환율이 1,000원이었다면 내일 환율은 970(3% 하락)~1,030원(3% 상승) 사이에 있을 가능성이 대략 95% 정도 된다고 예측할 수 있는 것이다(실제로 통계학적으로는 보다 엄밀한 방식으로 소위 95% 신뢰구간, 99% 신뢰구간을 추정하지만 여기서는 설명의 편의를 위해서 이런 방식으로 설명했다). 환율이 어디로 튈지 모른다는 랜덤워크 모

델은 1983년 미즈Meese와 로고프Rogoff가 논문을 발표한 이래 오랫동안 정설로 인정되고 있다. 내일의 환율이 오늘의 환율보다 30원 오를 수도 30원 내릴 수도 있다고 말하는 것이 무슨 예측이냐고 할 수 있겠지만 여러 경제 변수를 활용하여 만든 복잡한 예측 모델보다 랜덤워크를 이용한 예측이 더 높은 적중률을 보이고 있다는 것이 최근까지도 경제학 논문에서 지속적으로 증명되고 있다.

랜덤워크에 도전하는 예측 모델들

1983년 랜덤워크 모델에 관한 논문이 나온 후 많은 경제학자, 특히 국제경제학이나 재무학을 연구하는 학자들이 환율을 예측하는 모형을 만들기 위해 노력해왔다. 명색이 환율결정이론을 깊이 있게 연구한다는 학자들이 "환율은 어디로 튈지 모른다"는 식으로 답변하는 것은 참으로 민망한 일이다. 수출 중심의 중소기업체 사장이 앞으로 환율이 어떻게 변할지 궁금해서 동창 중에 미국에서 박사학위를 받고 국내 대학에서 국제경제학을 가르치는 친구한테 물었다.

중소기업 사장 내년에 환율은 어떻게 될 것 같아?

교수 어디로 튈지 모르지.

중소기업 사장 오를지 내릴지 그것만이라도 알려줘.

교수 오를지 내릴지 그것도 몰라.

중소기업 사장 ……

이렇게 말하기는 너무 민망하다. 그래서 4장에서 설명한 환율을 결정하는 여러 변수를 활용하여 예측 모델을 만들었고 이를 랜덤워크와 비교 분석한 논문들이 나오기 시작했다. 결론은 100전 100패였다. 기본적으로 랜덤워크보다 잘 예측한 모형은 없다는 것이다. 이러저러한 조건에서는 랜덤워크보다 좋은 점이 있다는 식으로 자신이 만든 모델의 우수성을 주장하기도 하지만 결국에는 랜덤워크를 넘어서는 모형은 없다는 것이 결론이다. 연구 논문들에 나온 예측 모형들을 소개하면 252쪽 내용과 같다. 결국은 다양한 환율결정이론을 활용하여 환율 예측 모형을 만들고 테스트해봤지만 랜덤워크 모형을 이기기는 힘들다는 것이다. 상당히 실망스럽고 무책임한 결론이 아닐 수 없다.

그렇다면 4장과 5장에서 설명한 환율을 결정하는 요인들은 다 무엇이란 말인가? 왜 환율 예측이 잘 맞지 않는가를 설명하기에 앞서 더 충격적인 사실이 있다. 이름만 들어도 전문성이 넘쳐나는 세계 유수의 투자은행(Investment Bank, 약칭해서 IB라고 한다)들이 예측한 환율과 실제 환율을 사후적으로 비교한 결과를 보면, 이들의 환율 예측력은 절대치는 고사하고 방향성 예측도 50% 내외에 불과하다. 3개월 후의 원달러 환율에 대해 IB들이 제시하는 예측은 50% 정도밖에 맞지 않는다는 것이다. 정확하게 무작위로 찍는 것과 같은 확률이다. 평균적인 절대오차도 3%p를 넘어가니 예측을 했다고 할 수도 없다.

■ 랜덤워크 모형에 도전하는 환율 예측 모형의 성과에 대한 연구 결과

① 최종일, 장병기(2017)
– 환율을 예측하는 다양한 모형을 제시하고 예측력을 테스트하였음
– 이 논문에서 사용된 모형은 1)플로우 모형, 2)통화론적 모형, 3)포트폴리오 모형 등이고, 환율 결정과 관련 있는 거의 모든 변수, 즉 자국과 상대국의 금리, 소득, 물가, 통화량, 외국인의 증권 보유액, 국내인의 해외증권 보유액, 그리고 환율 상승 기대 등을 활용했지만 예측의 유효성이 없다는 결론

② Rossi(2013)
다양한 환율 이론을 기반으로 여러 예측 모형을 제시했지만, 랜덤워크 모형보다 예측력이 뛰어난 모형이 없다고 결론

③ Cheng et al(2016)
다양한 예측 모형을 테스트해봤지만 랜덤워크 모형을 이기지 못함. 다만, 몇몇 변수들은 환율의 방향성을 맞히는 데 도움이 됨

표 7-2 | 글로벌 IB들의 환율 예측 실제 성과(2010.1~2021.3)

	원화	유로화	엔화
방향성 예측 적중률	56.4%	43.6%	52.6%
평균 절대오차	3.2%p	3.8%p	3.7%p

출처: 황유선, 이상원(2021)

환율 예측에서 가장 중요한 것은 오늘의 환율?

2000년부터 최근까지의 일별 자료를 토대로 원달러 환율을 랜덤 워크 모형으로 예측해보았다. 그 결과를 보면, 방향성 예측(오를 것인가 내릴 것인가)의 적중률은 50%로 랜덤워크 모형의 이름에 걸맞은 확률을 나타냈다. 그리고 환율 움직임은 대부분 랜덤워크 방법을 활용해 추정한 등락 범위 안에서 움직인 것으로 확인되었다. 즉, 다음 날 환율이 일정한 구간(예: 99% 신뢰구간) 안에 있을 것이라는 예측이 거의 맞았다는 의미다. 그런데 이 구간에 있음을 잘 예측한다는 것은 투자의 세계에서는 거의 의미가 없다. 아주 미세하더라도 방향성 예측이 맞으면 이익을 위한 것이든 손실을 줄이기 위한 것이든 도움이 되지만, 떨어질 수도 있고 오를 수도 있는데 그 구간은 이 정도다 하는 식의 예측은 이익을 추구하는 데 도움이 되지 않는다.

환율 예측과 관련한 실상을 종합해보면, 다양한 경제학적 예측 모형이 나오고 있지만, "미래환율은 잘 모른다", "그냥 아무거나 찍기"보다 예측력이 더 높은 것은 없다는 것이 결론이다. 랜덤워크가 가장 잘 맞는다면 미래 예측에 있어서 유일하게 확실한 정보는 오늘의 환율이다. "오늘의 환율에서 아래위로 어느 정도 변할 것이다"라고 예측 가능하고, '어느 정도의 수준'은 과거 시계열에서 통계학적으로 추정할 수 있다. 하지만 투자에 크게 도움은 되지 않는다.

그림 7-2 | 랜덤워크를 이용한 우리나라 환율의 예측과 성과

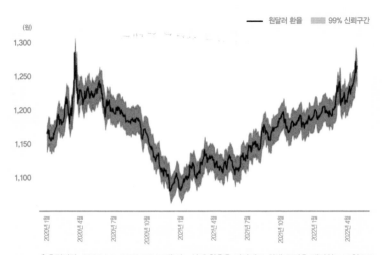

* 추정기간: 2000.1.4~2022.5.2, 그래프는 실제 환율을 나타내고 회색 구간은 랜덤워크 모형으로
  예측한 99% 신뢰구간을 나타낸다.

예측하기 어려운 환율

어째서 실력이 출중한 경제학자들조차 환율을 잘 예측하지 못하는 걸까? 가만히 생각해보면 다른 경제 변수들에 대해서도 그들의 예측 능력은 사실 보잘것없다. 매년 발표되는 저명 경제연구소의 전망치를 실제 수치와 비교해보면 맞지 않는 경우를 자주 발견할 수 있다. 그런데도 경제연구소들은 전망치를 지속적으로 수정하여 발표한다. 거의 실제 수치가 나올 때쯤 전망치와 실제 수치의 오차가 많이 줄어들게 되는데, 그사이에 왜 전망치가 수정되었는가를 설명하는 방식이 전문적일 뿐이다. 인간이 미래를 예측한다는 것이 얼마나 어려운지를 가늠할 수 있다.

환율 예측이 잘 맞지 않는 이유

① 환율 예측 모델 자체가 틀린 경우

예측 모델 자체가 틀린 경우도 많다. 국제경제학 또는 금융경제학에서 각종 이론들은 경제 주체들이 합리적 의사결정을 하는 것을 전제로 한다. 그러나 실제 경제에서 그렇지 않은 경우가 많다(행동경제학 같은 학문에서는 인간의 비합리적 의사결정에 대한 실험과 주장을 많이 내놓고 있다). 또한 경제 현상에 대한 새로운 관점이 나오면서 기존에 구성된 이론이나 예측 모형이 맞지 않을 수 있다. 또한 환율 예측 모델이 고려하지 않은 변수가 있을 경우 예측력은 떨어질 수밖에 없다.

구매력 평가이론에 따르면 달러의 구매력이 증가하면 환율은 오른다. 그런데 달러의 구매력이 증가하면서 동시에 달러의 금리가 크게 하락하면 달러에 대한 수익률이 떨어져 환율이 하락할 것이다. 그런데 구매력 평가이론에서 금리는 고려 변수가 아니므로 결과적으로 이 이론을 기반으로 하는 예측은 틀리게 된다.

환율을 예측할 때 모든 요인을 다 고려하는 것은 불가능하다. 중요하다고 생각하는 요인들을 골라서 예측 모형을 만들 수밖에 없는데 그 과정에서 빠진 요인들이 실제로 중요한 역할을 하는 경우 예측은 틀릴 수밖에 없다. 그래서 아예 모든 요인을 배제하고 일정한 범위 안에서 환율이 등락한다고 하는 랜덤워크가 가장 예측력이 좋은 것인지도 모르겠다.

② 자료가 부족한 경우

환율 예측 모델이 완벽하다고 하더라도 예측을 하려면 기본적으로 자료가 필요하다. 그런데 자료가 부족하면, 예컨대 10가지 데이터가 필요한데 현실적으로 7가지밖에 없다면 그 모델을 사용할 수도, 예측할 수도 없는 것이다.

③ 예측을 위해 또 다른 예측을 해야 하는 경우

환율 결정 과정에서 다양한 요인들이 환율에 영향을 미친다는 것을 알았다. 환율 결정의 전형적인 설명 방식은 '이런 일이 일어나면 환율은 상승할 것이고 저런 일이 발생하면 환율은 하락할 것이다' 등이다. 예컨대 '달러에 대한 수요가 증가하면 환율이 상승하고 수요가 감소하면 환율이 하락한다'라는 설명에서, 환율이 하락할지 상승할지를 예측하기 위해서는 달러에 대한 수요가 증가할지 감소할지를 먼저 예측해야 한다. 그런데 외환의 수요 역시 예측의 영역이므로 이에 영향을 미치는 많은 요인을 모두 예측해야 한다. 즉 예측을 위해서 다시 예측해야 하는 상황이다. 아무리 정교한 이론을 알고 있다 하더라도 미래의 환율은 미래의 상황을 알아야 예측할 수가 있어서 환율을 예측하기 위해서 앞으로 일어날 다른 일을 예측해야 하는 아이러니가 생긴다. 그래서 예측은 어려운 일이다.

④ 모델과 자료가 모두 있으나 상황이 바뀌는 경우

환율 예측이 틀렸을 때 전문가들이 가장 많이 하는 해명(또는 변명)이 바로 이 부분이다. 즉, 환율을 전망하는 시점에서 예상했던 일이 다르게 전개되었기 때문에 전망을 수정한다는 것이다. 그래서 예측하는 기관은 거의 모두 수정 전망치를 제시한다. 정부, 한국은행, 주요 국책은행 등 우리나라 전망 기관뿐만 아니라 글로벌 3대 전망 기관인 IMF, 세계은행, OECD 등도 분기별 또는 반기별로 전망치를 수정하여 발표한다.

전망치 수정의 근거는 상황이 바뀌었다는 것이 핵심이다. 예컨대 어떤 사람이 다음과 같은 점을 근거로 환율을 예측했다고 하자. 국제 금융시장이 불안해지면 달러 가치가 상승하므로 환율이 상승한다. 그런데 한 달 후 미 대선이 치러지는데 우편선거와 개표 과정에서 오류가 발생하고 선거 결과에 승복하지 않는 등 큰 혼란이 발생할 것이므로 미 대선 이후 국제 금융시장은 매우 불안해질 것이고, 따라서 환율이 크게 오를 것으로 전망했다. 그런데 실제 대선 투표가 끝난 후 걱정했던 부분은 발생하지 않았고, 개표 상황에서 오류도 없었으며, 대선 결과도 트럼프 대통령이 마지막까지 공식 선언을 하지 않아 불확실성이 있었지만 대세가 바뀔 가능성이 적었기에 국제 금융시장의 혼란은 없었고 오히려 불확실성이 제거되었다는 평가가 이어져 그때부터 환율이 하락하기 시작했다. 상황이 이렇게 되자 달러가 상승할 것으로 예상한 분석가는 '상황이 바뀌었기 때문에 달러에 대한 전망을 상승에서 하락으로 바꾼다'고 수정 전망치를 내놓게 된다.

⑤ 스승보다 제자가 환율을 더 잘 맞히는 이유

앞에서 보듯이 환율을 전망하거나 예측하는 전문가들은 "이러이러하면 이럴 것이다"라는 식의 화법에 능숙하다. 그리고 이론에도 매우 밝아 환율에 대한 강의를 하러 다니는데, 막상 스승인 전문가는 투자에 실패하고 강의를 들었던 제자 중에서 투자에 성공하는 경우가 있다. 스승과 제자의 다음 대화는 의미심장하다.

스승 국제 금융시장이 불안해지면 환율이 오르고 안정화되면 환율이 내린다.
제자 네. 잘 알겠습니다.

(한 달 후)

제자 스승님 감사합니다. 덕분에 이번에 돈을 많이 벌었습니다. 환율이 내릴 것 같아서 달러를 많이 팔았거든요. 미국 선거가 끝나면 불확실성이 없어져서 국제 금융시장이 안정화된다고 봤거든요.
스승 그래? 나는 미국 선거 후 혼란이 커져서 국제 금융시장이 불안해진다고 봤는데… 그래서 달러를 많이 샀더니 큰 손해를 봤네.
제자 ……

이론에 밝은 전문가들이 투자에 성공하지 못하는 이유 중 하나다. A가 일어나면 x가 발생하고 B가 일어나면 y가 발생한다는 것을 잘 알지만 A가 일어날지 B가 일어날지는 모르는 것이다. A가 일어날지 B가 일어날지에 대해서도 또 예측을 해야 하는데 이에 실패하면 완전히 반대의 결과가 나온다. 감感이 있는 제자가 감 없는 스승에게 배워서 스승보다 좋은 성과를 내는 경우는 허다하다. 그리고 이론가보다는 실전에 능한 실전가가 예측력이 뛰어난 것도 이런 이유다. 그렇다고 이론가가 필요 없는 것은 아니다. 실력 있는 제자들을 배출할 수도 있고 왜 그런 현상이 발생했는지에 대한 이유를 더 잘 설명할 수도 있기 때문이다. 사람들은 결과에도 관심이 많지만 이유도 알고 싶어 한다.

표 7-3 | 환율 이론과 실제

A: 이론가		B: 실전가
X가 일어나면 환율 상승 Y가 일어나면 환율 하락	(투자 전)	A가 B에게 옆의 내용을 알려줌
X가 일어날 것으로 생각하고 달러 매입	(투자)	Y가 일어날 것으로 생각하고 달러 매도
손해	(결과: Y가 일어남)	이익

⑥ 인과관계의 혼동

어둠이 오니 가로등이 켜진 것인지 가로등이 켜지니 어둠이 오는 것인지의 문제다. 금리가 상승했다고 하자. 경제가 불황에 빠져서 기업들의 신용위험이 커지면 돈을 떼일 염려가 커지므로 빌려주는 입장에서는 그 위험을 감수하기 위해 높은 금리를 책정하게 된다. 이런 상황에서는 금리가 상승한다 해도 외국인 자금이 유입되지 않는다. 오히려 외국인 자금이 유출되어 환율이 상승할 수 있다. 경제가 활황기일 때도 투자에 대한 위험이 적어지고 자금 수요가 많아져서 금리가 상승한다. 이런 경우 수익률이 높아져서 외국인 자금이 유입되고 환율은 하락한다. 다시 말하면, 경제 불황의 결과로 금리가 올라간 것인데, 금리가 높아서 자금 수요가 많은 것으로 인과관계를 혼동하면 안 된다.

주식과 채권의 투자 비중에 따라 금리의 영향도 달라질 수 있다. 일반적으로 우리나라 금리가 상승하면 원화 수익률이 상승하고 달러 수익률은 하락하여 환율은 하락하게 된다. 그러나 외국인의 주식 투자 비중이 높은 경우에는 금리 상승의 효과가 다르게 나타날 수 있다. 예컨대 금리가 상승하면 주가는 하락하므로 주식 투자 자금은 감소하지만 채권에 대한 투자 자금은 증가하게 된다. 이때 외국인 투자가 주식 중심으로 되어 있다고 한다면 주식 자금에서의 외국인 자금 유출이 채권으로의 자금 유입보다 커서 달러의 공급이 감소할 수 있다. 환율이 상승할 수 있는 것이다.

또한 금리가 후행적으로 오르는가 선행적으로 오르는가에 따라 주가에 미치는 영향이 달라지고 이에 따라 환율에 미치는 영향도 달라질 수 있다. 즉, 앞에서 설명한 바와 같이 식으로 나타내면 다음과 같이 단순화할 수 있다.

$$주가 = \frac{CF}{(1 + r + risk)}$$

여기서 CF는 이 기업의 현금흐름을 나타내고 r은 금리, risk는 주가 위험을 나타낸다. 이 식에 따르면 주가는 이 기업이 창출할 수 있는 현금흐름에 비례하고 기회비용인 금리에 반비례한다. 기업의 현금흐름(CF)이 좋은 상태에서 금리가 뒤따라 오르는 경우에는 현금흐름의 증가세가 금리 상승세보다 강하므로 (CF↑ > r↑) 주가는 계속 상승한다. 반대로 경기 과열을 완화하기 위해 통화당국이 금리를 인위적으로 올리는 경우에는 현금흐름 증가세보다 금리 상승세가 더 커서 (CF↑ < r↑) 주가는 상승세를 멈추거나 하락하게 된다. 경기가 좋지 않아서 금리가 오르는 경우에는 현금흐름이 나쁜데 금리마저 올라(CF↓, r↑) 주가는 최악의 상황이 된다. 금리 변동이 선행적인가 후행적인가에 따라 금리 상승이 환율에 미치는 영향은 다음과 같이 정리된다. 1)후행적 금리 상승: 금리↑ → 주가↑ → 외국인 주식 자금 ↑ → 달러 공급 증가로 환율은 하락하고, 2)선행적 금리 상승: 금리 ↑→ 주가↓ → 외국인 주식 자금↓ → 달러 공급 감소로 환율은 상승하게 된다.

그럼에도 환율을 예측해야 하는 이유

　미래환율을 예측하기가 매우 어려운데도 많은 사람이 전문가들에게 전망을 물어본다. 언론에는 환율의 향후 방향성과 관련된 내용이 늘 실린다. 연말에 각종 연구소에서 나오는 전망 보고서에 환율 전망은 약방의 감초처럼 들어간다. 틀릴 것을 알면서도 전망하고 예측하는 이유는, 우리는 설명이 필요한 존재이기 때문이다. 『호모 사피엔스』의 저자 유발 하라리는 호모 사피엔스는 설명과 납득을 중요시하며 이는 인류의 특징이자 발전의 배경이라고 주장한다. 환율이 어떻게 될 것인가를 서로 공감하는 방식의 언어로 설명해야 이를 다시 다른 사람에게 전파하거나 설명하고 설득할 수 있고, 그렇게 해야 일이

진척되는 것이다. 우리가 하는 많은 일은 여러 전제를 서로 공유하면서 진행된다. 이런 전제들에 대해서 매사 다른 생각을 가지고 있다면 일은 이루어지지 않는다. 그러한 전제들이 틀리더라도 상관이 없다. 일단 서로 공감과 합의가 이루어지면 된다. 이를 위해서 권위 있는 전문기관의 전망치가 필요한 것이다. 이 기관의 전망치가 틀리더라도 이 기관보다 더 잘하는 곳은 없다는 권위가 있으면 되는 것이다.

환율의 예측이 필요한 두 번째 이유는 조지 소로스George Soros와 같은 생각이다. 조지 소로스는 예측을 '맞히는 영역'이 아니라 '끊임없이 수정하고 대응해야 하는 영역'이라고 본다. 그래서 금융시장도 '예측의 영역'이 아니라 '대응의 영역'으로 본다. 즉 투자자들이 시장과 상호작용을 하는 상황에서 정확하게 예측하는 것은 무의미하다는 것이다. 투자의 세계에서는 '예측하고 행동하고 시장이 변하면 대응하는' 방식밖에는 없다는 것이다. 따라서 틀리더라도 예측을 하고 그에 따라 행동하고, 예측치와 다른 방향으로 경제가 움직이면 예측치를 수정하고 그에 기반하여 행동하는 것을 반복해야 한다.

환율 **노트** 핵심 **정리**

1   환율을 예측하는 이유: 이익 추구, 손실 최소화, 준거 기준 필요

2   환율 예측 모델 중 가장 좋은 모델: 랜덤워크 모델 → 환율은 어디로 튈지 모른다는 모델
그동안 랜덤워크 모델보다 나은 모델을 많이 개발하려 했으나 모두 랜덤워크 모델보다 예측력이 떨어짐

3   랜덤워크 모델이 가장 예측력이 높다는 의미: 내일의 환율은 오늘의 환율의 일정 구간 범위 내에서 결정될 것이라는 예측이 잘 맞다는 의미 → 즉 내일의 환율 예측에 가장 중요한 변수는 오늘의 환율

4   환율 예측이 잘 맞지 않는 이유: ①예측 모델 자체가 틀린 경우, ②자료가 부족한 경우, ③예측을 위해 또 다른 예측을 해야 할 경우, ④모델과 자료는 잘 맞지만 상황이 바뀌는 경우

5 이론에 밝은 스승보다 감각이 뛰어난 제자가 환율을 더 잘 예측하는 이유: 환율 예측의 전제가 되는 요소들도 예측해야 하는데, 이를 예측하는 것은 스승보다 실전에 뛰어난 제자가 더 잘할 가능성이 큼
(예: '금리가 오르면 환율 하락'이라는 이론 → 스승은 금리가 오를 것이라고 예상하고 제자는 금리가 내릴 것이라고 예상했다면 스승은 환율 하락, 제자는 환율 상승으로 예측 → 실제로 감각이 뛰어난 제자의 예측대로 금리가 내리면 환율이 상승하는 것으로 결론 → 스승보다 제자가 환율 예측을 잘한 결과)

6 그럼에도 불구하고 예측이 필요한 이유: 우리는 설명을 좋아하는 호모 사피엔스이기 때문

3부

환율 고수 되기 :
전문가와 맞짱 뜨기

이제 환율의 고수가 되기 위한 마지막 관문이다. 3부에서는 외환시장에서 거래되는 각종 상품과 존재 이유, 어떤 원리에 의해서 거래되고 가격이 결정되는지, 그리고 환율에는 어떤 영향이 있는지 등에 대해서 살펴본다. 대표적으로 알아야 하는 상품 또는 거래는 선물환, 통화선물, 통화옵션, 외화콜, 그리고 스와프 거래 등이다. 이들을 이해하게 되면 외환시장의 작동 원리도 자연스럽게 터득할 수 있고, 각종 분석 보고서에서 나오는 다양한 설명을 대부분 자기 것으로 소화할 수 있으리라 생각한다. 환율과 관련해서는 고수라고 자부해도 될 것이다. 덧붙여서 환율과 관련한 상품의 작동 원리에 중요한 3가지 요인을 따로 뽑아서 별도로 다루었다. 외환 포지션 조정, 헤지 거래, 그리고 차액 거래인데 이들을 잘 이해해두면 환율을 포함해 다양한 금융상품과 파생상품에 대한 이해의 폭이 넓어질 것이다. 이 책에서 3부 내용을 가장 심혈을 기울여 썼는데, 다른 책과 차별화된 부분이기도 하므로 잘 활용하길 바란다.

8장

선물환

현물환과 선물환

　외환 거래는 크게 현물환과 선물환으로 대별된다. 현물환 거래는 우리가 일반적으로 생각하는 외환 거래이다. 외화를 바로 사고파는 거래이므로 현재의 환율 시세가 여기에서 결정된다. 현물환 거래가 일어나는 시장이 현물환시장이다. 3장에서 설명한 외환시장은 현물환시장을 염두에 두고 설명한 것이다. 현물환 거래가 계약과 동시에 결제가 일어나는 것과 달리 선물환 거래는 계약과 결제의 발생 시점이 다르다. 자주 비교되는 것이 배추와 같은 농작물을 입도선매하는 것과 비슷하다. 즉 가을에 나올 배추를 봄에 미리 계약하고 결제는 수확이 되는 가을에 하는 식이다. 달러 거래도 계약은 오늘 체결하고 결제는 3개월 후에 할 수 있는데 이를 선물환 거래라고 한다. 현물환과 선물환에서 '환'은 달러라고 생각하면 된다. 현물환을 매입한다고 하면 달러를 즉시 매입하는 것을 말하고, 선물환을 매입한다고 하면 달러를 예컨대 1년 후에 매입한다는 말이다.

현물환과 선물환을 가르는 2영업일

3장에서 설명한 바와 같이 일반인들이 환전할 때 직접 경험하는 소매시장(대고객 시장)은 계약과 거래가 동시에 일어난다. 은행 창구에서 직접 달러를 사거나 여행자수표를 사거나 송금하는 경우 현재의 달러 가격(환율)으로 즉시 거래된다는 점에서 현물환 거래이다. 요즘같이 은행의 금융 거래 앱이 발달한 때에는 앱으로도 쉽게 달러를 사고팔 수 있다. 하지만 소매시장은 엄밀한 의미에서 외환시장이 아니므로 현물환 거래는 통상 도매시장(은행 간 시장)에서 거래되는 것을 기준으로 한다.

흥미롭게도 소매시장에서의 거래가 즉시 일어나는 것과 달리 도매시장(은행 간 시장)에서의 현물환 거래는, 계약은 오늘 하되 결제는 당일이 아닌 2영업일[12]에 이루어진다. 당장 결제가 되지 않기 때문에

---

12   2영업일이라 함은 은행 영업일 기준으로 2일을 말한다. 통상 토요일과 일요일, 그리고 공휴일은 영업하지 않으므로 이런 휴일을 제외한 2일에 결제가 이루어진다는 의미다. 예컨대, 수요일에 계약이 이루어졌는데 목요일과 금요일이 연휴라면, 이들 연휴를 제외하고 2일이 지난 다음 주 화요일에 결제가 이루어진다.

선물환 거래가 아닌가 할 수 있지만, 기술적인 문제로 결제를 2영업일로 정하고 있다. 즉시 거래가 이루어지지 않고 2영업일의 여유를 두는 것은 도매시장에서의 거래 규모가 최소 100만 달러로 커서 물량 확보 등 준비 시간이 필요하기 때문이다.

따라서 선물환 거래는 실무상으로 3영업일 이후에 결제하는 외환 거래를 말한다. 통상 가장 많이 거래되는 선물환은 1개월, 3개월, 6개월, 1년 등이고 각각 선물환 1월물, 3월물, 6월물, 1년물 등으로 불린다. 그리고 재미있는 점은 선물환 1월물의 결제 시점 기산일이 2영업일부터라는 것이다. 즉 선물환 1월물의 결제 시점은 1개월 + 2영업일이 된다.

그림 8-1에 현물환율, 선물환율, 그리고 미래환율의 차이점을 그림으로 설명해놓았다. 현물환은 오늘 계약하고 오늘(실제로는 2영업일) 결제하는 것이고, 선물환은 오늘 계약하고 일정 기간(예컨대 1년 후) 후에 결제(실제로는 1년+2영업일)하는 것이고, 1년 후 미래환율은 1년 후 계약하고 1년 후(실제로는 1년+2영업일)에 결제하는 것을 말한다.

그림 8-1 | 현물환율, 선물환율, 미래환율의 계약과 결제

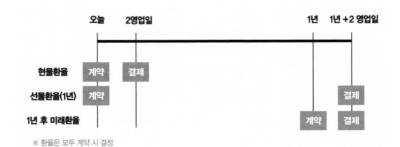

선물환율은 어떻게 결정될까?

선물환율은 달러가 미래에 거래(인도)되는 특성 때문에 미래환율의 예측치라는 오해를 할 수 있다. 선물환율 1월물은 1개월 후의 환율을 나타낸다고 말이다. 그러나 선물환율은 미래환율 또는 미래환율 예측치와는 상관이 없다. 미래의 환율은 4장에서 설명한 환율에 영향을 미치는 여러 요인이 복합적으로 작용하여 결정되겠지만 이 요인들이 너무 많기 때문에 실제 예측하는 것이 불가능하다(7장에 환율의 예측이 왜 어려운지에 대해 자세히 설명해놓았다). 그렇다면 미래에 환율이 상승할 것으로 모든 사람이 예상하고 있다면 어떤 일이 벌어질까? 너도나도 달러를 사려고 해서 현재의 환율이 바로 상승하게 된다. 즉, 미래환율에 대한 예측은 현재의 환율에 녹아 들어가(반영되어) 있다고 보는 것이 합리적이다. 따라서 선물환율이 미래환율의 예측치라고 생각하는 것은 맞지 않다.

그러면 선물환율은 무엇인가? 미래의 환율이 어떻게 될지 예상할 수 없지만 '나에게' 적용되는 미래의 환율을 지금 시점에서 고정하고 싶은 사람들이 거래하는 것이 선물환 거래이다. 즉, 선물환 거래 당사자가 1년 선물환율 1,100원에 거래를 했다면, 하늘이 두 쪽 나더라도 이 거래 당사자들에게 적용되는 1년 후 환율은 1,100원이 되는 것이다. 실제로 1년 후 환율이 1,000원이 될지 1,200원이 될지는 상관없다. 따라서 선물환율은 일반적인 미래환율 예측치가 아니라 거래 당사자들에게만 적용되는 미래환율이다.

그럼, 선물환율은 어떻게 결정될까? 표 8-1에 선물환 거래의 작동 원리를 설명해놓았다. 선물환 거래는 계약은 오늘 하고 미래에 돈을 지급하는 것이 핵심이다. 표 8-1 첫 번째 사례에서 보듯이 금을 사려고 하는데 대금을 오늘 지급하면 한 돈에 30만 원이라고 하자. 그러면, 돈을 1년 후 지급하면 얼마를 줘야 할까? 1년간 이자(3%라고 하자) 9,000원을 얹어서 주면 된다. 즉 '30만 원 + 이자(9,000원) = 30만 9,000원' 이 금의 선물가격(1년물)이 된다. 같은 논리로 오늘 1,000원을 주고 1달러를 사면 이 1,000원은 현물환율이다. 1년 후엔 얼마를 지급해야 할까? 1년간 이자를 얹어 주면 1,000원 + 이자(30원) = 1,030원이 선물환율이 된다.

그런데 돈도 늦게 주지만 물건도 늦게 받기 때문에 발생하는 비용을 함께 생각해야 한다. 표 8-1의 두 번째 사례는 물건을 늦게 받을 때 비용이 발생하는 경우다. 아파트 가격이 10억 원이고 이 아파트의 1년간 월세가 2,000만 원이라고 할 때 오늘 바로 사고 돈도 지급한다면 10억 원이면 된다. 그러나 1년 후에 주고받는다고 하면, 1년간 이자를 얹어주는 대신 아파트를 1년 후에 받기 때문에 못 받는 월세 2,000만 원은 제하고 주어야 한다. 즉, 10억 원 + 이자(3,000만 원) - 월세(2,000만 원) = 10억 1,000만 원이 이 아파트의 선물가격이 된다. 달러도 앞에서는 이자가 전혀 없는 것처럼 가정했지만 이자(예컨대 2%)가 있다. 따라서 선물환율도 현물환율 1,000원 + 원화 이자(30원) - 달러 이자(20원) = 1,010원이 되는 것이다.

표 8-1 | 선물환의 작동 원리

| 사례 1 | 돈을 늦게 지불하면 이자를 더해 지급

	현재 지급	1년 후 지급
금값	30만 원(현물 가격)	30만 원 + 이자 = 선물 가격
달러 값 = 환율	1,000원(현물환율)	1,000원 + 이자 = 선물환율

→ 선물 가격, 선물환율에는 이자를 포함하고 있기 때문에 통상 현물 가격, 현물환율보다 높다.

| 사례 2 | 물건을 늦게 받으면 이를 감안해서 지급

	현재 지급	1년 후 지급
아파트값 (1년 월세 2,000만 원)	10억 원(현물 가격)	10억 원 + 이자 − 2,000만 원 = 선물 가격
달러 값(금리 2%)	1,000원(현물환율)	1,000원 + 원화 이자 − 달러 이자 = 선물환율

→ 아파트를 늦게 받아서 생기는 손해가 돈을 늦게 주어서 생기는 이익보다 크면 아파트 현물 가격이 선물 가격보다 높아진다. 원화 이자보다 달러 이자가 더 크면 현물환율이 선물환율보다 높아진다.

선물환(달러)을 사려는 사람과 팔려는 사람이 나누는 표 8-2 대화를 보면 선물환율이 어떻게 결정되는지 좀 더 체감할 수 있다.

표 8-2 대화는 선물환율이 결정되는 과정을 잘 설명하고 있다. 여기서 현물환율은 1,000원, 1년물 선물환율은 1,010원이 된다. 이제 일반적으로 선물환율이 어떻게 결정되는지 살펴보자. 선물환율도 달러의 가격이다. 현물환율이 오늘 당장 살 수 있는 달러의 가격이라면 선물환율은 일정 기간 후에 인도받는 달러의 가격이다. 결제가

표 8-2 | 선물환 거래자들이 선물환율을 결정하는 과정

상황 현재 환율(달러 가격) 1,000원, 원화 금리 3%, 달러 금리 2%

〈선물환 거래자들의 협상 대화〉

매입자: 제가 달러를 사야 하는데 사정이 생겨서 오늘 계약은 하되 1년 후에 돈을 드리면
안 될까요?

매도자: 잘됐네요. 저도 마침 사정이 생겨서 1년 후에 달러를 드리면 좋겠습니다.

매입자: 그러면, 현재 달러 시세가 1,000원이니까 1년 후에 1,000원을 드릴 테니 그때 1달
러 주세요. 계약합시다.

매도자: 네? 그렇게 하면 제가 손해 보는 것 같은데요.

매입자: 왜요?

매도자: 지금 저에게 1,000원을 바로 주시면 1년간 30원의 이자(원화 금리가 3%이므로)가 나
오는데 1년 후에 주시면 30원만큼 제가 손해인데요. 그걸 보상해주셔야 거래가 성
사될 것 같습니다.

매입자: 아, 그렇군요. 그런데 매도자님도 달러를 저에게 늦게 주시잖아요? 달러 이자가
0.02불(달러 금리가 2%이므로), 즉 20원은 이익을 보시니까 그 부분은 깎아야 할 것
같은데요.

매도자: 그렇네요. 그럼, 30원-20원, 즉 10원을 저에게 더 주시면 될 것 같습니다.

매입자: 그렇게 하면 깔끔하네요. 서로 손해도 이익도 보지 않고 공평한 것 같습니다. 지금
계약서 쓰고 1년 후에 1달러를 주십시오. 그때 1,010원을 드리겠습니다.

나중에 이루어지기 때문에 계약과 결제일 사이에 발생하는 이익이
나 손실을 정산해서 가격에 반영해주어야 거래가 이루어진다. 선물
환을 파는 사람의 입장에서 보자. 현재 1,000원 하는 달러를 1년 후
에 인도하는 계약을 맺었다고 한다면, 1,000원을 1년간 못 받게 되어
1,000원에 대한 이자를 손해 보게 된다. 따라서 이 부분을 더 받아야

거래가 이루어진다. 한편, 달러도 1년 후에 인도하기 때문에 그동안 달러에 대한 이자가 생긴다. 이것은 선물환을 파는 사람에게 이익(선물환을 사는 사람에게는 손실)이다. 따라서 이 부분은 제외하고 받아야 한다. 이상의 내용을 종합하면 선물환율은 현물환율에 원화 이자와 달러 이자의 차이를 더해서 결정된다. 여기서 원화 이자는 선물환 매도자(달러를 파는 사람)가 원화를 1년간 못 받아서 생기는 손해(비용)이고, 달러 이자는 선물환 매도자가 달러를 1년간 넘기지 않고 보유함으로써 생기는 이익이다. 이를 정리하면 아래와 같다.

따라서 원화 금리가 달러 금리보다 높으면, 원화를 나중에 받기 때문에 생기는 손실이 더 커지므로 선물환율은 현물환율보다 높고, 반대로 원화 금리가 달러 금리보다 낮으면, 원화를 나중에 받음으로써 생기는 이익이 더 크기 때문에 선물환율은 현물환율보다 낮아진다. 따라서 선물환율과 현물환율을 비교하면 어느 화폐의 금리가 높은지

■ **선물환율을 이해하는 틀(1)**

▶ **선물환율** = (일정 기간 이후에 결제하는) 달러의 가격

= 현재의 달러 가격(=현물환율) + 결제를 나중에 함으로써 발생하는 매도자의 순손실(비용)

▶ **결제를 나중에 함으로써 발생하는 매도자의 순손실**

= 원화를 늦게 받아서 생기는 이자 손실 − 달러를 늦게 지급함으로써 생기는 달러 이자 = 원화 금리 − 달러 금리

⇒ **선물환율 = 현물환율 + (원화 금리 − 달러 금리)**

알 수 있고, 반대로 원화 금리와 달러 금리를 알고 있으면 선물환율이 현물환율보다 클지 작을지를 알 수 있다.

선물환은 달러와 원화를 서로 빌려주는 거래

선물환 거래를 이해하는 또 다른 방식은 달러와 원화를 서로 빌려주는 거래로 이해하는 것이다. 선물환을 파는 사람은 달러를 넘겨야 하는데 아직 넘기지 않고 일정 기간 가지고 있으므로 상대방으로부터 달러를 일정 기간 빌린 것으로 볼 수 있다. 반대로 선물환을 사는 사람은 원화를 지급해야 하는데 주지 않고 일정 기간 가지고 있으므로 원화를 상대방으로부터 일정 기간 빌린 셈이다. 따라서 선물환을 파는 사람은 사는 사람에게 빌린 달러에 대한 이자를 지급하고, 선물환을 사는 사람은 파는 사람에게 원화에 대한 이자를 지급하는 것이 공평하므로 선물 달러 가격(선물환율)은 현물환율에 주고받을 이자 차이를 계산해서 결정된다. 원화 금리가 달러 금리보다 더 높다면, 원화를 빌린 선물환 매입자가 그 차이만큼 더 주어야 하므로 선물환율은 현물환율보다 높게 된다. 반대로 달러 이자가 더 높다면, 원화를 빌린 선물환 매입자가 그 차이만큼 덜 주어도 되므로 선물환율은 현물환율보다 낮아진다.

선물환 거래는 원화와 달러를 서로 빌리는 거래와 같음

▶ 선물환 매입자: 달러를 나중에 받고 원화를 나중에 지급

→ 달러를 빌려주고 원화를 빌린 것과 같음

→ 원화 이자는 주고 달러 이자는 받아야 함

⇒ **선물환 사는 가격 = 선물환율 = 현물환율 + (원화 금리 − 달러 금리)**

▶ 선물환 매도자: 원화를 나중에 받고 달러를 나중에 넘겨줌

→ 원화를 빌려주고 달러를 빌린 것과 같음

→ 원화 이자는 받고 달러 이자는 주어야 함

⇒ **선물환 파는 가격 = 선물환율 = 현물환율 + (원화 금리 − 달러 금리)**

선물환율은 미래환율에 대한 예측치인가?

다시 한번 질문해보자. 선물환율은 미래환율에 대한 예측치인가? 앞에서 미래환율과 직접 관련이 없다고 설명했지만 엄밀히 말하면 반은 맞고 반은 틀리다. 선물환율은 현물환율에 원화와 달러의 금리 차를 반영하여 결정된다고 했다. 따라서 현물환율이 결정되면 원화와 달러의 금리 차만 잘 반영해 거래하면 된다. 이 과정에서 미래환율에 대한 예측이 개입될 여지는 없다. 그런데 미래에 환율이 올라갈 것이라고 모두가 예측한다면, 선물환율은 어떻게 될까? 선물환율도 올라간다. 왜냐하면 환율이 상승할 것이라고 모두 예측하면 달러를 미리 확보해두려고 하기 때문에 현물환율이 상승하고 선물환율은 현

물환율 + (원화 금리 – 달러 금리)이기 때문에 그만큼 같이 올라가게 된다. 이런 점에서 보면 선물환율이 미래환율을 예측한다고 할 수 있다. 하지만 선물환율이 올라간 것은 현물환율이 올라갔기 때문으로, 미래환율에 대한 예측은 현물환율에 모두 반영되어 있다고 볼 수 있다. 선물환율은 현물환율이 어떻게 결정되든지 상관없이 (원화 금리 – 달러 금리)만큼만 조정한 것이라는 점을 생각하면, 선물환율이 미래환율의 예측치라는 것은 틀린 말이다.

다시 정리해보면, 선물환율은 결과적으로 미래환율의 전망에 따라 움직이지만(왜냐하면 현물환율이 움직이기 때문에), 그 결정 원리를 보면 미래환율에 대한 전망보다는 원화와 달러의 금리 차에 의해 움직인다고 할 수 있다. 그래서 미래환율과 직접 관련이 있다는 말은 반은 맞고 반은 틀리다는 것이다.

선물환은 '스와프포인트'로 거래된다

앞에서 선물환에 대한 이해를 위해 다양한 방법으로 장황하게 설명했다. 이는 선물환을 대충 이해하고 넘어가면 환율도 대충 이해하는 수준에서 벗어나기 어렵기 때문이다. 앞에서 설명한 내용은 필자가 선물환율에 대한 감을 잡기 위해서 그동안 시도한 여러 가지 설명의 틀을 소개한 것이므로 각자 이해하기 쉬운 설명 틀을 선택해서 개념을 잘 익혀두기 바란다.

지금까지 선물환에 대한 설명을 종합해보면, 선물환율을 결정하는 가장 중요한 변수는 결국 원화와 달러의 금리 차임을 알 수 있다. 현물환율이 변하면 선물환율도 따라서 변하지만, 선물환 거래를 하는 사람들은 여러 변수로 인해 시시각각 변하는 현물환율의 변동에 대체로 관심이 적다. 현물환율은 이미 주어진 것이고 금리 차만 반영하여 선물환율을 결정하면 서로 간에 공평하기 때문이다. 따라서 실제 거래가 일어날 때 선물환율로 거래하는 것이 아니고 금리 차로 거래를 한다. 이를 '스와프포인트'라고 부른다. 그 이름에 대해서는 외환 스와프 거래에서 설명하겠지만, 지금 단계에서는 선물환 거래가 원화와 달러를 서로 빌리고 빌려주는(즉 스와프 또는 교환) 거래로 이해하는 '선물환율을 이해하는 틀(2)'과 관련이 있다는 정도만 정리하고 넘어가자.

스와프포인트는 현물환율과 선물환율과의 차이를 말한다. 결국은 금리 차(= 원화 금리 – 달러 금리)와 같다. 그런데 실제 외환시장에서는 선물환율이 결정된 후 사후적으로 스와프포인트가 정해지는 것이 아니라 스와프포인트가 먼저 정해진 후 사후적으로 선물환율이 정해진다. 거래 당사자들은 현물환율의 움직임과 관계없이 현물환율에 추가적으로 얹어주어야 할(또는 빼야 할) 스와프포인트를 표 8-2에서 협상하듯이 결정하는 것이다. 이 스와프포인트는 결국 금리 차를 중심으로 결정될 것이다. 1월물 선물환 스와프포인트 10원이라고 오퍼를 내서 이를 상대방이 받아들인다면 스와프포인트가 10원으로 정해지고, 이 계약이 있기 직전에 결정되는 현물환율에 10원을 더해서 선물환율이 결정되는 방식이다. 즉, 스와프포인트 10원이 먼저 정해지고 현물환율이 1,005원이었다면 선물환율은 1,015원으로 결정되는 것이다. 현물환율은 여러 요인에 따라 변동성이 크기 때문에 현물환율의 변동을 일일이 확인해 선물환율을 정하는 것이 아니라 현물환율이 어떻게 변하든지 간에 그사이에 발생하는 이자 차이(스와프포인트)만 결정해서 거래하는 방식이다.

표 8-3 | 스와프포인트와 선물환율

> ▶ 스와프포인트 = 원화 금리 − 달러 금리
> = 선물환율 − 현물환율
>
> ▶ 선물환율 = 현물환율 + 스와프포인트

좀 다르게 결정되는 실제 선물환율

다시 한번 강조하지만 선물환은 환율과 금리가 섞여 있는 거래이다. 달러를 사긴 하지만 일정 기간 달러와 원화를 서로 교환하지 않음으로써 실질적으로는 서로 원화와 달러를 빌려주는 거래가 내포되어 있다. 이 기간 동안 발생하는 이자를 서로 계산해서 많이 받아야 하는 쪽이 그만큼을 상대방에게 지불하는 것이 선물환 거래의 핵심이다. 선물환은 이렇게 달러와 원화를 서로 빌리는 거래가 내재되어 있으므로 각각의 이자가 매우 중요하다.

달러의 이자는 국제 금융시장에서 결정되고 원화의 이자는 국내 금융시장에서 결정된다. 그런데 선물환 거래는 국내 금융시장에서 이루어진다. 여기서 재미있는 상황이 발생한다. 달러는 국제 금융시장보다는 국내 금융시장에서 더 가치를 높게 쳐준다는 것이다. 왜냐하면 국내 금융시장에서는 달러가 귀하기 때문이다. 그리고 국내 금융기관은 국제 금융시장에서 달러를 구하려고 할 때 글로벌 금융기관과 달리 달러를 구하기가 쉽지 않다. 달러를 빌릴 때도 외국 금융기관보다 높은 이자로 빌릴 수밖에 없다. 외국 금융기관보다 신용이 낮기 때문이다. 이러한 이유로 선물환시장에서 달러는 원화보다 좀 더 귀한 대접을 받는다. 국제 금융시장에서의 달러 금리보다는 국내 금융시장에서의 달러의 금리가 더 높은 것이다. 이를 '달러 프리미엄'이라고 한다. 따라서 우리나라에서 선물환 거래를 할 때에는 달러 금리를 국제 금융시장에서 결정되는 것보다 높게 쳐준다. 다음과 같은 식이 된다.

> **선물환시장에서 달러의 금리**
> **= 국제 금융시장에서의 달러 금리 + 달러 프리미엄**

선물환율을 결정할 때 적용되는 달러 금리는 달러 프리미엄을 함께 생각해야 한다. 이를 선물환율의 결정 공식에 적용해보면 다음과 같다.

> **선물환율 = 현물환율 + 원화 금리 - (국제 금융시장에서의**
> **달러 금리 + 달러 프리미엄)**

여기서 원화 금리 - 국제 금융시장에서의 달러 금리는 내외 금리 차이므로 이 식은 다시 아래와 같이 정리할 수 있다.

> **선물환율 = 현물환율 + 내외 금리 차 - 달러 프리미엄**

현물환율이 1,000원이고 국제 금융시장에서의 달러 금리가 1%, 원화 금리가 2%일 때 실제 선물환율이 1,010원이 아니라 1,005원으로 결정된다면, 이때 5원이 달러 프리미엄이다. 이 달러 프리미엄은 국내 시장에 달러가 풍족하면 내려가고 부족하면 올라간다. 그래서 이 달러 프리미엄을 보면 우리나라의 달러 유동성 상황을 짐작할 수 있다.

여기서 내외 금리 차가 나오는데, '내'는 국내를 뜻하고 '외'는 해외(즉, 국제 금융시장)를 뜻하므로 내외 금리 차(국내 금리-국외 금리)는 즉, '원화 금리-국제 금융시장에서의 달러 금리'를 말한다. '내외' 순서 그대로다. 이렇게 정리해놓으면 나중에 헷갈리지 않는다.

스와프포인트는 국내 금융시장의 달러 유동성 상황을 보여준다

앞에서 실제 선물환 거래는 선물환율로 거래되기보다는 스와프포인트로 거래된다고 설명한 바 있다. 3개월 선물환 거래가 2원에 체결되었다고 하면, 스와프포인트가 2원이라는 의미이고, 선물환율은 체결 당시의 현물환율에 2원을 더한 값으로 결정된다. 이렇게 거래하는 이유는, 선물환 거래를 하는 사람들에게는 현물환율이 아니라 선물환시장에서의 달러와 원화의 이자율 차이가 중요하기 때문이다. 즉 내외 금리 차와 거기에 덧붙여서 달러 프리미엄이 어느 정도인지가 관건이다. 현물환율은 현물시장에서 환율을 움직이는 여러 요소에 따라 결정되므로 선물환 거래를 하는 사람들은 현물환율에는 관심이 적다. 현물환율이 어떻게 움직이든지 상관없이 1개월 후, 2개월 후에 내게 적용되는 환율을 고정시키고 싶은 사람들은 현물환율(현재의 달러 가격)에 그 기간 동안의 이자율 차이와 달러 프리미엄을 고려하

그림 8-2 | 선물환율 결정 과정

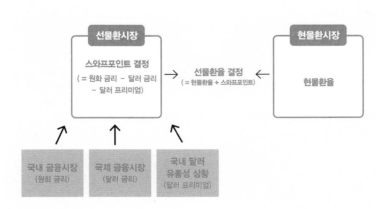

여 스와프포인트를 정하고 선물환을 거래하는 것이다. 이런 점에서 이름은 '환율'이라고 붙여져 있지만 선물환시장은 외환시장이라기보다는 외화 자금시장 성격을 함께 지닌다. 외환시장은 환율이 결정되는 시장이고 외화 자금시장은 금리(선물환 거래의 경우 스와프포인트)가 결정되는 시장이라는 측면에서 그렇다. (그림 8-2)

실제 거래되는 스와프포인트는 달러 프리미엄을 포함하므로 스와프포인트의 움직임을 보면 국내 시장에서 달러 유동성의 상황을 파악할 수 있다. 달러 프리미엄을 감안하여 스와프포인트를 다시 정리해보면, 다음과 같다.

표 8-4 | 스와프포인트와 내외 금리 차

스와프포인트 = 선물환율 − 현물환율

= 내외 금리 차 − 달러 프리미엄

표 8-3에서 정리한 스와프포인트와 혼동하지 말자. 보통의 환율 교과서에서는 표 8-3에서 '원화 금리 − 달러 금리'를 '내외 금리 차'라고 표현하는데, 이는 엄밀한 의미에서 보면 잘못된 설명이다. 표 8-3에서의 달러 금리는 선물환시장에서의 달러 금리이며 국제 금융시장에서 결정되는 달러 금리와는 다르다. 엄밀한 의미에서의 내외 금리 차는 '원화 금리 − 국제 금융시장에서의 달러 금리'를 말하고, 국제 금융시장에서의 달러 금리는 선물환시장에서의 달러 금리와 다르다. 따라서 표 8-3에서의 '원화 금리 − 달러 금리'를 내외 금리 차로 설명하는 것은 맞지 않다.

선물환시장에서의 달러 금리(즉, 표 8-3에서의 달러 금리)는 국제 금융시장에서의 달러 금리에 달러 프리미엄이 더해진 금리다. 이 점을 간과하면 실제 스와프포인트와 일반 교과서에서 설명하는 스와프포인트가 달라서 혼란스러울 수 있으니 주의해야 한다.

그림 8-3 | 스와프포인트(3월물, 6월물) 움직임

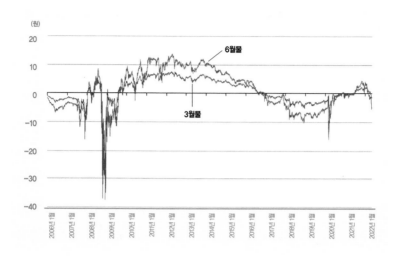

스와프포인트 직관적으로 이해하기

금융시장에서 사용하는 개념을 직관적으로 이해하는 가장 좋은 방법은 가격 개념을 활용하는 것이다. 원화 금리는 원화의 가치로 이해하고 달러 금리는 달러의 가치, 환율은 달러의 가격으로 이해하는 방식이다. 스와프포인트도 이상언어에 속하기 때문에 직관적으로 이해하지 않으면 헷갈릴 수 있다. 필자는 스와프포인트를 선물환시장에서 결정되는 가격 변수로 전환해서 이해한다. 즉 선물환시장에서의 '원화의 상대적 가치'라고 이해하면 잊어 버리지 않는다. 선물환시장이 달러가 거래되는 시장이라는 점에서 '달러의 상대적 가치'라고 하면 더 좋았겠지만, 불행히도 스와프포인트는 '원화의 상대적 가치'다. 이를 확장하면 '원화의 상대적 금리'로 연결될 수 있다. 따라서 스와프포인트가 올라가면 원화의 상대적 가치가 올라갔구나 또는 원화 금리가 상승했구나, 라고 생각하는 것이다.

달러 프리미엄이 떨어져도 스와프포인트는 상승한다. 달러가 국내 시장에서 귀한 정도가 떨어진다는 의미는 원화 가치가 상대적으로 올라간다는 것과 같다. 즉, 원화 금리가 상승했든지 달러 프리미엄이 하락했든지 간에 스와프포인트가 상승한다는 것은 원화가 귀하게 대접받고 있다는 것이다. 엄밀성은 다소 떨어지지만 쉽게 이해하고 기억할 수 있어서 필자는 '스와프포인트 = 원화의 가치'라고 기억한다. 그러면 원화의 가치가 떨어질 일이 발생할 때는 스와프포인트도 떨어지겠구나 하고 본능적으로 느낄 수 있고, 달러의 가치가 떨어질 것 같은 일이 발생할 때는 스와프포인트가 상승하겠구나 하고 예상할 수 있다.

스와프포인트의 움직임은 내외 금리 차와 달러 프리미엄에 따라 변하게 되는데, 통상 각국의 금리가 급변하는 상황은 많지 않기 때문에 내외 금리 차에 큰 변동이 없다고 한다면 스와프포인트의 움직임은 대부분 달러 프리미엄에 의해 좌우된다. 즉, 국내에 달러 유동성이 부족한 상황일 경우 달러 프리미엄이 상승해서 스와프포인트가 하락할 것이고 국내에 달러 유동성이 풍부한 상황이라면 달러 프리미엄이 하락해서 스와프포인트는 상승할 것이다. 즉 스와프포인트가 상승하면 달러 유동성이 괜찮다고 볼 수 있고 스와프포인트가 하락하면 달러 유동성이 좋지 않다고 판단할 수 있다. 그림 8-2는 2006년부터 최근까지 스와프포인트의 움직임인데, 2008년 글로벌 금융 위기 때와 2020년 코로나19 위기 때 스와프포인트가 급격하게 하락하는 모습을 볼 수 있다. 달러 프리미엄이 너무 커져서 내외 금리 차(원화 금리가 더 크다)에도 불구하고 마이너스를 보이고 있다.

선물환이 필요한 이유

다른 거래와 마찬가지로 선물환 거래도 필요에 의해서 생겨났다. 애초에는 환율의 변동성을 싫어하는 사람들이 자기에게 적용되는 미래의 환율을 고정하기 위한 헤지용으로 탄생했지만 이 원리를 확장하여 투기 또는 이익을 추구하기 위해 선물환을 이용하거나 위험 없이 안전하게 차익을 내기 위한 목적으로 자연스럽게 발전하게 되었다.

① 환리스크 관리를 위해 탄생하다

환율에 따라 자신의 이익이 자꾸 변하는 사람이 있다고 하자. 그중에는 환율 변동을 즐기는 사람도 있고, 싫어하는 사람도 있다. 전자를 '위험선호자risk lover'라고 하고 후자를 '위험기피자risk averter'라고 한다. 위험선호자는 외부의 상황이 변하면 이익을 볼 수도 있고 손해를 볼 수도 있는 상황을 즐긴다. 이익이 발생할 수 있다는 점을 중시하는 사람들이다. 반면에 위험기피자는 외부의 상황이 변해 내 이익이 달라지는 것을 싫어한다. 이를 극도로 싫어하는 사람들은 외부의 상황을 어떤 방식으로든 통제하여 이 상황이 내 이익에 영향을 주는 것을 최소화하려고 한다. 외부의 상황 변화로 이익도 손해도 보기 싫다는 사람들이다. 예컨대, 화장품을 잘 만들어서 파는 능력이 있는 사람은 화장품을 질 좋게 그리고 값싸게 만들어서 팔고 거기서 이윤을 얻고 싶어 한다. 그런데 이런 자기 노력과 전혀 상관없이 자기가 잘 알지도 못하는 환율이라는 외부 변수가 바뀌어서 이윤이 출렁거리는 것을 보고 싶어 하지 않는 것이다. 이런 사람들에게 선물환은 구세주와도 같다.

사례: 수출업자 A씨는 100만 달러 수출 계약 체결.
현재의 환율은 1,000원, 1년 후에 수출대금 100만 달러 받기로 함.

이러한 수출 계약을 한 수출업자 A씨는 1년 후에 10억 원을 받으면 종업원 임금, 임대료, 그리고 적당한 이윤이 날 것으로 기대하며 100만 달러로 계약한 것이다. 그런데 1년 후에 100만 달러를 받았는데 환율이 900원이 되었다고 하자. 은행에 가서 100만 달러를 환전하면 9억 원을 받는다. 수출 계약할 때 생각했던 것보다 1억 원이 부족하게 된다. 한편 환율이 1,100원이 되면 11억 원으로 환전할 수 있다. 생각지도 못한 1억 원이 더 들어온 것이다. 그런데 A씨는 환율로 인해 이익도 손해도 보고 싶지 않으며 단지 1년 후에 10억 원을 받고 싶을 뿐이라면 선물환 거래로 A씨의 의도는 충족될 수 있다.

> ### ⟨선물환으로 헤지⟩
> **1년 후에 100만 달러 매도하는 선물환 계약을 체결함.**
> **원화 이자(2%)가 달러 이자(1%)보다 1달러당 10원이 큼.**

1년간의 내외 금리 차이가 10원(원화 이자가 달러 이자보다 10원이 더 높다는 의미)이라고 하면 선물환율은 1,010원(현물환율 1,000원 + 금리 차이 10원)으로 결정된다. 여기서는 달러 프리미엄이 없다고 가정했다. 그럼, 1년 후에 100만 달러를 받아서 선물환 매입자에게 주고 선물환율 1,010원으로 환산한 10억 1,000만 원을 받으면 된다. 수출업자 A씨는 이미 확실하게 1,010원으로 환전할 것을 확정해놓은 상황이므로 1,000만 원이 더 들어왔다고 하여 당황하지 않는다. 그리고 엄격히 말하면 이 1,000만 원은 앞에서도 설명했지만 (이자가 높은) 원화를 늦게 받음으로써 발생하는 손해를 보상받는 것이기 때문에 수출업자

A씨에게 이익도 아니다. A씨는 선물환 거래를 하지 않고 100만 달러를 1년간 은행으로부터 빌려서 현물환시장에서 10억 원에 팔고 10억 원을 1년간 은행에 저축하는 방식으로도 헤지를 할 수 있다. 이렇게 되면 100만 달러에 대한 이자(100만 달러 × 1% = 10,000달러)를 지급하고 10억 원에 대한 이자(10억 × 2% = 2,000만 원)를 받아 1년 동안 1,000만 원(또는 10,000달러)의 이자수익을 얻는 것과 동일하다.

그럼 여기서 한 가지 의문이 생긴다. (의문이 생긴다면 이 책을 잘 따라오는 분이다. 그렇지 않다 하더라도 실망은 하지 마시라.) 선물환을 매입하는 상대방은 왜 이런 거래를 응해주는가? 선물환 거래의 상대방은 은행이 대부분이다. 은행은 예금을 받듯이 선물환 매입과 매도를 요청하는 고객(앞의 예에서는 수출업자 A씨)에게 응해주어야 하는 의무가 있다. 다만, 이럴 때 선물환 거래에 따른 위험이 은행으로 전가되기 때문에 은행은 고객과의 선물환 거래와 반대 거래를 은행 간 거래(도매시장)에서 함으로써 위험을 상쇄한다. 그리고 고객과의 선물환 거래와 은행 간 선물환 반대 거래에서 수수료를 남김으로써 이익을 볼 수 있다. 현물환시장과 마찬가지로 은행은 선물환도 도매시장(은행 간 시장)에서 싸게 사서 소매시장에서 비싸게(수수료만큼) 팔고, 소매시장에서 싸게 사서 도매시장에서 비싸게 파는 활동을 하는 것이다. 따라서 앞에서 설명한 선물환율 결정식은 도매시장(은행 간 시장)에서 결정되는 선물환율이고, 소매시장(대고객 시장)에서 결정되는 선물환율은 이에 은행의 수수료가 붙어서 거래된다. 고객은 선물환을 매도할 경우 도매시장보다 조금 싸게 팔아야 하고, 매입할 때는 조금 비싸게 사야 하는데,

그 차이를 은행의 수수료라고 보면 된다.

② 투기 또는 이익을 내기 위한 수단으로 발전

당초 환율 변동에 대한 헤지 수단으로 선물환 거래가 생겨났지만, 미래의 가격을 현재에 미리 확정해놓는다는 것은 미래 가격의 변화에 따라 손실과 이익이 발생할 수 있다는 것을 의미하므로 선물환은 투기(또는 투자)의 수단으로도 많이 활용된다. 배춧값이 가을에 오를 것으로 생각하는 사람은 싼 가격에 입도선매하고, 폭락을 예상하는 사람은 그보다 비싼 가격에 파는 계약을 해두면 이익을 보는 것과 같다. 현재 환율이 1,000원이고 1년간 금리 차액이 10원이라면 1년 선물환율은 1,010원으로 결정된다. 환율이 1년 후 1,200원으로 오를 것으로 생각하는 사람은 1,010원에 선물환 매입계약을 해두면 1년 후 1,010원에 달러를 받을 수 있다. 자기 예상대로 환율이 1,200원으로 오르면 달러당 190원(=1,200원-1,010원)만큼 이익을 볼 수 있다. 그러나 자기 예상과 달리 환율이 900원이 되었다면 110원(=900원-1,010원)만큼 손해를 본다.[13]

여기서 주의할 점은 헤지와 투기의 차이다. 헤지는 반드시 위험을 회피하려는 실수요가 있어야 한다. 앞에서 예를 든 수출업자 A씨는

---

13 엄밀하게 말하면 선물환율 1,010원 중 10원은 이자 차이이기 때문에 실제 손익은 1,200원일 때는 200원 이익(1,200원-1,000원), 900원일 때는 100원 손실(900원-1,000원)이다. 본문에서는 설명의 편의를 위해 이자 차이 10원도 손실에 포함시켰다. 이하의 설명도 동일하다.

100만 달러를 1년 후에 받는다는 실수요가 있다. 이 실수요를 환율 변동으로부터 보호하기 위해 선물환 거래를 하여 100만 달러의 가격을 미리 확정해놓을 수 있다. 예컨대 1,010원으로 말이다. 그러면 환율이 어떻게 변하든 10억 1,000만 원을 1년 후에 확보할 수 있다. 환율이 900원이 되든 1,200원이 되든 마찬가지이다. 환율 변동에 따른 위험을 없앤(헤지) 것이다.

그런데 선물환 거래를 하지 않았을 때와 비교하여 선물환 거래가 얼마나 이익이 되었는가 하는 것은 조금 다른 문제다. 선물환을 1,010원에 매도했는데 1년 후에 환율이 900원이 되었다면 선물환을 하지 않았을 경우(달러당 100원의 손실 발생)보다 선물환을 함으로써(달러당 10원 이익) 110원만큼 이익이 발생했다. 반대로 1년 후 실제 환율이 1,200원이 되었다면 선물환을 하지 않았을 경우(달러당 200원 이익 발생)보다 선물환을 함으로써(달러당 10원 이익) 190원의 손실이 발생했다. 즉 실수요가 있는 경우 이를 선물환 거래자들이 생각하는 수준으로 정확하게 헤지가 가능하나, 선물환을 하지 않았을 경우와 비교해서는 어떤 경우든 이익이나 손실이 발생하게 된다. 이런 문제는 기업의 환율 담당자들이 겪는 어려움이다. 경영진에서는 환율로 인해서 이익 수준이 변동하는 것을 원하지 않으면서도 (이 때문에 실무자들은 선물환 매매를 통해 환헤지를 하게 된다) 환율 변동으로 이익을 얻을 수 있었으리라는 사실을 알게 되면 (이러한 정보는 동료 기업 경영인들과 회합에서 주로 알게 되는데, 헤지를 하지 않은 동료가 환율로 이익을 보게 되었다고 자랑하면서 시작된다) 실무진에게 불만을 토로한다. "선물환 그것만 안 했어도 이번에

10억 이상 버는 건데 자네들이 그걸 하는 바람에 날아가버렸네…" 이런 식으로 말이다. 반대로 손해 볼 수 있었던 상황을 피한 것은 그 상황이 발생하지 않았기 때문에 쉽게 잊어버리고 당장 발생한 이익을 볼 기회의 상실만을 불평하는 것이 세상사인 것 같다.

실수요가 있는 경우 선물환을 하지 않은 때와 비교해서 이익 혹은 손해를 볼 수 있었느냐의 문제가 있을 수 있으나 그래도 사전에 내가 감내할 수준의 환율로 미리 정해놓기 때문에 실질적인 이익이나 손해는 없다. 그러나 실수요가 없는데도 선물환을 하는 경우에는 헤지할 대상이 없기 때문에 투기 거래가 된다. 1,000원에 선물환을 샀는데 실제 환율이 1,100원이 되었다면 달러당 100원 이익을 보게 된다. 100만 달러를 거래했다면 1억 원의 이익이 생기는 것이다. 반대로 실제 환율이 900원이 되었다면 1억 원의 손실이 생기는 것이다.

선물환은 외상 거래가 가능하기 때문에 투기를 더 부추길 수 있다. 환율이 오를 것으로 자신하는 사람도 당장 돈이 없으면 달러를 살 수가 없다. 그러나 선물환은 살 수가 있다. 1개월 선물환이면 1개월 후까지 돈을 마련하면 되고 실제 환율이 선물환율보다 올랐다면 돈을 마련할 필요 없이 차액만 주고받는 방법도 있기 때문이다. 물론 돈이 없는 사람이 선물환 거래를 실제로 할 수는 없다. 도매시장에서는 은행끼리 거래하고, 소매시장에서도 거래할 돈이 있다는 것이 증명된 사람만(6개월 후 100만 달러가 들어온다는 수출 신용장 등을 가진 사람)이 가능하다. 하지만 은행끼리 거래할 때 은행은 자기가 가진 금액보다도 많은 금액으로 선물환 거래를 할 수 있다. 특히, 투기 거래의 끝판왕은 다음 장에서 살펴볼 차액결제선물환(NDF) 거래이다.

③ 안전하게 차익을 낼 수 있는 수단으로 활용

선물환을 거래하는 목적이 첫째 헤지, 둘째 투기적 이익 추구라고
했다. 한 가지 더 추가할 것은 선물환을 잘 이용하면 위험 없이 차익
을 내는 거래를 할 수 있다는 점이다. 소위 차익 거래인데, 다른 차익
거래와 마찬가지로 선물환을 이용한 차익 거래도 '서로 다른 2개 이
상의 시장' 간 가격 차이가 있을 때 성립한다. 선물환시장에서 '서로
다른 2개의 시장'은 국제 금융시장과 국내 선물환시장을 말하고, 이
두 시장에서 달러의 금리가 서로 다르다는 것이다. 앞에서 설명한 달
러 프리미엄 때문이다. 달러의 조달비용이 국제 금융시장에 접근하
기 쉬운 외국계 금융기관이 국내 금융기관보다 낮기 때문에 외국계
금융기관(또는 달러를 가지고 있는 사람)은 이 차이를 이용하여 어떠한 위
험도 없이 차익 거래를 할 수 있다.

외은지점 A의 사례에서 선물환율은 1,005원(= 현물환율 1,000원 + 원
화 이자 20원 - 달러 이자 10원 - 달러 프리미엄 5원)이 된다. 이때 달러를 국제
금융시장에서 1%에 조달할 수 있는 사람은 선물환 계약을 통해 이
익을 볼 수 있다. 국제 금융시장에서 100만 달러를 1% 금리로 빌려
서 10억 원(환율 1,000원)으로 환전하고 이 10억 원을 은행에 1년간 예
치한다. 그리고 선물환 100만 달러를 선물환율 1,005원에 매입한다
(국제 금융시장에서의 달러 시세보다 0.5% 싸게 산 셈이다). 이렇게 하면 1년 후

■ 외은지점 A의 사례

환율	1,000원
원화 금리	2%
달러 금리	1%
달러 프리미엄	0.5%

A 지점이 수취하고 지급해야 하는 자금 흐름은 다음과 같다. 수취하는 자금은 ①원화로 예치한 돈(10억 원), ②10억 원에 대한 이자(2,000만 원), ③선물환 100만 달러이다. 지급해야 하는 돈은 ①빌린 돈 100만 달러, ②100만 달러에 대한 이자(1만 달러 = 1,000만 원), ③선물환 지급 10억 500만 원(선물환율이 1,005원이므로)이다. 따라서 500만 원의 이익이 발생한다. 즉, 100만 달러 대비 0.5%를 자기 자금을 전혀 투입하지 않고도 벌게 되는 것이다. 이 과정이 다소 복잡하므로 직관적으로 설명하면 다음과 같다.

원래 금리가 다르면 그 차이만큼 정확하게 계산해서 거래하는 것이 맞다. 위의 사례에서는 선물환율(선물달러의 가격)이 1,010원에 결정되어야 한다. 그런데 국제 금융시장보다 국내 금융시장에서 달러의 가치를 더 높게 쳐주어서 달러 금리를 0.5% 더 높게 적용한다면(그래서 국내 선물환시장에서는 달러 금리가 결국은 1.5%가 된다), 달러 시장은 1% 시장(국제 금융시장)과 1.5% 시장(국내 선물환시장)으로 나뉘게 되고 차익 거래가 발생하는 것이다. 두 시장에 모든 사람이 접근할 수 있다면 이

298

런 차익 거래가 없겠지만 외국계 은행만이 양쪽 시장에 접근 가능하기 때문에 이들의 차익 거래가 가능하다. 즉 1% 시장(국제 금융시장)에 접근할 수 있는 사람이 이 시장에서 1%로 조달한 후 1.5% 시장(국제 선물환시장)에서 운용하면 0.5%는 그냥 먹게 되는 것이다. 마치 마을 동네 편의점에서 라면 가격이 800원인데 공장에서 직구입할 수 있는 도매업자는 700원에 사서 800원에 파는 차익 거래를 할 수 있는 것과 같다. 개인 소비자는 공장 직구입을 못하니 800원에 살 수밖에 없다. 즉 국내 금융시장은 편의점, 국제 금융시장은 공장, 외국계 금융 기관은 도매업자, 국내 금융기관은 개인 소비자로 대입해서 생각해 볼 수 있다.

이러한 차익 거래는 아무런 위험이 수반되지 않기 때문에 이를 전 문으로 하는 외국인 투자자들이 많다. 주로 홍콩, 싱가포르 소재 유

그림 8-4 | 달러 프리미엄 추이

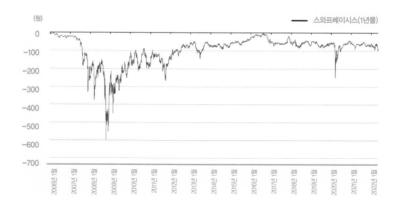

럽계 상업은행들이 많이 이용하고 있고 최근에는 자금을 안전하게 굴려야 하는 국제기구나 해외 중앙은행들도 차익 거래에 참가하는 것으로 알려져 있다. 차익 거래를 하기 위해서는 달러 프리미엄이 존재해야 한다. 달러 프리미엄은 국내 시장에서 달러가 귀해지면 올라가고, 흔해지면 내려가는데 외환 위기와 같이 달러가 국내에서 빠져나가서 귀해지는 시기에는 최고 5.78%까지 올라가기도 했다. 달러가 풍족하게 국내에 들어오는 시기에는 0.03%까지 낮아진 경우도 있다. 통상은 1% 이하 수준에서 움직인다.

환율 **노트** 핵심 **정리**

1   선물환에서 '환'은 외화, 즉 달러

2   선물환에서 '선물'은 지금 계약하고 나중에 결제(대금 지급)하는 거래

3   선물 원리 1: 물건값을 지금 지급하지 않고 나중에 지급하면(선물) 이자를 쳐주어야 한다(선물 가격).

4   선물 원리 2: 아파트를 지금 받지 않고 1년 늦게 받으면 아파트 1년 치 월세를 깎아주어야 한다.

5   선물환율 결정: 오늘 계약하고 돈(원화)은 나중에 주고 물건(달러)도 나중에 받기 때문에 원화 이자만큼은 더 쳐주되 달러 이자는 제하고 계산한다[선물환율 = 선물 달러 가격 = 현물환율(현재 달러 가격) + 원화 이자 – 달러 이자]

6   실제 선물환율 결정: 국내 선물환시장에서의 달러 이자는 국제 금융시장에서의 달러 이자보다 높음

→ 달러 프리미엄: 달러가 국내 시장에서 우대받는 정도

⇒ 선물환율 = 현물환율 + 원화 이자 − (국제 금융시장 달러 이자 + 달러 프리미엄)

7 **내외 금리 차 = 원화 금리 − 국제 금융시장 달러 금리**
선물시장 달러 금리 = 국제 금융시장 달러 금리 + 달러 프리미엄

8 **스와프포인트 = 원화 이자 − 달러 이자 − 달러 프리미엄 = 선물환시장에서 원화의 상대적 가치(상대적 이자)**

⇒ 스와프포인트가 상승: 원화 이자가 올랐거나 달러 이자가 내렸거나 달러 프리미엄이 내렸음을 의미

⇒ 통상 각국의 금리가 많이 움직이지 않기 때문에 매일의 스와프포인트는 달러 프리미엄의 움직임이 결정

⇒ 스와프포인트가 상승: 달러 프리미엄(달러가 국내 시장에서 우대받는 정도)이 낮아졌다는 것을 의미 → 국내 달러 유동성 사정이 좋아졌다는 의미

9 **실제 선물환 거래는 스와프포인트로 거래되고 선물환율은 사후적으로 결정: 선물환율 = 현물환율 + 스와프포인트**

10 **선물환이 필요한 이유: ①환리스크 헤지 ②외환 투자(투기) ③차익 거래**

차액결제선물환

NDF의 거래 원리

앞에서 설명한 바와 같이 선물환 거래는 결제 시점에 거래 당사자 간에 손익이 발생한다. 선물환율보다 결제 시 시장환율이 높으면 선물환 매입자는 이익을 보지만(결과적으로 싸게 샀으므로), 매도자는 손실을 본다(결과적으로 싸게 팔았으므로). 선물환율보다 결제 시 환율이 낮으면 반대로 매입자는 손실을 보지만, 매도자는 이익을 본다. 이렇게 선물환 거래의 만기가 도래해 결제할 경우 거래 당사자 간에 손익이 발생한다는 점에 착안하여 원금을 인도하지 않고 그 손익의 차액만을 정산하는 거래 방법을 NDF(차액결제선물환)라고 한다.

NDF는 'Non Deliverable Forward'의 약자로, '원금을 인도하지 않는 선물환'이라는 의미인데, 우리말로는 '차액결제선물환'이다. 이는 '차액'만을 결제한다는 점에 좀 더 의미를 부여한 것으로 보인다. 어떻든 NDF는 원금을 인도하지 않고 차액만 결제하는 선물환 거래다. 그리고 그 차액은 원화가 아니라 달러로 정산한다. 차액결제선물환보다 NDF로 더 잘 알려져 있기 때문에 이 책에서는 NDF로 쓰겠다. 우리가 앞에서 살펴본 달러와 원화의 원금을 만기에 주고받는 선물환 거래는 NDF와 구분하여 '일반 선물환 거래'라고 한다. 그리고 NDF는 국내(역내)가 아니라 해외(역외)에서 대부분 거래되기 때문에 '역외 선물환 거래' 또는 '역외 차액결제선물환 거래'라고도 한다. 역내에서도 가능하나 거의 일어나지 않는다. 그럼 NDF 거래에서 차액이 어떻게 정산되는지를 알아보자.

NDF를 직관적으로 이해하기 위해 금을 사고파는 거래에 비유해 보자. 금 한 돈을 1년 후에 30만 원 받기로 했다고 하자. 1년 후 실제 금값이 40만 원이 되었다면 1)30만 원 주고 금 한 돈(40만 원 가치)을 받을 수도 있고(이렇게 되면 10만 원의 이익이 발생한다), 2)금을 주고받지 않고 이익 10만 원만 받을 수도 있다. 2)의 경우에도 꼭 금이 필요하다면 가지고 있던 30만 원과 받은 돈 10만 원으로 금 한 돈을 시장에서 사면 되고, 금을 사기보다는 이익만 챙기겠다고 하면 10만 원만 챙기면 되기 때문에 별문제가 없다. 2)와 같은 거래는 언제 왜 일어날까? 금보다는 금값을 잘 예측하여 이익을 보겠다고 할 때 일어날 가능성이 크다.

다시 NDF로 돌아와 보자. NDF에서 사고파는 것은 달러이다. 앞의 사례 1)에 해당하는 것이 일반 선물환 거래이고, 2)에 해당하는 것이 NDF 거래이다. 1년 후 1,000원에 100만 달러를 사기로 하는 계약을 맺었는데, 환율이 1,100원이 되었다면 1)약속대로 10억 원을 주고 100만 달러를 받을 수도 있고(이 경우 10억 원의 가치는 90.9만 달러로 떨어져서 선물환을 산 사람이 결과적으로 9.1만 달러 이익을 본다), 2)10억과 100만 달러를 주고받지 않고 결제 시점에서 줄 돈과 받을 돈의 차액 9.1만 달러만 주고받을 수도 있다. 환율이 올랐으므로 NDF를 산 사람에게 9.1만 달러를 주고 거래가 끝나는 것이 NDF 거래다. 계약을 하면서 2)와 같이 하자고 처음부터 약속한다. 선물환을 산 사람은 결제일에 시장환율이 계약한 선물환율보다 상승하면 이익을 보게 되고(즉, 선물 달러를 샀는데 결제 시점에 달러 가격이 선물환율보다 오르면 달러를 싸게 산 셈이므로 이익을 본다) 하락하면 손실을 보게 된다는 점과, 반대로 선물환을 판 사람은 결제일에 시장환율이 계약한 선물환율보다 상승하면 손실을 보게 되고(즉, 선물 달러를 팔았는데 결제 시점에 달러 가격이 선물환율보다 높으면 달러를 싸게 판 셈이므로 손실을 본다), 하락하면 이익을 보게 된다는 점을 활용하여 그 손실과 이익만큼만 결제하는 방식이다. 매매 당사자의 손실과 이익은 서로 정확하게 상쇄되므로 원금 전체(100만 달러와 10억 원)를 교환하지 않고 손익만 정산해도 동일한 효과를 낼 수 있다. 일반 선물환 거래와 NDF의 현금흐름과 손익은 표 8-5에 정리되어 있다.

표 8-5 | 일반 선물환과 NDF의 결제 시 현금흐름과 손익

상황	선물환율 1,000원에 100만 달러 거래, 결제 시 시장환율은 1,100원		
		매수자 (선물환을 사는 사람)	매도자 (선물환을 파는 사람)
일반 선물환	현금흐름	100만 달러(받고) 10억 원(주고)	100만 달러(주고) 10억 원(받고)
	손익	+1억 원(= 9.1만 달러)	−1억 원(= −9.1만 달러)
NDF	현금흐름	9.1만 달러(받고 끝)	9.1만 달러(주고 끝)
	손익	+9.1만 달러	−9.1만 달러

NDF는 왜 있는가?

NDF도 선물환 거래이고 선물환 거래와 결과적으로 효과가 같기 때문에 그 존재 이유도 일반 선물환 거래가 필요한 이유와 같다. 다만, 2가지 점에서 일반 선물환 거래와 차이가 있다. 1)결제일에 원화의 개입 없이 달러로만 결제한다는 점, 2)결제일에 원금 교환 없이 차액만 결제한다는 점이다. 이 차이점으로 인해서 1)원달러 선물환 거래를 하고 싶지만 원화를 구할 수 없어서 거래하기 어려운 상황과 2)거래할 원금이 없어도 거래하고 싶은 경우에 NDF가 많이 사용된다. 먼저 1)과 관련하여 살펴보면, 원화는 국내에서만 유통되기 때문에 해외에서는 원화를 이용한 거래를 할 수 없다. 그래서 원달러 선물환

거래를 해외에서 하고 싶을 때 일반 선물환 거래를 할 수가 없다. 선물환을 매입한 사람은 결제일에 원화를 지급해야 하지만 해외에서는 원화가 없기 때문이다. 하지만 NDF는 원달러 선물환 계약을 하면서도 결제일에는 차액을 달러로 정산하기 때문에 원화가 개입할 필요가 없다. 따라서 해외(또는 역외)에서 선물환 거래를 하려면 반드시 NDF 거래를 해야 한다. 2)의 경우에는 결제일에 원금의 교환 없이 차액(실제 미래환율과 선물환율 간의 차이)만 결제하기 때문에 적은 돈으로 큰 이익을 내고 싶은 투기적 투자자에게는 NDF 거래가 유용한 투기 수단이 될 수 있다. 이러한 장점 때문에 NDF는 원화가 없는 역외 시장에서 거래가 이루어진다. 앞에서 금 사례를 통해 언급한 바와 같이 NDF 거래도 1)달러 자체가 필요하기보다는 달러의 가격 변화로 이익을 보려는 사람이나 2)원화가 없는데 달러를 사고팔기를 원하는 사람들이 이용하면 편리하다. NDF도 일반 선물환과 같이 실수요자와 투기 거래자의 동기가 좀 다르다.

먼저, 실수요자는 다음과 같다. 우리나라에 달러를 가져와서 원화 자산(주식 등)에 투자한 외국인이 있다고 하자. 이 외국인은 주가의 변화가 큰 관심거리이지만 환율의 변동에 대해서도 관심이 있다. 외국인에게는 최종적으로 자기 나라에 가져갈 달러 금액이 중요하고, '투자한 원화 자산의 달러 가치 = 원화 자산 가격/환율'이기 때문에 원화 자산의 가격 변동 못지않게 환율의 변동이 중요하다. 외국인 투자자가 환율 변동에 따른 이익 변동을 싫어하는 위험회피자라고 한다면, 앞에서 설명한 바와 같이 선물환 거래로 환율 변동에 따른 이익 변동을 헤지할 수 있다. 즉, 원화 자산이 환율 변동에 노출되어 있는 상황이므로 선물환을 매입(미래에 달러를 받고 원화를 지급하는)하면 된다. 선물환 결제일에 원화 자산(한국 주식 등)을 팔아서 선물환 대금을 지급하고 달러를 (사전에 계약된) 선물환율로 받으면 시장환율이 어떻게 변하더라도 문제가 없다. 그런데 한국에 투자한 외국인들이 선물환 거래를 결제하기 위해 투자한 원화 자산을 번번이 사고파는 것은 불편하기도 하고 투자 전략에도 문제가 될 수 있다. 한참 주가가 오르는데 선물환 결제일에 원화를 지급하기 위해 이 주식을 팔아야 한다는 것은 말이 되지 않는다. 이럴 때 구세주처럼 나타난 것이 NDF 거래이다. NDF를 매입하면, NDF 결제일이 돌아오더라도 원화 자산을 팔지 않고 손실을 보거나 이익을 본 부분을 정확히 상쇄할 수 있다. 즉, 환율이 오르면, 투자한 원화 자산의 달러 가치는 손실을 보지만, NDF에서 달러를 사놓았으므로 그만큼 이익을 봐서 손실이 상쇄되고, 환율이 내리면 투자한 원화 자산의 달러 가치는 올라가서 이익을 보지만 NDF에서 달러를 사놓았으므로 NDF에서는 그만큼 손실을 봐서 이익을 상쇄한다. 원화 자산을 팔지 않고도 환율 변동에 따라 이익도 손실도 보지 않을 수 있는 것이다. 실수요자에게는 원화 없이 원달러 환율 변동을 헤지할 수 있다는 점이 NDF를 이용하는 가장 큰 이유다.

헤지용 파생상품은 헤지할 실물이 없다면 언제든지 투기 목적으로 이용할 수 있다. 표 8-6 사례에서 원화 자산이 없었다면 NDF 매입으로 얻은 손익(B)이 모두 NDF 매입자에게 최종 손익으로 떨어진다(헤지할 실물이 있을 때에는 헤지 대상 실물이 손해를 보거나 이익을 본 것을 보전

표 8-6 | 실수요자가 NDF 거래 시 손실 관계

상황 자산 10억 원 투자, 현물환율 1,000원, NDF 환율 1,000원

결제 시 시장환율	원화 자산(10억 원) 가치 변화(A) (현재 가치: 100만 달러)	NDF 100만 달러 매입 시 손익(B)	총 손익 (C=A+B)
900원	11만 달러 이익 (10억 원 가치 = 10억 원/900원 = 111만 달러)	11만 달러 손실 (100만 달러 받고 10억 원 (111만 달러) 지급해야 하므로 그 차액 11만 달러 지급)	0
1,000원	손익 0 (10억 원 가치 = 10억 원/1,000원 = 100만 달러)	손익 0	0
1,100원	9.1만 달러 손실 (10억 원 가치 = 10억 원/1,100원 = 90.9만 달러)	9.1만 달러 이익 (100만 달러 받고 10억 원 (90.9만 달러) 지급해야 하므로 그 차액 9.1만 달러 받음)	0

* 일반적으로 현물환율과 선물환율이 다르지만 직관적인 이해와 설명의 간편성을 위해 동일하게 설정했다. 이들이 다르더라도 헤지의 본질은 같다.

하는 데 이 손익이 쓰여 전체적으로는 본전이다). NDF로 투기하는 것은 선물환을 투기 목적으로 이용하는 것과 같은 원리다. 환율이 오를 것 같으면 NDF를 사고, 내릴 것 같으면 파는데, 예상한 대로 환율이 움직이면 이익을 얻게 된다.

다른 파생상품과 마찬가지로 NDF도 헤지용 거래보다는 투기용 거래로 더 많이 이용된다. 국내 외환당국의 규제가 없는 역외에서 자유롭게 거래할 수 있고, 국제 결제통화가 아닌 원화를 미리 가지고 있

을 필요도 없고, 또 차액 결제이기 때문에 신용만 충분하다면 자기 돈 없이 큰 규모로 투자할 수 있는 장점도 있기 때문이다.

NDF와 환율 | 꼬리가 몸통을 흔든다는 얘기의 진실

NDF는 우리나라가 아니라 해외 외환시장에서 이루어지고 앞에서 설명한 바와 같이 투기용으로 많이 이용된다. 우리 외환시장이 문을 닫은 밤 사이에 NDF 거래가 활발히 일어나고 그 거래는 다음 날 우리나라 외환시장에 영향을 미친다.[14] 심리적 뿐만 아니라 구조적으로도 영향을 미친다. 이를 이해하려면 은행의 외환 포지션 조정 과정을 먼저 파악해야 한다. 외환 포지션 조정이란 은행이 가지고 있는 외화 자산이나 부채가 환율 변동으로 인해 손해를 보지 않도록 조치하는 것을 말한다.

NDF 시장에서 외국인들은 국내 은행과 거래하는 경우가 대부분이다. 외국인이 국내 은행과 NDF 거래를 하게 되면 NDF 환율뿐만 아니라 우리나라 외환시장의 원달러 환율에도 영향을 미친다. 간밤에 해외 외환시장에서 결정된 NDF 환율이 그다음 날 국내 외환시장

---

14   NDF 거래가 국내 외환시장이 문을 닫는 밤에 해외 시장에서 활발히 이루지지만 홍콩, 싱가포르 등 우리나라와 시차가 크지 않은 국제 금융시장에서는 국내 외환시장과 시간이 겹쳐서 이루어지기도 한다. NDF는 해외에서 우리 시간으로 밤에 거래가 일어나고 이에 따른 외환 포지션 조정은 그다음 날 국내에서 일어난다는 점을 강조해서 설명했지만 홍콩, 싱가포르 등에서 일어나는 NDF 거래에 대한 외환 포지션 조정은 동시간대에 일어날 수도 있다.

에 영향을 미친다는 점은 자주 언급되기 때문에 여기서 이를 정리해 보자.

외국인들이 뉴욕 외환시장에서 밤 사이에 원달러 NDF를 국내 은행으로부터 매입했다고 하자. NDF 수요가 증가하여 NDF 환율도 상승할 것이다. 그런데 NDF를 매도한 국내 은행은 그 시점부터 환율 변동에 따른 위험에 노출된다. 결제 시점에 환율이 NDF보다 높아지면 손해를 보게 되고 환율이 낮아지면 이익을 보게 된다. 은행은 환위험에 노출되는 것을 극도로 싫어하기도 하고 또 외환 규정상으로도 환위험에 노출되지 않도록 규제하고 있기 때문에 이를 헤지하려고 한다. NDF를 팔게 되면 은행의 외환 포지션이 (-)가 되어 달러가 부족한 상황이 된다. 그러면 달러 값인 환율이 오를 경우 손실을 보는 것이다. 물론 환율이 내리면 이익을 볼 수도 있지만 은행 입장에서는 환율 변동으로 손실이든 이익이든 나지 않는 것이 중요하기 때문에 이를 헤지하기 위해 은행들은 다음 날 우리나라 외환시장이 개장하자마자 NDF를 매도한 금액과 동일한 금액의 현물환을 산다. 그러면 환율이 오르더라도 그 현물환으로 나중에 지불하면 되므로 환율 변동에 따른 위험에서 벗어날 수가 있다. 문제는 은행이 우리나라 외환시장에서 현물환을 사는 것 자체가 환율을 상승시키는 요인이 된다는 것이다. 그만큼 수요가 증가하기 때문이다. 환율이 오르면, 선물환을 매입한 외국인들은 이익을 보게 된다. 즉 NDF 선물환율이 오르면 현물환율도 오르고 NDF를 산 사람들(주로 외국인)은 이익을 보게 되는 것이다.

따라서 NDF 시장에 매우 큰손이 있다면 우리나라 환율을 공격할 수가 있다. NDF 시장에서 매입하면 우리나라 외환시장에서 환율이 오르고 그러면 NDF를 산 사람은 이득을 보게 되므로 이러한 과정을 계속 거칠 수만 있다면 NDF 거래로 우리나라 환율이 크게 상승하고 NDF를 매입한 외환 투기자들은 큰 이득을 볼 수가 있다. 그러나 외환시장이 몇몇 투기자들에 의해 움직이지는 않기 때문에 평상시에는 NDF 투기자들이 환율을 좌지우지할 수 없다. 특히, NDF 시장의 이러한 특징을 우리 외환당국도 잘 알고 있어서 NDF 시장에서 특이사항을 지속적으로 모니터링하고, 이상 징후가 발생하면 개입도 하므로 투기자들이 성공하기는 만만치가 않다. 그러나 위기 시에는 얘기가 다르다. 환율에 대한 예상이 한쪽으로 몰릴 때 NDF 시장에서 환율이 급변하면 우리나라 외환시장을 흔들 수가 있기 때문이다. 2008년 글로벌 금융 위기 때와 2020년 코로나19 위기 때 이런 현상을 목격할 수 있었다. 결과적으로 외환당국이 제압했지만 그 과정에서 일부 투기 거래자들이 큰 이익을 본 것으로 알려져 있다. 이처럼 원달러 환율이 결정되는 국내 외환시장(몸통)이 역외에서 이루어지는 NDF 선물환율(꼬리)의 영향을 받아 움직인다고 해서 NDF를 얘기할 때 '꼬리가 몸통을 흔든다'는 표현을 자주 사용한다.

NDF와 외환 위기

평상시에는 NDF로 투기 또는 투자를 하면 이익을 볼 수도 있지만 손실을 볼 수도 있어서 NDF 시장에 큰 문제가 일어나지는 않는다. 특히 우리나라에 투자를 한 외국인의 입장에서는 투자한 자산에 대한 헤지를 할 수 있는 좋은 상품이기 때문에 외국인 투자와 외환 거래의 활성화를 위해 순기능을 발휘한다. 그러나 우리나라 경제가 어려워질 경우 NDF는 위기를 증폭시키는 악역을 담당한다. NDF가 가지고 있는 야누스적 양면성이다. 우리 경제가 어려울 때 NDF가 우리나라의 위기 가능성을 어떻게 높이는지 살펴보자.

우리 경제가 구조적인 경기침체에 들어갈 것이라는 지표가 연일 발표된다고 하자. 그러면 4장에서 살펴보았듯이, 달러에 대한 수요가 늘면서 환율은 상승할 것이고 앞으로도 상승할 것으로 전망된다. 환율이 상승할 것으로 전망되기 때문에 밤에 개장되는 NDF 시장에서 외국인들은 실수요자든 투기 거래자든 NDF 선물환을 사두려고 한다. 이에 따라 선물환율도 상승하게 된다. 외국인들에게 NDF를 판매한 국내 은행들은 그다음 날 외환시장이 열리면 이를 헤지하기 위하여 달러를 매입한다.[15] 그러면 현물환율도 상승하게 되고, 그날 밤 NDF 시장에서는 NDF 수요가 더 늘어난다. 환율이 오르면 오를수록 NDF를 매입한 사람이 유리하기 때문이다. 이제, 자가발전하여 '환율 상승 예상 → NDF 수요 증가 → NDF 선물환율 상승 → 헤지를 위해 현물 달러 수요 증가 → 현물환 상승 → NDF 수요 증가'로 NDF 선물환율과 현물환율이 주고받으며 상승하여 환율이 치솟아버리는 상황

---

15   NDF가 꼭 밤에만 이루어지는 것은 아니다. 주 12를 참조.

이 발생한다. 물론 외환당국의 힘이 강력한 경우 외환당국의 개입으로 악순환의 고리를 끊을 수 있겠지만, 경제가 계속 어려워 환율 상승이 확실시된다면 외환당국이 개입하더라도 이를 끊기 어렵다. 이런 과정을 거쳐 환율이 폭등하는 외환 위기를 맞는다.

우리나라는 이러한 상황을 3번 겪었다. 1997년 IMF 외환 위기, 2008년 글로벌 금융 위기, 2020년 코로나19 위기다. 첫 번째는 위기가 도래했고 두 번째와 세 번째는 위기는 아니었지만 매우 위험한 상황까지 갔었다. 그리고 위기까지 갔던 때와 가지 않았던 때의 차이점이 많겠지만, 결정적인 차이는 한미 통화 스와프를 체결했는지 여부다.

1997년에는 우리나라를 포함한 아시아 지역의 위기였으므로 미국 입장에서 굳이 통화 스와프를 맺으면서까지 우리나라를 구제할 명분과 실리가 없었다. 두 번째와 세 번째에는 우리나라가 위기에 빠지면 미국도 피해를 볼 수 있는 상황이어서 통화 스와프를 신속히 맺었다고 볼 수 있다. 통화 스와프의 의미는 미 달러화를 무한정 (실제로는 약정된 금액이 있지만, 시장에서는 미국이 계속 달러를 지원할 것으로 믿는 효과가 있다) 공급할 수 있다고 여겨 달러의 가격, 즉 환율이 더 이상 오르지 않을 것으로 판단하기 때문에 환율 상승 추세가 꺾이면서 안정화 쪽으로 급속히 돌아설 수 있다는 것이다. 물론, 두 위기 때 통화 스와프를 하지 않았더라도 위기까지 가지 않았을 수도 있지만, 적어도 큰 어려움은 겪었을 것이다. 통화 스와프 체결로 외환시장이 급속히 안정된 것은 부인하기 어렵다.

환율 **노트** 핵심 **정리**

1   NDF는 만기에 달러와 원화 원금을 서로 지급하지 않고 만기일에
         발생하는 이익과 손실 차액만 결제한다.

2   선물환 거래 시 결제일에 이익과 손실이 발생하는 이유? 선물환
         율과 만기일 실제 환율이 다르기 때문에 항상 발생
         ⇒ 선물환율 1,000원에 계약, 만기일(결제일) 실제 환율 1,100원 → 선물
            환 산 사람이 100원 이익(싸게 산 셈이므로)
         ⇒ 선물환율 1,000원에 계약, 만기일(결제일) 실제 환율 900원 → 선물환
            산 사람이 100원 손해(비싸게 산 셈이므로)

3   NDF 거래 시 차액결제의 의미: 만기일에 선물환율과 실제 환율
         간 차이만큼만 결제(이익 본 사람이 차액을 받음)
         → 차액결제 수단은 원화가 아닌 달러

4　일반 선물환과 NDF 거래의 결제 흐름: 선물환율 1,000원에 100만 달러 거래, 결제 시 시장환율은 1,100원

		선물 매수자	선물 매도자
일반 선물환	결제 시 현금흐름	100만 달러 받고, 10억 원 주고	100만 달러 주고, 10억 원 받고
	손익	환율이 1,100원이 되어 10억 원 = 10억 원/1,100원 = 90.9만 달러가 되었으므로 달러를 싸게 산 셈 → 9.1만 달러 이익	환율이 1,100원이 되어 10억 원 = 10억 원/1,100원 = 90.9만 달러가 되었으므로 달러를 싸게 판 셈 → 9.1만 달러 손실
NDF	결제 시 현금흐름	결제 시 이익 9.1만 달러 받음	결제 시 손실 9.1만 달러 줌
	손익	9.1만 달러 이익	9.1만 달러 손실

* 결제 방식이 다를 뿐 선물 거래자 간 손익은 동일함.

5　NDF 거래를 하는 이유: 원화 없이 원/달러 거래를 하고 싶은 사람들이 이용. 왜냐하면 NDF 거래에는 원화가 계산상 개입하기는 하지만 실제 결제 시에는 전혀 필요가 없기 때문
　→ 해외 거주 외국인들이 활용: 원달러 환율에 투자하고 싶은 경우 또는 원달러 환율 변동을 헤지하고 싶은 경우
　⇒ 이런 이유로 NDF는 대부분 해외(역외)에서 거래됨

6   NDF 시장은 해외에 있는 원달러 선물환시장인데 이 시장의 움직임이 우리나라 외환시장에 큰 영향을 줄 때가 많아 꼬리(NDF)가 몸통(국내 외환시장)을 흔든다는 얘기가 나옴

7   NDF가 국내 외환시장을 흔드는 메커니즘: NDF 시장에서의 거래 결과가 국내 은행의 외환 포지션을 변동시킴으로써 이를 해소하려는 국내 은행의 움직임이 국내 외환시장에 반영되는 과정에서 NDF가 국내 외환시장에 영향을 미침

⇒ NDF 선물환 매입 증가(주로 국내 은행이 매도) → 선물환율 상승, 국내 은행 외환 포지션 (−) → 국내 은행, 다음 날 국내 외환시장에서 외환 포지션 중립화 시도 → 현물환 매입 → 현물환율 상승 → NDF 매입자 이익 → NDF 선물환 매입 증가 → 선물환율 상승

8   외환시장이 불안하거나 외환 위기 가능성이 고조되면, NDF와 국내 외환시장이 서로 주고받으면서 환율을 상승시키는 일이 항상 일어남

9장

통화선물과 옵션

통화선물시장

통화선물시장은 선물환시장과 같은 원리로 거래되는 시장이지만, 선물환은 양자 간 계약 관계로 거래가 이루어지는 반면, 통화선물은 거래소에서 불특정 다수와 선물환을 사고팔 수 있다. 선물환시장은 최소 계약 단위가 100만 달러로 커서 일반인이 접근하기 어려운 반면 통화선물시장은 1만 달러 단위로 거래할 수 있어 일반인도 접근할 수 있다. 선물환시장은 주로 은행 등 신용도가 높은 기관들 간에 이용하므로 보증금(전문용어로는 '증거금' 또는 '마진margin'이라고 한다) 없이 거래를 하나, 선물시장은 불특정 다수가 거래하기 때문에 거래소에서 증거금(보증금)을 받는다. 왜냐하면 선물 거래가 계약은 먼저 하되 결제는 나중에 하므로 계약금을 받는 것과 비슷하게 증거금을 받아 두는 것이다. 계약을 이행하지 못하는 상황에 대한 보증금이다. 통상 거래금액의 20%를 증거금으로 받는다.

통화선물 계약 이후 시장환율이 변하면 통화선물의 가치도 변하게 된다. 1년물 달러 통화선물을 선물환율 1,000원에 100만 달러어치 샀다고 하자. 그러면 1년 후에 100만 달러를 받고 10억 원을 지급하기로 계약한 것이 된다. 계약 이행을 담보하기 위하여 통화선물을 산 사람이 지급해야 할 돈 10억 원의 20%(2억 원)를 보증금으로 거래소에 예치한다. 환율이 1,000원을 유지하기만 하면, 추가 자금이 없어도 계약을 이행하는 데 문제가 없다. 100만 달러(10억 가치)를 받아서 10억 원을 지급하면 되기 때문이다. 그리고 증거금도 2억 원이나 예치했으므로 여유가 있다. 그런데 환율은 매일 변한다. 환율이 변함에 따라 통화선물의 가치(받을 돈 100만 달러의 가치)도 매일 변한다. 환율이 변할 때 통화선물을 산 사람 A의 입장(판 사람 입장은 이와 반대로 생각하면 된다)에서 어떤 이해관계가 발생하는지 살펴보자.

한 달 정도 지나서 보니 환율이 1,100원이 되었다고 하자. 그러면 A의 입장에서 통화선물 100만 달러의 가치가 이날 기준으로 100만 달러×1,100원=11억 원이 되어 줄 돈 10억 원보다 1억 원의 이익이 발생했다. 그러면 통화선물을 산 사람은 이 1억 원을 인출할 수 있다. 반대로 환율이 950원이 되었다면 통화선물의 가치는 100만 달러×950원=9억 5,000만 원이 되어 결제 시 지급하여야 할 10억 원보다 5,000만 원이 모자란다. 다행히 미리 예치해놓은 증거금 2억 원이 있으니 여기서 5,000만 원을 보충하면 아직 여유가 있다. 통화선물을 판 사람은 이 5,000만 원을 인출할 수 있다. 이제 증거금은 5,000만 원을 뺀 1억 5,000만 원이 된다. 다시 환율이 900원으로 떨어지면 증거금에서 다시 5,000만 원이 빠져나가서 증거금은 1억 원이 되고 다시 환율이 850원이 되면 증거금은 이제 5,000만 원밖에 남지 않는다. 이제 거래소 입장에서는 슬슬 불안해진다. 가격이 더 떨어지면 증거금이 바닥이 나거나 마이너스가 될 수 있기 때문이다. 그래서 증거금이 일정 수준 이하로 떨어지면 증거금을 다시 채워 넣으라고 요청call하게 되는데 이를 '증거금 추가 납입 요청' 또는 영어로 '마진콜margin call'이라고 한다.

표 9-1 | 시장환율 변화에 따른 통화선물 가치와 증거금 변화

상황 통화선물 100만 달러를 선물환율 1,000원으로 거래했을 때(유지증거금 5%)***

환율	최초 증거금 (A)	통화선물 가치 (B)	증거금 잔액(C)*	마진콜(D) (추가 증거금)	마진콜 이후 증거금 잔액(E)**
1,000원	2억 원(20%)	10억 원	2억 원(20%)	없음	2억 원
1,100원	2억 원(20%)	11억 원	3억 원(30%)	없음	3억 원
900원	2억 원(20%)	9억 원	1억 원(10%)	없음	1억 원
850원	2억 원(20%)	8억 5,000만 원	5,000만 원(5%)***	1억 5,000만 원	2억 원

* 증거금 잔액(C) = A+B-10억 원
** 마진콜 이후 증거금 잔액(E) = 마진콜을 당해서 추가 증거금이 들어온 이후 증거금 = C+D
*** 증거금이 일정 수준 이하로 떨어지면 마진콜이 일어나는데 이를 유지증거금이라 한다.

어쨌든 증거금이 일정 수준 이하로 떨어지면 마진콜을 하게 되는데, 마진콜을 하게 되는 일정 수준의 증거금을 '유지증거금'이라고 한다. 위 사례에서는 5,000만 원(계약금액의 5%)이 유지증거금이 된다. 증거금이 당초 20%에서 다소 떨어지더라도 유지증거금 수준인 5%까지 떨어지지 않으면 그냥 두다가 그 이하로 떨어지면 마진콜을 당한다. 그런데 이때는 다시 유지증거금 수준인 5%를 채우는 것이 아니라 최초 증거금 수준인 20%를 다 채워 넣어야 한다. 다시 시작해야한다는 것이다. 시장환율의 변화에 따른 통화선물 가치와 증거금 변화는 표 9-1을 참고하면 된다.

TIP

마진콜과 위기

현물계약은 돈이 있어야 달러를 살 수 있지만 선물계약은 결제일까지 돈이 없어도 달러를 미리 살 수 있다. 따라서 거래소는 결제일 도래 시 이행을 담보하기 위하여 일정 수준의 마진(증거금)을 받아놓는다. 결제를 이행할 수 없는 상황이 발생하지 않도록 매일매일 시장환율을 확인해서 계약을 이행할 수 있는 수준 이상의 마진을 항상 채워 넣도록 한다.

통상 최초의 증거금은 거래금액의 20% 정도에서 시작한다. 따라서 통화선물 시장에서는 본인이 가지고 있는 자금(증거금 납입 가능 금액)보다 5배까지 선물을 매입할 수 있다. 이익과 손실도 원금의 5배까지 볼 수 있어 매우 위험이 큰 거래다. 시장환율이 이익을 볼 수 있는 수준을 매일 유지한다면 증거금을 추가로 납부할 이유가 없지만 시장환율이 불리하게 돌아가서 손실을 보게 된다면 증거금을 추가로 납입하도록 요청을 받는다. 마진콜은 외환 위기나 금융 위기 때 자주 등장하는 용어로 한 번쯤 들어봤을 것이다.

외환 위기나 금융 위기 때는 마진콜이 꼭 등장하기 마련이다. 마진콜이 일어났다는 뉴스가 나온다면 조심해야 한다. 마진콜을 당했다는 것은 통화선물이든 다른 상품의 선물이든 간에 상당한 수준(예컨대 유지증거금 수준)까지 손실을 봤다는 얘기이며 추가로 증거금을 납입하기 위하여 돈을 마련해야 한다는 의미다. 또한 시장 상황이 좋지 않다면 선물 가격의 추가 하락으로 마진콜을 당할 수도 있으므로 국제 금융시장은 금융기관이 마진콜을 당했다는 뉴스를 큰 악재로 인식하고 조심한다.

더 큰 문제는 마진콜을 당한 금융기관이 추가 증거금을 납입하지 못하는 상황이 발생하는 것인데, 이 말은 그 금융기관이 돈을 마련할 수 없다는 얘기이고 시장에 유동성 사정이 좋지 않다는 얘기도 된다. 이렇게 되면 통화선물은 그 시점에서 강제 청산을 당하고 결제시점까지 가지도 못하고 손실이 확정된다. 2008년 리먼 브라더스도 이 마진콜에 대응하지 못하고 무너졌다. 극단적으로는 거래 대상 자산(통화선물시장에서는 달러)의 가치가 0이 될 경우 자기 자금의 5배까지(자기 돈인 증거금이 20%이므로) 충당해야 하므로 이를 당한 기관은 유동성 위기로 연결될 수 있다. 2008년 글로벌 금융 위기를 다룬 영화 중 〈마진콜〉이나 〈빅 쇼트 Big short〉에서도 마진콜이 영화 전개에 중요한 요소로 등장한다. 마진콜이 무슨 뜻인지 알고 나면 이 영화들을 더욱 재미있게 즐길 수 있다.

환율 **노트** 핵심 **정리**

1 통화선물은 선물환 거래를 장내(거래소)에서 할 수 있는 거래로, 최소 거래금액 단위가 적어 개인도 투자 가능

2 통화선물은 선물환 거래(주로 은행 간에 이루어짐)와 달리 개인들이 참여함에 따라 거래금액의 일정 부분을 증거금(마진)으로 예치함
→ 만기일에 약속한 금액을 지급하지 못할 가능성에 대비하여 예치

3 통화선물의 가치가 많이 떨어지면, 추가 증거금 납입 요청을 받게 되는데, 이를 '마진콜'이라고 함

4 마진콜이 발생했다는 것은 통화선물의 가치와 기존 증거금을 합한 금액이 만기일에 지급할 금액을 초과했다는 의미로 큰 손실이 발생한 것을 뜻한다. 이는 금융시장의 유동성을 악화시키는 요인으로 작용하여 위기 국면에서 자주 발생

통화옵션시장

통화옵션은 보험

통화옵션은 외화를 특정 기간 중 특정 환율에 사거나(콜옵션) 팔(풋
옵션) 수 있는 권리를 말한다. 이는 교과서에서 사용하는 정의인데, 좀
처럼 머리에 들어오지 않는다. 이상언어에 속하기 때문이다. 이를 일
상언어로 어떻게 바꿀 수 있을까? 통화옵션을 알기 쉽게 이해하기 위
해서는 옵션을 보험상품으로 생각하는 것이다. 보험은 미래에 위험
이 발생하면 보상을 해주는 상품이다. 그 대가로 보험료를 받는다.
미래에 위험이 일어나지 않으면 당연히 보상도 없다. 이때는 보험료만 날리게 된다. 그렇다 하더라도 많은 사람이 보험을 든다. 혹시라도 위험이 발생하면 큰 손해를 입기 때문에 조그마한 보험료를 내고 이러한 큰 위험을 대비하는 것이다. 옵션도 미래에 위험이 발생하면 보상해주는 상품이다. 옵션에서는 어떤 위험을 보상해주는 걸까? 자동차보험은 자동차 사고를 보상해주고, 화재보험은 화재 발생에 따른 위험을 보상해주고, 생명보험은 사망 시 발생하는 위험을 보상해준다. 옵션은 가격 변화에 따른 위험을 보상해준다. 가격 변화가 무슨 위험이냐고 생각할 수 있겠지만, 자산을 가진 사람에게 자산 가격의 변동은 큰 위험이다. 이러한 가격 변화에 대해 보상해주는 것이 옵션이라고 보면 된다. 이 책에서는 환율에 대해 공부하고 있으므로 환율 변화에 대해 보상해주는 상품을 '통화옵션'이라고 보면 된다.

콜옵션은 환율이 일정 수준 이상으로 올라가면 보상해주는 보험상품이고, 풋옵션은 환율이 일정 수준 이하로 내려가면 보상해주는 보험상품이다. 이렇게 보상을 해주는 대가로 옵션도 보험료를 받는데, 이를 '프리미엄'이라고 한다. 영어로 보험료를 프리미엄이라고 하는데 우리나라에서는 옵션의 프리미엄을 보험료라고 번역하지 않고 영어 그대로 프리미엄이라고 쓴다. 보험료라고 했으면 옵션이 좀 더 쉽게 다가오지 않았을까.

콜옵션은 가격이 오를까 봐 걱정하는 사람들을 보호해준다. 자동차보험에서 자동차 사고와 같이 콜옵션에서 사고는 달러의 가격(환율)이 오르는 것이다. 어떤 사람들에게 콜옵션이 필요할까? 자녀가 미국으로 유학 가서 앞으로 4년간 6개월에 한 번씩 달러를 송금해야 하는 학부모는 환율(달러 가격)이 오르는 것이 걱정이다. 수입 계약을 하고 2개월 후에 50만 달러를 지급해야 하는 수입업체도 환율이 크게 오를까 봐 걱정이다. 이렇게 달러를 사야 하는 사람들은 환율이 오르는 것을 걱정하고 이에 대한 보험이 있다면 들고 싶다. 또, 달러 빚이 많은 사람이나 기업에도 환율이 오르는 것은 재앙과도 같다. 100만 달러를 빌렸는데, 환율이 100원만 올라도 1억 원을 추가로 갚아야 하기 때문이다. 이런 분들에게 환율이 1,100원 이상으로 오르면 오른 만큼 보상해준다는 보험이 있으면 좋을 것이다. 예컨대, 현재 환율이 1,000원인데 1,099원까지는 견딜 만하지만 1,100원이 넘으면 부담되는 사람은 1,100원 이상일 때 보상해주는 옵션을 사면 되는 것이다. 그럼 1,200원이 되더라도 100원을 보상받게 되어 결국은 1,100원에 사는 셈이 된다. 즉, 환율이 어떻게 되더라도 이 콜옵션 상품을 산 사람은 달러를 1,100원에 살 수 있는 것이다. 그런 점에서 교과서는 일정 환율에 살 수 있는 권리를 콜옵션이라고 정의한 것이다. 그렇지만 권리라고 이해하면 금방 헷갈리니까 이제부터는 환율이 오르면 보상해주는 보험이라고 이해하자.

풋옵션은 반대로 환율이 내려갈까 봐 걱정인 사람들을 보호해준다. 풋옵션에서의 사고는 달러의 가격(환율)이 내려가는 것이다. 어떤 사람들에게 풋옵션이 필요할까? 달러를 받아야 하거나 팔아야 하는 사람들일 것이다. 계약하고 2개월 후에 달러를 지급받기로 한 수출업체는 두 달 사이에 환율이 내려가면 손해이므로 환율이 내려갈까 봐 전전긍긍한다. 달러를 예금해놓은 사람들도 환율이 내려가면 손해이므로 걱정이 많다. 이렇게 달러를 나중에 원화로 바꾸어야 하는 사람들은 환율이 내려가는 것을 걱정하고 이에 대한 보험이 있다면 들고 싶을 것이다. 환율이 900원 이하로 떨어지면 내린 만큼 보상해주는 보험이 있으면 좋을 것이다. 예컨대, 현재 환율이 1,000원인데 901원까지 떨어지더라도 견디겠는데 900원 이하로 떨어지면 너무 부담이 되는 사람들은 환율이 900원 이하가 되면 그 차액을 보상해주는 옵션을 사면 된다. 그럼 800원이 되더라도 100원을 보상받아 결국은 900원에 파는 셈이 된다. 즉, 환율이 어떻게 되더라도 이 상품을 산 사람은 환율을 900원에 파는 효과를 보는 것이다. 이런 점에서 교과서는 일정 환율에 팔 수 있는 권리를 풋옵션이라고 정의한 것이다. 콜옵션과 마찬가지로 앞으로는 권리로 이해하지 말고 환율이 내리면 보상해주는 보험이라고 이해하자.

■ **콜옵션과 풋옵션의 실전적 정의**

	전통적 정의	실전적 정의
콜옵션	특정 환율에 살 수 있는 권리	환율 상승 시 보상해주는 보험
풋옵션	특정 환율에 팔 수 있는 권리	환율 하락 시 보상해주는 보험

이상에서 콜옵션과 풋옵션에 대해서 보험으로 이해하고 설명했다. 이와 관련된 몇 가지 용어를 더 이해하고 넘어가자. 위에서 옵션을 산 사람에게 보상이 발동되는 기준환율(위 사례에서 콜옵션에서는 1,100원, 풋옵션에서는 900원)을 행사가격이라고 한다. 행사가격은 보상

이 작동되는 가격 또는 보험 사고가 일어나는 가격이라고 이해하면
된다. 둘째는 옵션이 이러한 보상을 해주는 대가로 보험료를 받는다.
이를 옵션 프리미엄 또는 간단히 줄여서 프리미엄이라고 한다. 위 사
례에서 옵션 프리미엄이 50원이라고 하면 이들 옵션을 살 때 50원을
지급해야 한다. 따라서 프리미엄은 옵션의 가격으로 볼 수 있다. 콜
옵션의 경우 환율이 오를 가능성이 높을수록 보상해야 할 가능성이
커지므로 이 프리미엄은 올라갈 것이고 환율이 오를 가능성이 적을
수록 프리미엄은 낮아질 것이다. 이는 자동차 사고를 많이 낼 가능성
이 높은 사람들의 보험료가 높은 것과 같다.

■ 옵션과 보험

보험상품	보험 사고	보장 내역	보험료
콜옵션	환율이 일정 수준(행사가격) 이상 상승	환율 상승분에 대해 보상	프리미엄
풋옵션	환율이 일정 수준(행사가격) 이하 하락	환율 하락분에 대해 보상	프리미엄

이제 콜옵션과 풋옵션에 대한 마지막 고리를 연결해보자. 위에서
콜옵션과 풋옵션을 설명했지만 '콜call'과 '풋put'이 직관적이지 않기
때문에 아무리 이해를 잘했다고 하더라도 돌아서면 잊어버리는 것
이 콜과 풋의 의미다. 콜옵션이 환율이 내려가는 것을 보상해주는 것
인지 올라가는 것을 보상해주는 것인지가 '콜'과 '풋'에 직관적으로 드
러나지 않기 때문에 익숙해질 때까지는 이를 기억할 수 있도록 방법

을 찾아야 한다. 이 책에서는 기억하기 쉬운 일상언어를 사용해 2가지 방법으로 설명해보겠다. 자신이 더 잘 기억할 수 있는 방법을 골라 활용하면 된다.

첫 번째는 콜옵션과 관련된 것이다. 카드게임을 해본 분들은 콜의 의미를 알고 있다. 누가 베팅 금액을 올릴 때 이를 받으면 '콜'이라 하고 이를 받기 싫으면 그 판에서는 빠지게 된다. 즉, '콜'을 하면 상대방이 베팅 금액을 올린 것에 동의하고, 나는 베팅 금액이 올라도 걱정이 없을 만큼 자신이 있다고 선언한 것이다. 베팅 금액(가격, 환율)이 오르더라도 콜옵션에서 보상해주니 콜을 부른 것이라고 이해하면 오래 기억할 수 있다. 콜옵션은 '콜'했으니 가격이 오르더라도 보상받는다. 그리고 풋옵션은 콜옵션과 반대로 생각하는 것이다.

두 번째는 풋옵션과 관련된 것이다. 'Put'은 '놓아둔다'는 뜻을 확장하여 '밑을 받쳐준다'로 이해해서 가격이 내려가는 것을 받쳐준다는 의미, 즉 가격이 내려가면 보상해준다고 이해할 수 있다. 이러한 방법이 직관적이지 않다면, 국제 금융시장의 용어 중에 'Fed put'이라는 용어를 활용하여 풋옵션을 이해해보자. 'Fed put'에서 Fed는 미국의 중앙은행인 미 연준Federal Reserve System을 줄인 말이고 put은 풋옵션을 말한다. Fed put은 미 연준이 정책을 통해서 주식시장이 하락하는 것을 방지해주는 상황을 빗댄 용어이다. "미 연준이 확장적 통화정책을 계속 펼치고 있는데, 주식시장 참가자들은 이를 'Fed put' 상황으로 인식하여 주식시장이 계속 상승할 것으로 전망하고 있다." 이런 식으로 Fed put을 사용한다. 따라서 Fed put이 있다고 하면, 주가가 하락할 경우 미 연준이 주식시장을 바로 부양할 것이라는 뜻이다. 가격이 하락하면 하락하지 못하도록 정책을 펴서 이를 보상해준다는 의미다. 따라서 풋옵션에서의 풋을 'Fed put'에서의 풋으로 이해해 가격(환율)이 하락하면 보상해준다고 이해해도 좋다.

■ 콜과 풋을 기억하는 방법

> ▶ 콜: 카드게임에서 베팅 금액을 올릴 때 콜 → 베팅 올리는 것 받겠다는 의미 →
>   가격(베팅) 올라서 손해를 보더라도 누가 보상해준다고 믿을 때 콜
> ▶ 풋1: put은 바닥을 받쳐준다라는 의미 → 가격이 바닥 밑으로 떨어지면 보상해준다는
>   의미
> ▶ 풋2: Fed put은 주가가 하락하면 미 연준(Fed)이 개입하여 주가를 부양한다는 의미

옵션을 보험으로 보면 이를 파는 사람은 보험회사라고 볼 수 있다. 콜옵션은 가격이 일정 수준 이상 올라가면 올라간 만큼 보험금을 지불하게 되는데 그 가능성을 잘 계산해서 보험료(프리미엄 또는 수수료)를 산정한다. 풋옵션은 가격이 일정 수준 이하로 내려가면 내려간 만큼 보험금을 지불하게 되는데 그 가능성을 잘 계산해서 보험료(프리미엄 또는 수수료)를 산정하여 받는다. 가격 상승이나 하락에 대한 예측을 잘못하면 옵션을 파는 사람은 큰 손해를 보게 되므로 그 가능성을 잘 계산해서 보험료(수수료)를 결정해야 한다. 이는 자동차 보험료를 산정하는 것과 유사하다. 사고 가능성 등을 종합해서 보험료를 적정하게 산출하는 것이 보험회사의 가장 큰 일 중 하나이고 보험회사의 성

패를 좌우하는 것과 같이 옵션의 프리미엄도 잘 산정하지 못하면 옵션을 판 기관은 큰 손실을 볼 수 있다. 옵션을 사는 사람은 보험료(프리미엄)만큼만 비용이 들지만 옵션을 파는 사람은 보험 사고(콜옵션의 경우 가격 상승, 풋옵션의 경우 가격 하락)가 생기면 보상해야 할 금액이 상상 이상으로 커질 수 있으니 (대형 선박사고를 생각해보라) 조심해야 한다.

통화옵션을 사고파는 사람들의 심리 상태를 생각해보는 것도 통화옵션을 이해하는 데 도움이 된다. 콜옵션을 사는 사람은 가격이 오를까 봐 걱정인 사람들이다. 기꺼이 프리미엄을 내고 이를 보상하는 콜옵션을 사게 된다. 반대로 가격이 행사가격 이상으로 오를 것 같지 않다고 생각하는 사람은 콜옵션을 팔려고 할 것이다. 콜옵션을 팔게 되면 프리미엄을 받으므로 행사가격 이상으로 오르지만 않으면 프리미엄만큼 이득을 볼 수 있기 때문이다. 이런 두 사람이 만나서 콜옵션 거래가 성사된다. 풋옵션을 사는 사람은 가격이 내릴까 봐 걱정인 사람들이다. 기꺼이 프리미엄을 내고 이를 보상하는 풋옵션을 사서 마음의 안정을 찾고 싶다. 반대로 아무리 생각해봐도 가격이 행사가격 이하로 떨어지지 않을 것 같다고 생각하는 사람은 풋옵션을 팔려고 할 것이다. 가격이 행사가격 이하로 떨어지지만 않으면 프리미엄만큼 이익을 보기 때문이다. 이런 두 사람이 만나 풋옵션을 거래하게 된다.

통화옵션을 하는 이유

통화옵션은 파생상품이므로 다른 파생상품과 마찬가지로 시작은 위험을 회피하는 목적, 즉 헤지할 목적으로 생겨났고 활용되었으나 그 과정에서 투기 목적으로 활용될 수 있다는 점을 발견해 오히려 투기 수단으로 이용될 때가 더 많아졌다.

① 위험회피를 하는 경우

통화옵션의 본래 목적은 위험을 회피하는 것이다. 앞에서 제시한 사례로 다시 가보자. 수출기업 A는 수출대금 100만 달러를 6개월 후에 받기로 했는데 A는 6개월 후에 환율이 변동되어 100만 달러의 원화 가치가 변동되는 것이 싫다. 이 경우 앞에서 설명한 선물환 거래나 통화선물로 위험을 회피할 수도 있으나 통화옵션 거래로 위험을 헤지할 수도 있다. A는 6개월 후에 달러를 팔아야 하는 입장이므로 달러의 가격(즉 환율)이 떨어지면 손해를 본다. 내려가는 것이 걱정되어서 바닥을 받쳐주는(put) 상품이 필요하면 풋옵션을 사야 한다. A 기업이 생각하는 마지노선, 이를테면 이 정도 가격(예컨대 1,000원이라고 하자) 이하로 떨어지면 안 된다는 선이 있을 것이다. 그러면 100만 달러에 대해 행사가격 1,000원의 풋옵션을 매입하면 된다. 옵션을 행사할 수 있는 기간(보험기간)은 100만 달러가 들어오는 6개월 후까지로 설정하면 된다. 이 풋옵션의 보험료(프리미엄)는 0.1%(= 1,000달러 = 100만 원)라고 하자. 이 풋옵션을 다시 정리하면, 행사가격은 보험사고가 일어나기 시작하는 가격이고 행사기간은 보험기간에 해당한다. 그래서 6개월 동안 환율(달러 가격)이 1,000원 이하로 떨어지면 그 차액을 전액 보장한다는 계약이다. 환율이 900원이 되었다면 100원의 차액이 생겼으므로 1억 원(= 100만 달러 × 100원)의 보상을 받는다. 비용은 보험료 100만 원이다. 환율이 1,200원이 되었다면 보험 대상 사고가 생기지 않았으므로 보상은 없고 보험료 100만 원만 사라진다. 이를 표로 나타내면 아래와 같다.[16]

표 9-2 | 풋옵션 매입 시 환율 변화에 따른 보상 및 비용

풋옵션 매입	거래금액 100만 달러, 행사가격 1,000원, 행사기간 6개월, 프리미엄 0.1%(100만 원)			
시장환율	보험 사고 발생 여부	보상금액(A)	비용(B)*	총 손익 (A−B)**
1,200원	미발생	없음	100만 원	−100만 원
1,100원	미발생	없음	100만 원	−100만 원
1,000원	미발생	없음	100만 원	−100만 원
900원	발생	1억 원 100만 달러×(1,000원 − 900원)	100만 원	9,900만 원
800원	발생	2억 원 100만 달러×(1,000원 − 800원)	100만 원	1억 9,900만 원

* 옵션의 프리미엄이라고 한다. ** 옵션의 페이오프라고 한다.

---

16   옵션의 보험기간(또는 행사기간)은 옵션의 종류에 따라 만기일까지 어느 때든 옵션을 행사(즉, 보상을 받는)할 수 있기도 하고(아메리칸 방식), 만기일 하루만 옵션을 행사할 수 있기도 하다(유러피언 방식).

이를 그래프로 그려보면, 옵션 교과서에서 많이 볼 수 있는 풋옵션의 손익구조pay-off 그래프가 된다.

그림 9-1 | 풋옵션 매입 시 손익구조

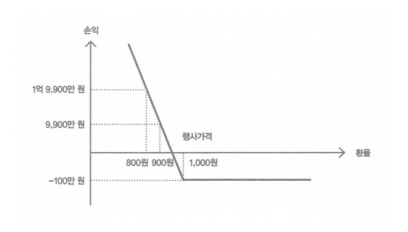

위 사례와 반대로 환율이 올라가는 것이 문제인 사람도 있다. 수입업체 B는 수입대금 100만 달러를 6개월 후에 지급해야 한다. 그런데 6개월 후에 환율이 변동되어 100만 달러의 원화 가치가 달라지는 것이 싫다. 이 경우에도 선물환 거래나 통화선물로 위험을 회피할 수 있으나 통화옵션 거래를 해도 위험을 헤지할 수 있다. 수입기업 B는 6개월 후에 달러를 사서 수입대금을 지급해야 하는 입장이므로 달러의 가격(즉 환율)이 상승하면 손해를 본다. 달러가 오르더라도 보상해주는 콜옵션을 사서 '콜'하자. B기업이 생각하는 마지노선이 있을 것이다. 이 정도 가격(예컨대 1,000원이라고 하자) 이상으로 올라가면

안 된다는 가격을 행사가격으로 하여 콜옵션을 100만 달러에 매입하면 된다. 옵션을 행사할 수 있는 기간(보험기간)은 100만 달러를 지급해야 하는 6개월 후로 설정하면 된다. 이 콜옵션의 보험료(프리미엄)는 0.1%(= 1,000달러 = 100만 원)라고 하자. 이 콜옵션을 다시 정리하면, 6개월 동안 환율(달러 가격)이 1,000원 이상으로 올라가면 그 차액을 전액 보상한다는 계약이다. 환율이 1,100원이 되었다면 100원의 차액이 생겼으므로 1억 원(= 100만 달러 × 100원)의 보상을 받는다. 비용은 보험료 100만 원이다. 환율이 900원이 되었다면 보험 대상 사고가 생기지 않았으므로 보상은 없고 보험료 100만 원만 사라진다. 이를 표로 나타내면 아래와 같다.

표 9-3 | 콜옵션 매입 시 환율 변화에 따른 보상 및 비용

콜옵션 매입 거래금액 100만 달러, 행사가격 1,000원, 기간 6개월, 프리미엄 0.1%(100만 원)

시장환율	보험 사고 발생 여부	보상금액(A)	비용(B)*	손익(A-B)**
1,200원	발생	2억 원 = 100만 달러×(1,200원 − 1,000원)	100만 원	1억 9,900만 원
1,100원	발생	1억 원 = 100만 달러×(1,100원 − 1,000원)	100만 원	9,900만 원
1,000원	미발생	없음	100만 원	-100만 원
900원	미발생	없음	100만 원	-100만 원
800원	미발생	없음	100만 원	-100만 원

* 옵션의 프리미엄이라고 한다. ** 옵션의 페이오프라고 한다.

이를 그래프로 그려보면, 옵션 교과서에서 많이 볼 수 있는 콜옵션의 손익구조pay-off 그래프가 된다.

그림 9-2 │ 콜옵션 매입 시 손익구조

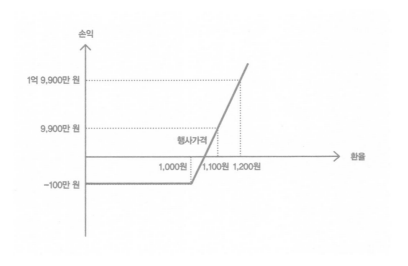

위 표와 그림에서 의문점이 생겼다면 이 책을 잘 읽고 있다는 방증이다. 앞에서 통화옵션은 위험을 회피하는 수단이라고 해놓고 표와 그림을 보면 환율 변동에 따라 이익(손익구조 또는 페이오프를 보라)을 보는 것으로 나타나 있으니 말이다. 통화옵션을 사면 사고가 날 때 이익을 보는 것인가? 아니다. 위에서 설명한 표와 그림은 통화옵션 자체의 손익구조를 설명한 것이다. 그러니까 통화옵션을 산 사람의 전체 손익을 나타내는 것이 아니다. 자동차보험을 예로 들면, 보험료가 100만 원인 보험에 가입했는데 2,000만 원 상당의 보험 사고가 났다

면 2,000만 원을 보험회사에서 보상을 받는다. 그러면 이 사람은 이 보험으로부터 2,000만 원 - 100만 원 = 1,900만 원 이익을 본 것이다. 그러나 이 사람이 실제 1,900만 원의 이익을 본 것인가? 아니다. 사고로 2,000만 원의 손해가 났으므로 결과적으로는 100만 원의 손해를 본 것이다. 보험을 든 사람의 입장에서는 사고가 발생하지 않는 것이 사고가 발생해서 보험금을 받는 것보다 대체로 낫다. 다만, 사고가 발생한 경우 그 피해를 최소화하는 것이 보험이다.

통화옵션도 마찬가지다. 앞에서 풋옵션이나 콜옵션이나 모두 사고가 발생(환율이 상승하거나 하락)해야 보험금을 받을 수 있으므로 이익이라 할 수 있지만, 이 보험금은 사고가 발생함으로써 발생한 손실을 메꾸는 정도밖에 되지 않는다. 이 부분을 종종 헷갈려 하는데, 이를 옵션별로 구분해서 설명해보자. 먼저 풋옵션을 매입했는데 걱정했던 일이 발생했다고 하자. 풋옵션을 산 사람이 걱정했던 일은 가격이 하락하는 것이다. 환율이 900원이 되었다면 표 9-2에서 보듯이 수출기업은 1억 원을 보상받는다. 그러나 환율이 900원이 됨으로써 수출 대금으로 받은 100만 달러의 가치가 10억 원에서 9억 원으로 하락하게 된다. 그래서 보상받은 1억 원을 더해서 10억 원으로 맞추는 것이다. 즉, 환율이 내려가도 이 업체는 원하는 10억 원을 확보하게 된 것이지(물론 100만 원의 보험료 비용이 발생했지만 이 정도는 부담할 만하다) 이익을 본 것은 아니다. 따라서 가격이 하락하면 마치 이익을 보는 것같이 표현되어 있지만 사실은 자동차 사고 발생 시 피해를 최소화하는 것처럼 피해를 없애준 것이다.

반면에 옵션 사고가 발생하지 않았다고 해보자. 예컨대 환율이 1,200원이 되었다고 해보자. 그러면 위 표에서는 보험료만 날린 것 같이 되어 있지만 실제로는 큰 이익이 발생한다. 수출대금으로 받은 100만 달러의 가치가 12억 원이 되어 당초 생각했던 것보다 2억 원의 추가 수익이 발생한 것이다. 따라서 위험을 헤지할 대상(수출대금 100만 달러)이 있는 경우에는 풋옵션을 샀다고 하더라도 환율이 상승하는 것이 더 좋다. 그러므로 헤지 대상이 있는 경우 풋옵션을 샀는데 환율이 하락하면 보상을 받아 본전이 되고, 환율이 상승하면 자산 가격이 상승해서 이익이 된다. 이래도 좋고 저러면 더 좋은 상황이 된다. 프리미엄은 이런 상황을 누리기 위해 지불하는 비용이다.

옵션의 이러한 점을 감안해서 헤지할 대상이 있는 사람에게 옵션의 손익구조를 설명할 때, 1)헤지 전 포지션(손익구조), 2)옵션의 포지션(손익구조), 3)헤지 후 포지션(손익구조)을 구분해서 설명한다. 헤지 전 포지션은 옵션을 사지 않았을 경우 손익으로, 환율 변동에 따라 달러 자산에 손익이 발생하는 것을 나타낸다. 달러 자산을 가지고 있는 사람(수출업체)의 경우 환율이 오를수록 좋고 달러 자산이 필요한 사람(수입업체)은 환율이 내릴수록 이익이다. 옵션의 포지션은 옵션 자체가 환율 변화로 인해서 어떤 이익을 주는가를 나타내는 것이다. 콜옵션의 경우 가격(환율)이 오르면 보상을 받게 되고, 풋옵션의 경우 가격(환율)이 내리면 보상을 받게 되어 이익인 것이다. 헤지 후 포지션은 이 둘을 합쳐서 옵션을 샀을 때 발생하는 총체적인 손익을 따지는 것인데, 원래 본인의 자산 상황과 옵션 상황을 종합해서 최종 손익이 어떻게 되는가를 따진다. 실제로 중요한 것은 헤지 후 포지션이다. 하지만 옵션의 가치를 평가할 때는 옵션의 포지션을 살펴봐야 하고 본인에게 어떤 위험이 있는지를 알기 위해서는 헤지 전 포지션을 살펴봐야 한다. 표 9-4에 이 3가지가 정리되어 있다. 참고로, 옵션의 포지션은 옵션의 손익구조, 헤지 후 포지션은 옵션의 종합 포지션 또는 옵션의 종합 손익구조라고도 한다.

표 9-4 | 풋옵션 매입 시 종합 포지션

상황 수출업체 A는 6개월 후 100만 달러를 수출대금으로 받게 됨. 이 금액을 헤지하기 위해 달러 풋옵션을 행사가격 1,000원에 100만 달러 매입

환율	헤지 전 포지션(A) (옵션이 없을 경우 손익)	옵션 포지션(B) (옵션 자체의 손익)	헤지 후 종합 포지션 (A+B) (옵션을 산 경우 총 손익)
1,200원	+2억 원(=12억 원-10억 원)	-100만 원	1억 9,900만 원
1,100원	+1억 원(=11억 원-10억 원)	-100만 원	9,900만 원
1,000원	0원 (=10억 원-10억 원)	-100만 원	-100만 원
900원	-1억 원(=9억 원-10억 원)	9,900만 원 (=1억 원-100만 원)	-100만 원
800원	-2억 원(=8억 원-10억 원)	1억 9,900만 원 (=2억 원-100만 원)	-100만 원

* 헤지 전 포지션: 옵션을 사지 않았을 경우 환율 변동에 따라 발생하는 이익과 손실(달러가 들어오게 되어 있으므로 환율이 오르면 이익, 내리면 손실)

** 옵션 포지션: 옵션으로부터 나오는 손익(환율이 내리면 보상) = 표 9-2의 총 손익과 같음

*** 헤지 후 종합 포지션: 환율 변동에 따른 손익과 옵션으로부터 발생하는 보상 등을 종합한 최종 손익

그림 9-3 | 풋옵션 매입 시 종합 포지션

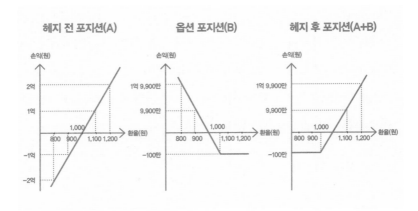

콜옵션도 마찬가지다. 콜옵션을 매입했는데 환율이 1,100원으로 상승했다면 표 9-3에서 보듯이 수입업체는 1억 원을 보상받는다. 그러나 환율이 1,100원이 되면 지불해야 하는 수입대금 100만 달러를 확보하기 위해 10억 원보다 1억 원이 많은 11억 원을 확보해야 한다. 그래서 보상받은 1억 원을 더해서 11억 원으로 맞추는 것이다. 환율이 상승해도 이 업체는 원하는 10억 원으로 수입대금 100만 달러를 확보하게 된다(물론 100만 원의 보험료가 비용으로 발생했지만 이 정도는 부담할 만하다). 환율이 상승하면 할수록 마치 이익을 보는 것같이 표현되었지만 피해를 없애준 것이지 이익을 본 것은 아니다. 반면에 옵션 사고가 발생하지 않았다고 해보자. 예컨대 환율이 800원이 되었다고 해보자. 그러면 표 9-3에서 보듯이 보험료만 날린 것 같지만 실제로는 큰 이익이 발생한다. 지불해야 하는 수입대금 100만 달러를 확보

하기 위해 10억 원이 아니라 8억 원만 있으면 되니 당초 생각했던 것보다 2억 원의 추가 이익이 발생했다. 따라서 위험을 헤지할 대상(수입대금 100만 달러)이 있는 경우에는 콜옵션을 샀다고 하더라도 환율이 상승하는 것이 더 좋다. 그러므로 헤지 대상이 있고 콜옵션을 샀을 때 환율이 상승하면 보상을 받아 본전이 되고, 환율이 하락하면 지급해야 할 돈이 줄어들어서 이익이 된다. 이래도 좋고 저러면 더 좋은 상황이 된다. 이런 상황을 누리기 위해 프리미엄을 지불하는 것이다.

표 9-5 │ 콜옵션 매입 시 종합 포지션

상황 수입업체 B는 6개월 후 100만 달러를 수입대금으로 지불하여야 함. 이 금액을 헤지하기 위해 달러 콜옵션을 행사가격 1,000원에 100만 달러 매입

환율	헤지 전 포지션(A) (옵션이 없을 경우 손익)	옵션 포지션(B) (옵션 자체의 손익)	헤지 후 포지션 (A+B) (옵션을 산 경우 총 손익)
1,200원	−2억 원 (=10억 원−12억 원)	1억 9,900만 원 (=2억 원−100만 원)	−100만 원
1,100원	−1억 원 (=10억 원−11억 원)	9,900만 원 (=1억 원−100만 원)	−100만 원
1,000원	0원(=10억 원−10억 원)	− 100만 원	−100만 원
900원	−1억 원(=10억 원−9억 원)	− 100만 원	9,900만 원
800원	+2억 원(=10억 원−8억 원)	− 100만 원	1억 9,900만 원

* 헤지 전 포지션: 옵션을 사지 않았을 경우 환율 변동에 따라 발생하는 이익과 손실(달러가 들어오게 되어 있으므로 환율이 오르면 이익, 내리면 손실)
** 옵션 포지션: 옵션으로부터 나오는 손익(환율이 내리면 보상) = 표 9-3의 총 손익과 같음
*** 헤지 후 종합 포지션: 환율 변동에 따른 손익과 옵션으로부터 발생하는 보상 등을 종합한 최종 손익

콜옵션의 경우도 헤지 전 포지션, 옵션 포지션, 헤지 후 포지션을 표 9-5와 그림 9-4로 정리할 수 있다.

그림 9-4 | 콜옵션 매입 시 종합 포지션

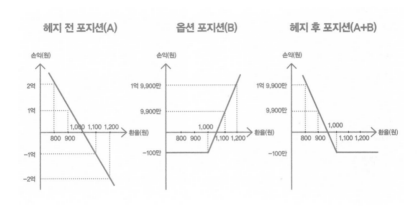

② 투기 거래로 이용하는 경우

통화옵션도 다른 파생상품과 마찬가지로 헤지를 위해 태어났으나 적극적으로 이익을 내기 위해 활용할 수 있다. 헤지할 것이 없는 사람이 옵션을 사게 되면 사고 발생 시(풋옵션의 경우 환율 하락, 콜옵션의 경우 환율 상승) 보상금(보험금)을 받는데, 이 보상금으로 헤지할 대상이 없기 때문에 보상금은 그대로 이익이 된다. 이러한 원리를 이용하여 옵션을 투기 거래로 활용하려는 동기가 발생했으며 통화옵션시장에서도 투기적 거래가 많은 편이다. 즉, 달러가 오를 것 같으면 달러의 사용처(실수요처)가 없음에도 불구하고 콜옵션을 매입해 표 9-5 옵션 포지선에서 보듯이 이익을 노린다. 환율이 행사가격보다 오르면 그 차액만큼 보상해주기 때문이다. 이때 헤지 전 포지션(헤지할 대상)이 없으므로 종합 포지션은 옵션 포지션과 동일하게 된다. 예컨대, 행사환율 1,000원의 콜옵션을 100만 달러어치 매입하고 프리미엄이 100만원이었다면 환율이 1,100원이 될 경우 1억 원의 보상을 받게 되고 이 1억 원은 실수요처가 있는 경우와 달리 이익으로 확정된다. 따라서 투기 거래로 통화 콜옵션을 매입하는 사람은 환율이 1,000원보다 오르면 오른 차액만큼 지급하는 복권을 프리미엄을 주고 사는 것과 같다. 환율이 오르지 않으면 프리미엄을 날리고 환율이 오르면 이익을 내는 것이다.

반대로 달러가 내릴 것 같으면 풋옵션을 매입하면 이득을 볼 수가 있다. 환율이 900원이 되면 1억 원의 보상이 나오고 이 1억 원은 헤지 대상이 되는 자산이 없을 때에는 이익으로 최종 확정된다. 따라서 투기 거래로 통화 풋옵션을 매입하는 사람은 환율이 1,000원보다 내리면 내린 차액만큼 지급하는 복권을 프리미엄을 주고 사는 것과 같다. 환율이 내리지 않으면 프리미엄을 날리고 환율이 내리면 이익을 보는 것이다.

▶ 헤지할 대상 없이 콜옵션을 산 경우: 환율이 행사가격(환율) 이상으로 오를 경우 그 차액을 지급하는 복권(또는 보험)을 산 것과 같음(복권 가격은 프리미엄)
▶ 헤지할 대상 없이 풋옵션을 산 경우: 환율이 행사가격(환율) 이상으로 내릴 경우 그 차액을 지급하는 복권(또는 보험)을 산 것과 같음(복권 가격은 프리미엄)

누가 왜 통화옵션을 파는가?

통화옵션을 파는 이유는 통화옵션을 사는 사람과 반대이다. 풋옵션을 사는 사람은 가격이 내릴 것을 걱정하는 데 반하여 풋옵션을 파는 사람은 가격이 내릴 가능성이 적다고 본다. 콜옵션을 사는 사람은 가격이 오를 것을 걱정하는 데 반하여 콜옵션을 파는 사람은 가격이 오를 가능성이 적다고 본다. 가격이 내리거나(풋옵션) 오르는(콜옵션) 상황이 발생하는 것은 옵션 거래에서 사고가 발생한 것이다. 따라서 옵션 가격, 즉 프리미엄을 결정할 때는 이 사고 가능성을 잘 예측해야 한다. 사고 가능성이 높다면 프리미엄은 올라갈 것이고 사고 가능성이 낮다면 프리미엄은 내려갈 것이다. 자동차 사고가 많이 발생하면 자동차 보험료가 올라가는 것과 같다.

그리고 통화옵션을 사는 사람과 파는 사람은 위험에 노출되는 방식이 비대칭적이다. 앞에서 살펴보았듯이 통화옵션을 사는 사람은 사고가 발생하면 그 피해액을 다 보상받고 사고가 발생하지 않으면 프리미엄만큼의 손해가 난다. 즉 이익(보상)은 무한대로 커질 수 있으나 손실(프리미엄)은 사전에 정해진 수준으로 제한된다. 그러나 통화옵션을 파는 사람은 그 반대다. 사고가 발생할 경우 그 손해가 아무리 크더라도 보상해주어야 하므로 손실(보상해주어야 하는 금액)은 무한히 커질 수 있으나 이익은 프리미엄으로 제한된다. 따라서 통화옵션을 파는 사람들은 보험회사와 마찬가지로 사고 가능성 등을 잘 파악해서 프리미엄을 설정해야 하고 만약의 사태에 대비하여 사고가 날

표 9-6 | 옵션 매도자의 손익구조

콜옵션 매도 A은행은 행사가격 1,000원에 콜옵션 100만 달러 판매, 프리미엄은 100만 원

시장환율	보험 사고 발생 여부	비용(=보상금액)(A)	수익(B)*	총 손익(B-A)
3,000원	발생	20억 원 =100만 달러×(3,000원-1,000원)	100만 원	-19억 9,900만 원
1,200원	발생	2억 원 =100만 달러×(1,200원-1,000원)	100만 원	-1억 9,900만 원
1,100원	발생	1억 원 =100만 달러×(1,100원-1,000원)	100만 원	-9,900만 원
1,000원	미발생	없음	100만 원	100만 원
900원	미발생	없음	100만 원	100만 원
800원	미발생	없음	100만 원	100만 원

풋옵션 매도 A은행은 행사가격 1,000원에 풋옵션 100만 달러 판매, 프리미엄은 100만 원

시장환율	보험 사고 발생 여부	비용(=보상금액)(A)	수익(B)	총 손익(B-A)
1,200원	미발생	없음	100만 원	100만 원
1,100원	미발생	없음	100만 원	100만 원
1,010원	미발생	없음	100만 원	100만 원
900원	발생	1억 원 =100만 달러×(1,000원-900원)	100만 원	-9,900만 원
800원	발생	2억 원 =100만 달러×(1,000원-800원)	100만 원	-1억 9,900만 원
0원	발생	10억 원 =100만 달러×(1,000원-0원)	100만 원	-9억 9,900만 원

경우 자신도 보상을 받는 거래(이를 반대 거래라고 한다)를 함으로써 손실 위험에 무한히 노출되는 것을 방지한다. 보험회사가 보험액의 규모가 큰 보험(선박 보험 등)의 경우 자신들도 다시 보험을 들어(이를 재보험이라 한다) 유사시에 발생할 수 있는 큰 보험금 지급으로 인해 회사가 위험해지는 것을 방지해두는 것과 같다.

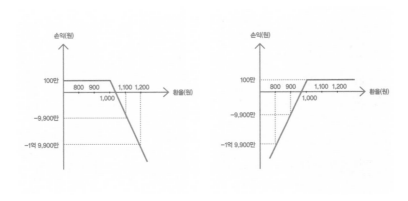

그림 9-5 | 콜옵션 매도 시 손익 구조   그림 9-6 | 풋옵션 매도 시 손익구조

옵션 거래의 위험

투자자들 사이에서 미운 사람이 있으면 옵션을 가르쳐주라는 얘기가 있다. 통화옵션을 과도하게 사용하거나 좀 안다고 잘못된 방식으로 활용할 경우 소위 '패가망신'할 수 있기 때문이다. 옵션을 사는 사람은 프리미엄이 손실의 최대 폭이므로 위험이 제한되지만 옵션을 파는 사람은 앞에서 설명한 표에서 보듯이 무한대의 손실을 볼 수가

있다. 다시 보험에 비유해보자. 콜이든 풋이든 옵션을 사는 것은 보험에 가입하는 것과 같다. 보험료만큼의 비용이 발생하고 보험 사고가 일어나면 보상을 받고 사고가 생기지 않으면 보험료만 잃을 뿐이다. 그러나 보험을 파는 보험사 입장은 전혀 다르다. 보험 사고가 한번 제대로 나면 보험금이 어마어마할 수 있다. 그래서 보험사들은 보험료 산정에 많은 공을 들이고 그것도 불안해서 큰 금액의 보험 사고 가능성에 대해서는 본인들도 다른 보험사에 보험을 들어서 위험을 분산시킨다. 그런데 일반인이 보험을 판다고 생각해보자. 당장 보험료를 받는 것은 좋지만 보험 사고가 터지면 집안이 망할 수 있다. 일반인이 5,000억 원의 선박에 대한 보험을 팔 수 있겠는가? 그래서 일반인은 보험을 팔지 않는다(정확하게는 팔 수가 없다).

그런데 옵션은 이런 일이 일어날 수 있다. 옵션을 매도하는 사람은 작은 보험료를 챙기는 대신에 다른 사람의 위험을 떠안기 때문에 손실이 무한정 커질 수 있다. 풋옵션의 경우 가격이 하락해봤자 0원이므로 최대 손실 폭은 풋옵션 거래금액(앞에서의 사례에 따르면 10억 원)이 되어 원금이 최대 손실 폭인 반면, 콜옵션의 경우 이론적으로 가격이 무한대로 상승할 수 있으므로 손실도 무한대로 커질 수 있다(가격이 마이너스가 될 수도 있다. 2020년 4월에 유가선물 가격이 마이너스로 갔으니 이를 풋옵션으로 팔았다면 원금뿐만 아니라 원금의 몇 배 손실이 날 수 있다). 개인 투자자가 옵션투자로 망했다고 하는 경우는 거의 대부분이 옵션을 매도한 경우이다. 따라서 옵션 매도자는 자금력과 전문성이 뛰어난 은행이나 기관이 대부분이고 이들은 옵션 매도에 따른 위험을 다시 헤지하는 반대 거래를 통해 위험을 방지하는 조치를 한다(금융기관의 위험관리 담당 부서에서 이런 일을 한다).

옵션을 사는 사람의 최대 손실액은 프리미엄이라고 했다. 하지만 이 프리미엄도 쌓이면 큰 금액이 될 수 있고 손실액이 커질 수 있다. 예컨대, 1달러당 프리미엄이 10원인데 1억 달러어치의 콜옵션을 샀다면, 프리미엄만 10억 원이 된다. 환율이 옵션 행사가격 이하에서 움직일 경우 프리미엄 10억 원을 잃는 것이다. 공격적인 옵션 투자자는 살 때도 이렇게 큰 금액을 투자하기 때문에 프리미엄 손실 규모도 클 수 있다.

키코의 비극은 개인 수출기업의 옵션 매도에서 출발

이렇게 위험한 옵션 매도를 하는 개인이 있을까? 이런 위험을 정확히 안다면 아무도 위험한 옵션 매도를 하지 않을 것이다. 그러나 금융상품, 특히 파생상품의 거래 방식은 너무 복잡하게 얽혀 있어 언뜻 보기에는 모를 수 있으나 그 안에는 개인이 자신도 모르게 옵션을 파는 보험회사의 역할을 하고 있을 수 있다. 2008년 우리 사회를 뒤흔들었던 키코KIKO: Knock-in Knock-out 사태는 옵션 매도의 위험성을 보여주는 대표적인 사례다.

키코는 전형적인 통화옵션 상품이다. 콜옵션과 풋옵션을 섞어서 만들어진 키코는 당시 수출기업으로부터 큰 인기를 얻고 있었기 때문에 키코 사태가 발생했을 당시 많은 수출기업이 큰 어려움을 겪었고, 그동안 공들여 키워왔던 기업이 하루아침에 문을 닫는 사태가 속출하였다. 옵션을 정확하게 알았으니 이제 키코가 왜 그렇게 사회적 물의를 일으켰는지 살펴보자.

수출기업은 다음과 같은 옵션 거래를 한 것이다. 'Knock-in Knock-out'은 아래의 내용을 참고하자.

■ 키코: 아래와 같이 조건부 풋옵션 매입과 조건부 콜옵션 매도를 동시에 하는 거래

▶ 조건부 풋옵션 매입: 환율 행사가격(예: 1,000원)
  • 조건 1: 평상시에는 풋옵션이 작동하지만 한 번이라도 많이 떨어지는 일이 발생하면 (예: 900원 이하) 풋옵션이 소멸(보상받지 못함)
  * 한 번이라도 900원 이하로 떨어지는 일이 발생하는 것을 knock-out(옵션 효과 소멸)되었다고 함

▶ 조건부 콜옵션 매도: 환율 행사가격(예: 1,000원)
  • 조건 2: 한 번이라도 크게 오르는 일이 발생해야(예: 1,200원) 콜옵션이 발효되고, 그렇지 않을 경우엔 행사가격과 관계 없이 콜옵션 발효되지 않음(보상해주지 않아도 됨)
  * 한 번이라도 1,200원 이상으로 오르는 일이 발생하는 것을 knock-in(옵션 효과 발효)되었다고 함
  • 조건 3: 콜옵션 매도 규모는 풋옵션 매입 규모의 2배여야 함

▶ 프리미엄: 없음
  • 풋옵션 매입 시 지급해야 할 프리미엄과 콜옵션 매도 시 받아야 할 프리미엄 상쇄

▶ 키코 옵션 자체의 효과
  환율이 1,000원 이하로 떨어지면 보상(풋옵션 매입 효과)받되 900원 이하로 떨어진 적이 있으면 보상받지 못하고, 1,200원 이상으로 상승한 적이 한 번이라도 있으면, 1,000원과의 차액을 전액 보상해주어야 함
  → 1) 환율이 (900~1,000원)일 때: 1,000원과의 차액 보상 받음
    2) 환율이 (1,000~1,200원)일 때: 보상하지도 보상받지도 않음
    3) 환율이 한 번이라도 900원 이하로 떨어진 적이 있는 경우: 환율이 아무리 떨어져도 보상 없음

4) 환율이 한 번이라도 1,200원 이상으로 올라간 적이 있는 경우: 환율이 1,000원 이상일 경우
1,000원과의 차액을 보상해주어야 함
→ 환율이 보험기간 중에 900~1,200원 사이에만 있으면 이익을 보지만, 그 외 상황이 한 번
이라도 발생하면 크게 손해를 볼 수 있는 구조

▶ 키코 매입자의 헤지 후 포지션
수출기업은 수출대금인 달러 자산을 가지고 있으므로(또는 곧 들어올 것이므로), 환율이
1,000원 이하로 떨어지면 보상을 받아서 수출대금 가치 하락분을 상쇄할 수 있고, 환율
이 오르면 수출대금 가치가 오르는데 보상을 해줄 필요가 없으므로(1,200원이 넘어가지
않으면 콜옵션 매도 효과가 없으므로) 이익을 본다. 즉, 환율이 900~1,200원 사이에 있으
면 환율이 오르거나 내리거나 손해는 없고 이익만 볼 뿐이다. 그리고 이 상품을 사는
데 드는 비용(프리미엄)도 없으니 금상첨화인 상품이다. 단, 환율이 900~1,200원 사이
에만 있으면 말이다.

키코의 이러한 점 때문에 수출기업들이 가입하기 시작했고 이에
가입한 수출기업들이 짭짤한 이익을 보면서 입소문을 타기 시작한
키코는 대유행을 하게 되었다. 그런데 여기서 간과한 것이 있다. 환율
이 900원 이하로 하락하는 일이 발생하거나 1,200원 이상으로 상승
하는 일이 발생할 때이다. 그 당시 2년간 환율이 900원에서 990원 사
이를 횡보했고 당시로서는 환율이 1,200원 이상으로 오르거나 900원
이하로 하락하는 일은 상상할 수 없다고들 생각했다.

어쨌든 키코 매입자의 손익구조를 살펴보자. 환율이 1,200원 이상
으로 오르는 일이 한 번이라도 발생하면 갑자기 보상해주어야 할 비용
이 급증한다. 콜옵션을 매도한 부분은 2배를 거래했기 때문에 100만
달러를 거래했으면 콜옵션은 200만 달러로 거래한 셈이 된다. 따라
서 환율이 1,200원이 되면 4억 원을 물어주어야 하고 자신이 가지고

있는 수출대금 100만 달러는 환율 상승으로 2억의 이익이 나므로 최종적으로 2억 원의 손실이 발생한다. 1,300원이 되면 3억 원의 손실이 발생한다. 환율이 상승할수록 수출업체는 달러를 가지고 있으므로 이익이 발생해야 하는데 키코 가입으로 오히려 손실이 눈덩이처럼 발생하는 것이다. 실제로 2008년 9월 리먼 브라더스의 파산 이후 환율은 1,570원까지 상승했으며 이때 많은 수출기업이 키코로 쓰러지게 된다. 당시에 발생하지는 않았지만, 900원 이하로 환율이 하락하면 어떤 일이 벌어졌을까? 풋옵션을 매입했으므로 환율이 하락하면 보상을 받아야 하지만 키코의 조건상 900원 이하로 떨어지면 풋옵션이 해지된다. 그러므로 900원 이하로 환율이 떨어지면 수출기업의 수출대금 가치는 당초 10억 원에서 9억 원 이하로 떨어지게 되는데도 보상을 받지 못해 환율 변동에 따른 위험을 고스란히 받는다. 자동차보험으로 따지면 자동차 사고로 인한 피해액이 300만 원까지는 300만 원 이상 보상해주지만 피해액이 300만 원을 초과하게 되면, 예컨대 3,000만 원의 피해가 발생하면 피해 보상은 고사하고 오히려 보험사에 3,000만 원을 배상해주어야 하는 보험에 가입한 것이다.

　결과적으로 보면 키코는 개인이나 수출기업이 사면 안 될 상품이었다. 당시 금융기관들도 몰랐을 수 있고 설마설마 하다가 100년 만에 한 번 일어난다는 대형 위기에 크게 당했다고도 할 수 있다. 그러나 옵션의 성격을 정확하게 이해한다면 절대 해서는 안 되는 거래다. 혹자는 수출기업도 안전구간(1,100~1,200원) 안에서는 이익을 향유하고 있었다고 얘기하기도 하고, 당연히 수출기업이 손실 위험을 감수하고 금융상품을 산 것 아니냐는 비판도 있다. 그러나 아무리 그렇다 하더라도 보험을 팔 수 있는 권한을 개인에게 허용하지는 않는다. 보험을 파는 것은 상대방의 위험을 떠안는 것이고, 그 위험은 보통 일어나지 않지만 한 번 일어나면 개인이 감당할 수 없는 수준이기 때문이다.

개인이 그만한 돈이 없으므로 보험을 들려는 사람도 없고, 정책당국도 허용하지 않는다. 1억 원 하는 제네시스 차량 보험을 누가 개인에게 들려고 하며 어느 개인이 그런 보험을 팔려고 하겠는가? 보험에서는 이렇게 명확한 것이 언뜻 복잡해 보이는 옵션이 섞여 있는 상품에서는 정책당국도, 파는 금융기관도, 사는 수출업체도 정확한 의미를 몰랐던 것 같다. 어렴풋하게 알았지만, 100년에 한 번 발생하는 일이 설마 일어나지 않겠지 하면서 평소에 나오는 조그마한 보상액의 달콤함 때문에 애써 외면했을 수도 있다. 그러나 그 외면의 대가는 많은 기업이 쓰러질 만큼 컸다. 어쨌든 거래에 참여하는 사람들은 주위 설명보다는 본인이 거래의 본질을 정확히 파악해야 한다. 개인 투자자들이 본인의 판단에 따라 옵션을 매도하는 것은 그 위험에도 불구하고 수익을 추구하는 행위이기 때문에 그렇다 치더라도 옵션 매도 효과가 들어 있는 금융상품이 일반인에게 판매된 것은 지나친 감이 있었다.

통화옵션은 헤지를 위한 것이건 투기를 위한 것이건 매입을 하는 것은 해볼 만하나 매도하는 것은 그만한 책임을 정확히 알고 해야 한다. 통화옵션 매입자는 최대 손실치가 프리미엄이므로 프리미엄을 주고 보험(옵션)을 살 가치가 있는지를 판단해서 결정하면 된다.

통화옵션과 선물환의 같은 효과

통화옵션은 선물환과 관련이 깊다. 선물환을 매입한 것은 일정한 환율에 선물환을 사는 계약을 미리 해놓는 것이다. 이와 동일한 효과를 통화옵션으로 낼 수가 있다. 콜옵션을 매입하고 동시에 풋옵션을 매도하면 선물환을 매입한 것과 동일한 효과가 있다. 즉, 행사가격 1,000원에 콜옵션을 매입하고 풋옵션을 매도하였다고 하자. 그러면, 환율이 1,000원 이상으로 상승하면 그 차액을 보상받고, 환율이 1,000원 이하로 하락하면 그 차액을 보상해주어야 한다. 즉, 환율이 1,000원 이하가 되면 그만큼 손해를 보고, 환율이 1,000원 이상이 되면 이익을 보게 된다. 이는 선물환을 1,000원에 계약한 것과 같은 효과이다. 환율이 1,000원 이상 오르면 선물환 가치는 오른 만큼 상승하고(콜옵션 매입 효과), 환율이 1,000원 이하로 떨어지면 떨어진 만큼 손실이 발생(풋옵션 매도 효과)하는 것이다.

이와 같은 논리로 선물환 매도와 동일한 효과를 내는 옵션 조합을 찾을 수 있다. 선물환 매도자는 환율이 하락할 때 이익(풋옵션 매입)이 나고, 환율이 상승할 때는 손실(콜옵션 매도)이 나기 때문에 선물환율을 행사가격으로 하여 콜옵션을 매도하고 풋옵션을 매입하면 선물환을 매도한 것과 같은 효과를 볼 수 있다.

환율 **노트** 핵심 **정리**

1 옵션은 권리보다는 보험으로 이해하는 것이 더 직관적이다. 콜옵션과 풋옵션이 있음

2 콜옵션: 베팅 금액 받는 것을 '콜'하듯이, 가격이 올라가는 것에 대해 보상해주는 보험, 보험료는 프리미엄
→ 사례) 환율이 1,100원 이상 올라가면 올라간 만큼 보상해주는 보험

3 풋옵션: Fed put은 미 연준(Fed)이 주가가 내려가지 않도록 받쳐준다는 의미. 풋옵션은 가격이 내려가면 보상해주는 보험
→ 사례) 환율이 900원 이하 내려가면 그만큼 보상해주는 보험

4 행사가격은 보상이 발생하는 가격, 프리미엄은 보험료

5 콜옵션 사례: 행사가격 1,000원, 프리미엄 1%, 금액 100만 달러, 기간 6개월 → 환율이 1,100원이 되면 100원 × 100만 달러 = 1억 원 보상, 보험료는 100만 달러 × 1% = 1만 달러, 환율이 1,000원 이하면 보상 없고 보험료만 1만 달러 지급

6   풋옵션 사례: 행사가격 1,000원, 프리미엄 1%, 금액 100만 달러, 기간 6개월 → 환율이 900원이 되면 100원×100만 달러 = 1억 원 보상, 보험료는 100만 달러×1% = 1만 달러, 환율이 1,000원 이상이면 보상 없고 보험료만 1만 달러 지급

7   통화옵션을 하는 이유 1: 위험회피 → 환율이 일정 수준 이상 오르거나 내리면 안 되는 사람: 콜옵션(오르면 안 되는 사람), 풋옵션(내리면 안 되는 사람) 매입하면 됨

8   통화옵션을 하는 이유 2: 투자(투기) 거래 → 환율이 오르거나 내릴 것을 예상하여 베팅으로 옵션 구입: 콜옵션(오르는 데 베팅), 풋옵션(내리는 데 베팅)

9   통화옵션을 파는 사람은 보험회사와 같이 보험 사고 발생(행사가격) 시 큰 금액을 보상해주어야 하므로 개인이 옵션을 파는 것은 위험
     → 키코는 수출입기업이 옵션을 파는 내용을 포함한 파생 상품으로 보험 사고(행사가격)가 발생하자 많은 기업이 파산에 가까운 손실이 발생한 사건

10장

외화 자금시장과 스와프

외화 자금시장의 역할

　외환시장은 외화를 '매매'하는, 즉 외화를 사고파는 시장이다. 반면에 외화 자금시장은 외화를 '대차貸借'하는 시장, 즉 외화를 빌리고 빌려주는 시장이다. 외환시장이 주택이나 자동차를 사고파는 시장(매매시장)과 비교한다면 외화 자금시장은 주택을 빌리거나(전세, 월세) 자동차를 렌트하는 시장이라고 할 수 있다. 외환시장과 외화 자금시장 모두 원화가 아니라 외화를 취급한다는 점에서 혼동하기 쉽지만 실제로는 다른 원리로 작동하므로 그 차이점을 잘 알아두어야 한다. 가장 중요한 차이점은, 외환시장에서 결정되는 가격 변수는 환율이고, 외화 자금시장에서 결정되는 가격 변수는 금리라는 것이다. 외환시장에서는 매매거래이기 때문에 소유권이 완전히 이전된다. 그 대가로 환율을 지불한다. 1달러를 1,000원(환율)에 샀다는 식이다. 외화 자금 시장은 일정 기간 빌리고 빌려주는 거래이므로 소유권이 이전되는 것은 아니고 일정 기간 이후 다시 제자리로 돌려주어야 한다. 그리고 그 기간 동안 외화자금을 사용한 대가인 이자, 즉 금리를 지급한다. 1달러를 1%에 1년간 빌리는 식이다. 1년 후에는 1% 이자와 함께 1달러를 갚아야 한다. 외화 자금시장은 1)외화콜시장 2)단기대차시장 3)스와프시장으로 나눌 수 있다. 외화콜시장과 단기대차시장은 외화를 빌린다는 것이 명시적으로 드러나 이해하는 데 어려움이 없지만 스와프시장은 외화와 원화를 서로 빌리고 용어도 빌린다는 용어가 아니라 교환한다는 스와프를 사용하기 때문에 개념에서 오는 혼선이 있을 수 있다. 먼저 직관적으로 이해하기 쉬운 외화콜시장과 단기대차시장을 간단히 다루고 외환 관련 공부 중 가장 중요한 내용인 스와프시장을 자세히 살펴보자.

외화콜 | 하룻밤부터 3개월까지 초단기 외화 대출

'콜'시장이라는 용어는 은행 간에 초단기로 자금을 빌리는 시장을 통칭한다(아마도 금융기관 간에 급하게 돈이 필요할 때 전화call를 걸어 하루라도 융통해달라고 요청call한 데서 유래했을 것이다). 콜시장은 금융에서는 많은 곳에서 사용되니 이번 기회에 초단기(하룻밤에서 최대 3개월)로 빌리는 자금시장이라고 정확히 기억해두자. 당연히 외화콜시장은 외화를 초단기로 빌리는 시장이다. 일반적인 콜시장과 마찬가지로 외화콜시장도 '하룻밤overnight' 또는 영어 그대로 '오버나이트(O/N)' 거래가 가장 많이 이루어지고, 다음 날까지 빌리는 'Spot Next', 2영업일 동안 빌리는 'Tomorrow Next(T/N) 또는 줄여서 탐넥', 그리고 일주일, 한 달 거래도 있고 최대 3개월까지 빌리는 거래도 있다. 외화콜시장은 담보 없이 신용이 있는 은행끼리 거래하고 은행의 신용도에 따라 신용 한도가 정해져 있어 그 한도 안에서 빌릴 수 있다. 1997년 IMF 외환위기 때나 2008년 글로벌 금융 위기 때와 같이 외화 유동성이 급격하게 줄어들거나 금융기관의 위험도가 올라갈 경우 우리나라 금융기관에 대한 신용 한도는 급격하게 줄어든다. 이런 상황에 봉착하면 외환위기가 오는 것이다. 한마디로 외화는 필요하나 빌릴 데가 없어지는 상황이다.

■ 외화콜 상품의 명칭

외화콜 상품 명칭	대출기간
· O/N(오버나이트) · Spot Next · T/N(탐넥)	· 하룻밤(O/N은 overnight의 준말) · 다음 날 · 2영업일 　(T/N은 Tomorrow Next의 준말)

단기대차와 외화콜의 차이

3개월에서 1년까지 빌리는 외화 대출상품

단기대차시장은 외화콜시장과 비슷하나 기간이 3개월에서 1년으로 다소 길다는 점이 다르다. 원래는 외화콜시장과 마찬가지로 담보 없이 신용 한도 안에서 거래하는 것이 대부분이었으나 기간이 다소 길다는 부담이 있어 최근에는 담보를 받는 경우도 점차 증가하고 있다. 담보물은 미국 등 주요 선진국의 국채와 회사채, 우리나라의 외화표시채권(우리나라 정부, 금융기관, 기업 등이 해외에서 외화 표시로 발행한 채권을 말한다)을 받는다. 이러한 채권을 받고 돈(외화)을 빌려준다. 돈을 빌린 사람은 일정 기간 후 채권을 다시 돌려받는다. 여기서 본질은 채권을 담보로 잡고 외화를 빌려주는 것이다. 그런데 이렇게 채권을 주었다가(담보물로) 다시 회수(대출을 갚았으므로 담보물인 채권은 회수)하는 거래를 이상하게도 '환매(repurchase 또는 줄여서 RP)'라고 표현한다. 엄밀하게 본다면 환매는 '채권을 되산다'는 것인데, 애초에 팔지도 않은 채권을 다시 산다는 것이 직관적으로는 맞지 않는다. 그렇지만 이를 환매라고 표현하는 것이 관례화되다 보니 처음에는 채권을 주고 돈을 빌렸는데 이제 돈을 돌려주고 채권을 회수하므로 결과적으로는 채권을 다시 사는 것과 같은 효과가 있다는 의미에서 '환매조건부 매매'라고 한다. 금융시장에서는 '환매 = 담보물 회수'라고 이해하면 큰 무리가 없다.

환매는 담보물 회수라는 의미

환매조건부 매매도 용어상 헷갈리기 쉽다. 분석 보고서나 기사에 자주 나오는 용어이지만 개념이 직관적이지 않아서 내 개념으로 정리해두지 않으면 계속 혼란스럽다. 먼저 RP 거래에서 매입과 매각은 소유권이 이전되는 일반적 의미의 매입과 매각이 아니라 채권이 들어오는 것(매입)과 채권이 나가는 것(매각)으로 이해하는 것이 좋다. 그리고 RP 매입, RP 매각이라고 해서 문자상으로는 '환매(RP) 매입', '환매(RP) 매각'이라고 되어 있어 용어가 헷갈리므로 여기서 RP는 담보로 잡힌 채권으로 생각하면 이해하기 쉽다. 따라서 'RP 매입'이라고 하면 RP 채권이 들어오는 것(반대로 돈은 나가는 것 = 돈을 빌려주는 것)이고 RP 매각은 RP 채권이 나가는 것(반대로 돈은 들어오는 것 = 돈을 빌리는 것)으로 이해해야 헷갈리지 않는다. 다시 한번 정리하면, RP 매입자는 당장은 담보로 채권을 받고 만기에 담보채권을 돌려주어야 하고, RP 매도자(매각하는 사람)는 당장은 담보로 채권을 맡기고 만기에 환매(RP)를 하고 돈을 돌려주어야 한다.

환율 주제와는 직접 관련이 없으나 이왕 RP 거래가 나왔으니 참고로 중앙은행이 많이 쓰는 RP 매입 또는 RP 매각한다는 표현의 뜻도 알아보자. 한국은행이 RP 매각했다고 하면 한국은행이 가지고 있던 담보가 되는 채권(RP 채권)을 일정 기간 시장에 맡기고(팔고) 그 기간에 시장으로부터 돈을 빌리는(흡수하는) 것이므로 시중 자금이 줄어든다. 즉 통화 긴축을 하는 것이다. 반면 한국은행이 RP 매입을 했다고 하면 RP 채권을 일정 기간 담보로 하고(사고) 자금을 빌려주는 것이므로 그 기간에 시중 자금이 풀리게 된다. 즉 통화 완화가 되는 것이다. 물론 약정된 일정 기간이 지나면 되감기가 되기 때문에 반대의 효과가 나타난다. RP 매입이나 매각은 시중 유동성 흐름을 조정할 수 있기 때문에 한국은행의 통화정책에서 가장 큰 비중을 차지하는 정책 수단이다.

옆길로 잠시 빠졌지만, 외화 단기대차시장은 담보 없이 외화를 빌리거나 빌려줄 수 있고, 담보를 받고 빌리거나 빌려줄 수도 있다. 외화콜이 3개월 이내의 초단기 대출인 데 반해 3개월~1년까지의 기간이라는 점도 차이점이다.

환율 **노트** 핵심 **정리**

1   외화를 빌리고 빌려주는 시장은 모두 외화 자금시장 vs. 외화를
      사고파는 시장은 외환시장

2   외화콜은 하룻밤부터 3개월까지 외화자금을 대차, 단기대차는 3개
      월부터 1년, 장기대차는 1년 이상. 외화 단기대차시장에서 가장 많
      이 사용하는 거래 방법은 환매조건부(RP) 거래

3   RP 거래는 담보채권을 주고 외화를 빌리고 만기 시에 외화를 갚
      으면서 담보채권을 다시 돌려받는 거래로서 만기 시에 돈을 주고
      담보채권을 다시 받는 것이 되사는 것과 같아서 붙은 이름

4   RP 매입의 의미: 여기서 RP는 담보채권, 매입은 담보채권이 들
      어오는 것
      → RP 매입은 담보채권을 받고 돈(외화)을 빌려주는 거래(만기 시에는 돈
        을 다시 돌려받고 담보채권을 돌려줌)

5   RP 매각의 의미: 담보채권을 주고 돈(외화)을 빌리는 거래(만기
      시에는 돈을 다시 돌려주고 담보채권을 돌려받음)

5　한국은행이 RP를 매각 조치했다 → 한국은행이 RP를 시장에 주고 돈을 회수했다는 의미 → 통화 긴축

6　한국은행이 RP를 매입했다 → 한국은행이 RP를 시장으로부터 받고 돈을 풀었다는 의미 → 통화 완화

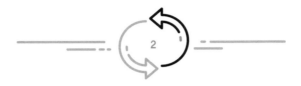

스와프시장

환율을 공부하는 사람들에게 스와프시장은 반드시 넘어야 할 또 하나의 고개다. 첫 번째 고개는 환율의 개념이고, 두 번째는 환율결정이론, 세 번째는 선물환과 NDF, 네 번째는 옵션, 그리고 다섯 번째가 스와프시장이다. 중요하기로는 스와프시장이 가장 중요하다고 볼 수 있다. 우리나라의 외환과 관련한 거래가 스와프시장을 중심으로 많이 일어나기 때문이다.

스와프시장은 외환시장이 아닌 외화 자금시장(외화를 빌리고 빌려주는 시장)이다. 따라서 엄밀하게 얘기하면 외환 스와프시장은 환율과 직접적인 관련이 없다. 외환 스와프시장에서 결정되는 것은 환율이 아니라 두 통화의 금리(또는 두 통화의 금리 차)이다. 외환 스와프시장에 환율이 개입되기는 하지만 이 환율은 외환시장에서 결정되는 환율을 활용할 뿐이다. 다만 아파트 매매시장과 전세시장(전세는 빌리는 시장)이 서로 영향을 미치듯이 외환시장과 외환 스와프시장은 서로 영향을 줄 수 있다. 달러를 빌리려는 사람과 달러를 사려는 사람은 동기가 다른 부분도 있지만 달러가 필요하다는 점에서는 같기 때문이다.

외환 스와프시장의 특징을 정리하면 다음과 같다. 1)담보대출이다. 2)담보 대상은 다른 통화이다. 3)통화와 통화가 서로 담보가 된다. 4)통화와 통화가 담보가 됨에 따라 환율로 표시되는 부분이 있어 외환시장과 혼동될 수 있다. 외환 스와프시장이 서로 다른 통화를 담보로 잡고 외화를 빌리고 빌려준다는 의미가 강조되면서 '스와프(맞교환)'라는 용어를 사용하게 되었다. 그러나 실제는 소유권이 바뀌는 게 아니라 일시적으로 교환, 즉 일정 기간 서로 다른 통화를 빌리고 빌려주는 관계가 스와프 거래의 본질이다. 스와프시장은 외환과 통화로 구분된다. 외환 스와프시장은 1년 이하의 단기 시장이고, 통화 스와프시장은 1년 이상의 중장기 시장이다. 뒤에 자세히 나오겠지만, 서로 자금을 빌리는 기간이 짧은가 긴가에 따라 거래 방식에 다소 차이가 난다. 자금을 빌리는 기간이 짧은 외환 스와프시장은 중간에 이자를 지급하지 않고 스와프 만기에 이자와 원금을 동시에 결제한다. 반면 통화 스와프시장은 빌리는 기간이 길기 때문에 스와프 기간 중에 금리를 서로 지급한다.

외환 스와프시장의 거래 방식

'Sell & Buy'와 'Buy & Sell'이란?

외환 스와프시장은 2가지 거래 방식이 있다. 1)달러를 빌리고 원화를 빌려준다, 2)달러를 빌려주고 원화를 빌린다. 여기서 달러를 빌리고 빌려주는 것을 마치 달러를 사고파는 것처럼 용어를 사용하는 것이 관례화되어 있지만(앞에서 RP 채권 매입과 매도에서도 비슷한 설명을 한 바 있다), 달러가 들어오고 나가는 것을 중심으로 생각하면 덜 헷갈린다. 달러를 빌리는 것은 달러를 사는 것처럼 달러가 들어오고, 달러를 빌려주는 것은 달러를 파는 것처럼 달러가 나가는 것이다. 즉, 빌리는 것은 일정 기간 동안 사는 것과 같은 효과가 있으므로 '산다Buy'라고 하고 빌려주는 것은 일정 기간 파는 것과 같은 효과가 있으므로 '판다Sell'라고 표현한다. 실무에서는 '산다'와 '판다'보다는 'Buy'와 'Sell'이라는 표현을 주로 사용한다. 그리고 스와프시장은 서로 주고받기 때문에 이를 동시에 표현하기 위하여 위 1)은 Buy & Sell이라고 하고 2)는 Sell & Buy라고 한다.

스와프시장도 주인공은 외화(달러)이기 때문에 'Buy & Sell'이라고 하면 시간 순서대로 '먼저 달러가 들어오고(Buy=빌리고) 나중에 달러가 나간다(Sell=달러를 갚는다)'는 뜻이고 'Sell & Buy'는 '먼저 달러가 나가고(Sell=빌려주고) 나중에 달러가 들어온다(Buy=돌려받는다)'는 뜻이다. 즉 먼저 이루어지는 거래(이를 '근일물近日物'이라 한다)를 앞에 쓰고 만기에 이루어지는 거래(이를 '원일물遠日物'이라 한다)를 뒤에 쓴다. 'Sell & Buy'는 Sell이 먼저 이루어지고 만기에 Buy가 이루어진다는 의미이다. 그리고 Buy(사는 것)는 외화가 들어오는 것, Sell(파는 것)은 외화가 나가는 것으로 이해하면 된다.

■ **외환 스와프시장에서의 용어**

> ▶ Buy: 외화(달러)가 들어오는 것 → 빌리는 것 또는 빌려준 것 다시 되돌려 받는 것
> ▶ Sell: 외화(달러)가 나가는 것 → 빌려주는 것 또는 빌렸다가 갚는 것
> ▶ Buy & Sell: 지금 달러를 빌리고(Buy) 나중에 달러를 갚는 것(Sell)
> ▶ Sell & Buy: 지금 달러를 빌려주고(Sell) 나중에 달러를 되돌려 받는 것(Buy)

여기서 한 가지 더 헷갈릴 수 있는 부분은 스와프 매입Swap Buy, 스와프 매도Swap Sell라는 표현이다. 이때 매입 또는 매도는 만기일에 일어나는 것(원일물)을 기준으로 한다. 즉 'Buy & Sell'은 Swap Sell, 'Sell & Buy'는 Swap Buy다. 그래서 스와프 매입은 외화(달러)가 만기에 들어오므로 외화를 빌려준 것이고, 스와프 매도는 외화(달러)가 만기에 나가므로 외화를 빌린 것이다. 이 부분도 헷갈리는 부분이니 정리하고 넘어가야 한다. 'Buy & Sell'과 'Sell & Buy' 중 앞부분을 'Swap'으로 치환하여 Swap Sell(스와프 매도), Swap Buy(스와프 매입)로 표시되었다고 이해해도 좋다.

외환 스와프 거래에서 이자를 결정하는 방법

국내 은행 A는 100만 달러를 한 달간 빌리고 싶다. 원화는 많다. 외은지점 B는 원화가 필요해서 한 달간 빌리고 싶다. 그에 해당하는 외화는 가지고 있다. 이런 경우 국내 은행 A는 'Buy & Sell'을 통해 달러를 당장 빌려오면서 원화를 빌려주는 스와프 거래(스와프 매도)를 하면 된다. 외은지점 B의 입장에서는 달러를 빌려주고 원화를 빌려오는 Sell & Buy(스와프 매입)를 하는 것이다. 현재 환율이 1,000원이라고 하면 국내 은행 A는 100만 달러를 우선 받고(빌리고) 외은지점 B에게 10억 원을 빌려주는 셈이 된다. 빌리고 빌려주는 거래이기 때문에 이자를 지급해야 한다. 외환 스와프 거래에서 이자는 어떻게 결정될까?

외은지점 B는 달러를 한 달간 빌려주었으므로 100만 달러에 대한 한 달 이자를 받으려고 할 것이다. 반면 국내 은행 A는 10억 원을 빌려주었으므로 10억 원에 대한 한 달 이자를 받으려고 할 것이다. 달러 이자율은 1%, 원화 이자율은 2%라고 하면 외은지점 B는 100만 달러 × 1% / 12개월 = 833달러(= 83.3만 원)의 이자를 받으면 되고, A는 10억 원 × 2% / 12개월 = 166.6만 원의 이자를 받으면 된다. 그런데 계약기간이 한 달간으로 짧아서 중간에 이자를 주고받기가 번거로우므로 계약 만료일에 이자 차이만큼 정산해주면 된다. 이때 이자 정산은 원화로 한다. 따라서 국내 은행 A가 외은지점 B보다 이자를 더 (83.3만 원) 받아야 하므로 한 달 후 외환 스와프 거래를 정산할 때 국내

그림 10-1 | 외환 스와프 거래 구조

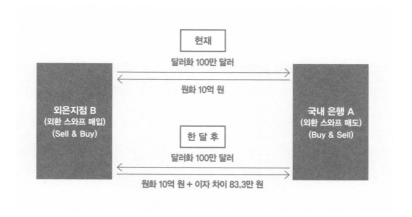

은행 A는 100만 달러를 돌려주면 되고, 외은지점 B로부터 원금 10억 원에 이자 차익 83.3만 원을 더한 10억 83만 3,000원 돌려받으면 거래가 끝난다.

그런데 여기서 좀 이상한 점이 있다. 외은지점 입장에서는 귀한 달러를 빌려주고도 이자를 83만 4,000원을 더 돌려주어야 하는데 손해보는 일이 아닌가 생각할 수 있다. 그렇지만 다시 한번 잘 따져보면, 외은지점 B는 10억 원을 빌려서 한 달 동안 은행에만 놔두어도 2%인 166.6만 원의 이자가 생겨서 달러 100만 달러를 은행에 예금한 것보다(이때 원화로 83.3만 원의 이자가 나온다) 83.3만 원 더 이익을 볼 수 있으므로 이를 국내 은행 A에게 더 주는 것이 공평하다. 물론 원화를 빌려서 2%보다 더 높은 수익을 얻는 곳에 돈을 굴릴 수 있을지 아니면 투자에 실패해서 2%보다 낮은 수익을 올릴지는 알 수 없지만 현재

시장에서 원화의 기회비용은 2%이기 때문에 금리가 높은 원화를 빌린 외은지점 B가 더 많은 이자를 지불하는 것은 당연하다.

외환 스와프시장에서 결정되는 가격 변수

외환 스와프시장의 작동 원리는 앞에서 설명한 바와 같다. 그럼 실제 외환 스와프시장의 거래 메커니즘에 대해 알아보자. 눈치 빠른 독자들은 외환 스와프의 작동 원리가 선물환 거래와 유사하다는 느낌을 받았을 것이다. 맞다. 선물환 거래는 계약을 통해 소유권이 이전된 상태인데 결제를 뒤로 미루는 것이므로 결제가 이루어지기 전까지는 원화와 달러를 서로 빌려준 것과 같은 효과를 가진다. 그래서 선물환을 매입한 사람은 원화를 빌린 셈이고 선물환을 매도한 사람은 달러를 빌린 셈이다. 그래서 선물환율은 현물환율에 서로 빌린 돈에 대한 이자 차이(원화 이자 - 달러 이자)를 더해서 결정된다. 물론 현실적으로 달러 프리미엄이 있기 때문에 이를 달러 이자에 더해주어야 한다. 이에 대해서는 선물환 편에서 자세히 설명한 바 있다.

외환 스와프시장도 선물환시장과 마찬가지로 서로 필요한 통화를 빌리고 빌려주는 거래다. 따라서 6개월 스와프 거래라고 하면 6개월 후에 최종적으로 정산되므로 지급하는 금액이 6개월 선물환율과 동일하게 결정된다. 자세히 설명하면 이렇다. 6개월 1달러 외환 스와프를 매입(Sell & Buy = 달러를 먼저 빌려주고 나중에 받는 거래)했다고 하자. 그럼, 일단 현물환율(1,000원)로 1달러를 빌려주고 1,000원을 받는다.

6개월 후에는 1달러를 받고 1,000원(6개월 전 현물환율)을 돌려주고 추가적으로 그사이의 이자 차액(원화를 빌렸으므로 원화 이자를 주고 달러는 빌려주었으므로 달러 프리미엄까지 포함된 달러 이자를 받는다)을 얹어서 갚는다. 원화 금리가 2%, 달러 금리가 1%, 그리고 달러 프리미엄이 0.5%라고 한다면, 이자 차액 = 20원(2%) − 10원(1%) − 5원(0.5%) = 5원 중 6개월 치인 2.5원을 얹은 1,002.5원을 갚으면 된다. 6개월 후에 결제하는 달러의 값(6개월 선물환율)이 1,002.5원인 것과 같다. 따라서 6월물 외환 스와프 매입은 6월물 선물환 매입과 동일한 효과가 있으며 6개월 후에 최종 교환하는 비율인 선물환율도 동일하다.

선물환 거래에서 현물환율은 주어진 것으로 보고 스와프포인트로 거래한다고 했다. 외환 스와프 거래도 마찬가지다. 현재의 환율은 시시각각 변하는데 그것까지 고려해서 스와프 계약을 맺는 것이 아니라, 현재의 환율은 외환시장에서 결정되는 것을 그대로 사용하고 스와프 계약기간에 발생하는 이자 차이(여기에 달러의 유동성 상황을 반영하는 달러 프리미엄까지 고려하여)만을 고려해서 계약하는데, 그것이 스와프포인트이다. 따라서 실제 스와프 거래에서는 스와프포인트로 사고 싶은 가격Bid과 팔고 싶은 가격Ask을 중개회사 사이트에 올려서 조건이 맞으면 거래가 이루어진다. 즉, 'Bid 30'이면 0.3원에 스와프를 사고 싶다(원화를 빌리고 싶다)는 것이고, 이때 0.3원은 스와프포인트로서 원화를 빌리는 데 따른 순비용(원화 이자 − 달러 이자)이 달러당 0.3원이라는 말이다. 원래 스와프포인트는 외환 스와프 거래에서 결정되는 가격 변수인데, 실질적으로 동일한 효과가 있는 선물환 거래에서도 이를 차용하여 스와프포인트라는 용어를 쓴 것이다. 이제 왜 선물환 거래에서 스와프포인트라는 용어를 쓰는지 이해할 것이다.

선물환 편에서 설명한 바와 같이 스와프포인트는 선물환시장에서 결정되는 '원화의 상대적 가치' = '원화의 상대적 금리'이다. 이를 스와프포인트의 본 시장인 외환 스와프에 적용해보면, 스와프포인트는 달러를 가진 사람이 스와프시장에서 원화를 빌리는 데 드는 순비용(가격)이다. 외환시장에서는 달러가 주인공이지만, 여기서는 원화가 주인공이어서 헷갈릴 수 있다. 구분해서 기억해두자. 스와프포인트는 원화를 빌리는 상대적 비용이다. 원화의 수익률이 올라가면 스와프포인트도 올라가고 달러의 수익률이 올라가면 스와프포인트는 하락한다. 통상 원화 금리가 달러 금리보다 높기 때문에 스와프포인트

그림 10-2 | 스와프포인트(3월물, 6월물) 움직임

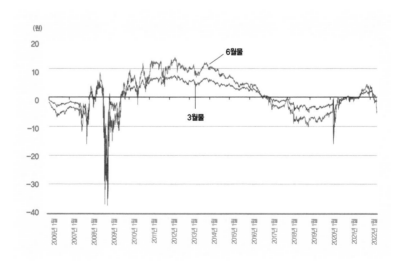

는 (+)를 보이는 것이 정상적이지만, 원화 금리와 달러 금리가 역전되는 경우와 국내 달러 유동성이 아주 나빠서 달러 프리미엄이 크게 상승할 경우 스와프포인트가 (−)를 보이는 경우도 종종 발생한다. (그림 10-2)

스와프포인트는 스와프시장에서 원화를 빌리는 순비용(가격)이므로 스와프시장에서의 수요와 공급은 원화 입장에서 이해해야 한다. 외환시장이 달러의 가격인 환율을 가격 지표로 쓰면서 달러를 중심으로 움직이는 데 반해 스와프시장은 원화의 가격인 스와프포인트를 가격 지표로 쓰면서 원화를 중심으로 움직이는 차이가 있다. 그래서

그림 10-3 | 스와프시장에서의 수요와 공급

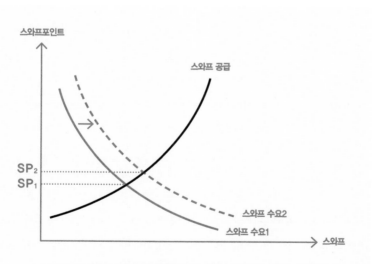

* 스와프 수요와 공급에 의해 스와프포인트 결정. 스와프 수요(스와프 매입 = 원화 빌리려는 수요)가 증가(스와프 수요 1 → 스와프 수요 2)하면 스와프포인트 상승(SP₁ → SP₂)

스와프 매입(Swap Buy = Sell & Buy)은 원화를 빌리는 것이고, 스와프 매도(Swap Sell = Buy & Sell)는 원화를 빌려주는 것이다. 스와프 매입 수요가 증가하면 스와프포인트가 상승하고, 스와프 매도 물량이 증가하면 스와프포인트가 하락하게 된다. 그림 10-3을 참고하자.

한 가지 더 알아둘 용어로, 실무에서는 잘 사용하지 않지만 한국은행 자료에서 종종 사용되는 '스와프레이트Swap rate'가 있다. 이는 스와프포인트를 비율로 나타낸 것으로, 선물환율이 현물환율에 비해 어느 정도인지를 보여주는 비율이다.

▶ 스와프포인트(단위는 원): 선물환율 − 현물환율
▶ 스와프레이트(단위는 %): (선물환율 − 현물환율) ÷ 현물환율

통화 스와프시장의 거래 방식

통화 스와프는 외환 스와프처럼 원화와 달러화를 서로 빌리고 빌려주는 거래라는 점에서는 동일하나 만기가 1년 이상이라는 점이 다르다. 만기가 짧은 외환 스와프 거래에서는 이자를 만기에 정산하기 때문에 원화 이자와 달러 이자 자체보다는 만기에 정산하는 이자 차이가 더 중요하다. 이 차이가 바로 앞에서 설명한 스와프포인트인데 외환 스와프 시장에서는 스와프포인트가 결정되고 이 스와프포인트

를 중심으로 거래가 이루어진다.

반면에 통화 스와프시장에서는 중간에 이자가 왔다 갔다 하기 때문에 거기서 결정되는 금리가 명시적으로 존재한다. 이를 통화 스와프 금리라고 한다. 약자로 'CRS Currency Swap 금리'라고 하는데, 통화 스와프시장에서 원화를 빌리는 사람이 지급하는 금리이다. 주로 고정금리로 지급한다. 반대로 외화(달러)를 빌리는 사람은 국제 금융시장에서 형성된 달러에 대한 금리를 지급한다. 국제 금융시장의 금리는 런던은행 간 금리Libor, London Interbank Offered Rate를 사용하고, 변동금리를 적용한다.[17]

예컨대, 국내 은행 A와 외은지점 B 간에 1년짜리 통화 스와프 100만 달러를 환율 1,000원에 거래한다고 하면, 외은지점 B는 국내 은행 A에게 100만 달러를 빌려주고 이에 대한 이자를 달러 금리(리보Libor 금리)로 받는다. 반면 국내 은행 A는 외은지점 B에게 10억 원을 빌려주고 이에 대한 이자를 통화 스와프시장에서 결정되는 통화 스와프 금리, 즉 CRS 금리만큼 받는다. 만기가 되는 1년 후에는 100만 달러와 10억 원을 되돌려준다. 이자는 계약기간 중에 주고받았으므로 만기에 원금만 정산하면 된다.

통화 스와프시장에서 달러에 대한 이자는 '리보'로 국제 금융시장

---

17 리보 금리가 2022년 1월부터 일부를 제외하고 폐지되었다. 이를 대체한 SOFR(Secured Overnight Financing Rate)을 사용하고 있지만 설명의 편의를 위해 그동안 익숙했던 리보 금리로 설명하였다. 리보 금리를 SOFR로 대체해서 봐도 무방하다.

에서 결정되는 금리를 사용한다고 했다. 그러면 원화에 대한 이자인 CRS 금리는 어떻게 결정될까? CRS 금리는 원화를 빌리는 데 드는 금리이고 고정금리이다. 따라서 국내 금융시장에서 결정되는 원화 고정금리를 적용하면 된다. 국내 원화 고정금리는 IRS 금리라고 한다. IRS는 'Interest Rate Swap', 즉 이자율 스와프의 약자인데, 이자율 스와프는 변동금리와 스와프한 고정금리를 말한다. 간단하게 국내 고정금리라고 생각하면 된다. 이자율이 오를 것으로 예상될 때 IRS 금

▶ $\left(\begin{array}{c} \text{CRS 금리} \\ \text{(통화 스와프 금리)} \end{array} \right) = \left(\begin{array}{c} \text{IRS 금리} \\ \text{(이자율 스와프 고정금리)} \end{array} \right) - \left(\begin{array}{c} \text{달러 프리미엄} \\ \ \end{array} \right)$

통화 스와프시장에서　　　　국내 시장에서의　　　　국제 금융시장과 국내 금융시장 간의
원화 금리　　　　　　　　　원화 금리　　　　　　　　　달러 금리 차이

그림 10-4 | 통화 스와프 거래 방법

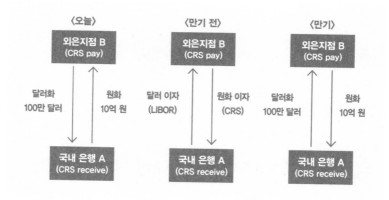

리는 변동금리(CD 금리가 대표적인 변동금리이다)보다 높게 형성되고 이자율이 하락할 것으로 예상될 때는 변동금리보다 낮게 형성될 것이다. 어쨌든 IRS 금리는 국내 이자율 스와프시장에서 결정되므로 통화 스와프시장에서는 이를 가져다 쓰면 된다. 그런데 여기서도 다시 달러 프리미엄이 나타난다. 국내 금융시장에서 달러는 프리미엄이 있다고 했다. 그런데 통화 스와프시장에서는 달러 프리미엄을 받지 않고 달러를 제값(국제 금융시장 시세인 리보)을 주고 빌릴 수 있도록 했다. 대신, 원화 이자를 달러 프리미엄만큼 깎아준다. 그래서 CRS 금리는 IRS 금리에서 달러 프리미엄만큼 할인한 수준에서 결정된다.

통화 스와프시장에서는 Buy, Sell로 표현하지 않고 원화 금리(CRS)를 받는가(receive), 주는가(pay)로 표현한다. 원화를 빌려준 기관(= 달러를 빌린 기관)은 원화 금리 수취 또는 'CRS receive'한다고 하고 원화를 빌린 기관(= 달러를 빌려준 기관)은 원화 금리 지급 또는 'CRS pay'한다고 한다. 따라서 CRS receive하는 기관은 외환 스와프시장에서 Buy & Sell(원화를 빌려주는 스와프)하는 것과 같고 CRS pay하는 기관은

표 10-1 | 외환 스와프와 통화 스와프의 차이

	외환 스와프	통화 스와프	주 금융기관
외화를 빌리고 원화를 빌려주다	Buy & Sell	CRS receive	국내 금융기관 해외 투자 국내 기관
외화를 빌려주고 원화를 빌리다	Sell & Buy	CRS pay	외은지점 외국인 투자기관

Sell & Buy(원화를 빌리는 스와프)하는 것과 같다.

CRS 금리가 결정되는 방식

앞에서 설명한 바와 같이 CRS 금리는 IRS 금리에 달러 프리미엄을 차감하여 결정된다. 그리고 달러 프리미엄은 국내 금융시장의 달러 유동성 사정에 따라 결정된다. 실질적으로는 통화 스와프시장에서 원화와 달러를 빌리려는 강도에 따라 CRS가 결정되고, CRS와 IRS의 차이는 달러 프리미엄이라고 사후적으로 이해하는 것이 일반적이다. CRS 금리가 원화 금리이기 때문에 CRS 결정은 통화 스와프시장에서 원화에 대한 수요와 공급에 따라 결정된다(뒤집어서 달러에 대한 수요와 공급으로 결정된다고도 할 수 있으나 CRS 금리가 원화 금리이기 때문에 이렇게 정리하는 것이 일반적인 수요와 공급 원칙에 맞다). 원화를 빌리려는 수요가 많을수록(뒤집어보면 달러를 빌려주려는 수요가 많을수록) CRS는 상승하고 원화를 빌려주려는 공급이 많을수록(뒤집어보면 달러를 빌리려는 수요가 많을수록) CRS는 하락한다. 전자의 경우는 달러의 공급이 풍부한 때이므로 달러 프리미엄이 낮아져서 CRS가 상승하고, 후자의 경우는 달러의 공급이 부족할 때이므로 달러 프리미엄이 높아져서 CRS가 하락한다. 외환 스와프시장에서 스와프포인트는 '원화'에 대한 순이자였던 것과 같이 통화 스와프시장에서 CRS도 '원화'에 대한 이자라는 점에서 달러의 가격인 환율이 결정되는 외환시장과는 보는 관점이 다르다는 점을 기억해두자. 통화 스와프시장에서 수요와 공급, 그리고

CRS 금리 결정은 그림 10-5를 참조한다.

통화 스와프는 중개회사의 전자화된 거래 시스템에서 이루어진다. 달러를 빌리고 싶은 사람은 CRS를 받는 사람이므로 자기가 받고 싶은 CRS 최저가를 제시Bid한다. 원화를 빌리고 싶은 사람은 CRS를 주는 사람이므로 자기가 줄 수 있는 CRS 최고가를 제시(Offer 또는 Ask)한다. 중개회사는 Bid와 Ask를 거래시스템에 올려놓고 서로 맞는 거래자끼리 거래가 이루어지도록 한다. Bid와 Ask 가격 외에 스와프베이시스(또는 거꾸로 베이시스스와프라고도 한다)를 표시해두는데, 스

그림 10-5 │ 통화 스와프시장의 수요와 공급, CRS 결정

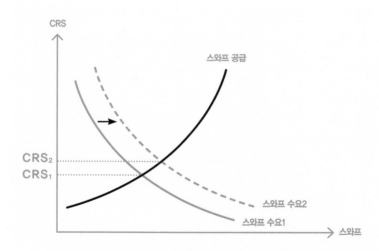

* 스와프 수요와 공급에 의해 CRS 결정. 스와프 수요(스와프 매입 = 원화 빌리려는 수요)가 증가(스와프 수요1 → 스와프 수요2)하면 CRS 금리 상승(CRS_1 → CRS_2)

와프베이시스는 CRS와 IRS의 차이다. 앞에서 설명한 바와 같이 CRS는 통화 스와프시장에서 원화의 고정금리이며 IRS는 국내 시장에서의 원화의 고정금리다. 따라서 스와프베이시스는 통화 스와프시장과 국내 시장에서 원화가 어떻게 차별되게 대우(금리)받는가를 나타내는 지표다. 통화 스와프시장에서 원화가 차별받는다는 점에서 원화 디스카운트라고 할 수도 있겠지만, 결국은 달러가 대우받기 때문에 생기는 문제이므로 이 책에서는 달러 프리미엄으로 통일하여 사용한다. 통화 스와프시장과 국내 시장에서의 원화 금리가 동일(CRS = IRS)하면 원화가 양 시장에서 동등한 대우를 받는 것이다. 통상은 달러가 우대받기 때문에 달러와 교환하는 통화 스와프시장에서의 원화 금리가 국내 시장에서의 원화 금리보다 더 낮다(CRS<IRS). 드문 경우로 통화 스와프시장에서 원화 금리가 국내 시장에서보다 높을 때도 있다. 이 경우는 스와프시장에서 달러가 넘쳐 원화가 국내 시장보다 더 우대받는 것을 의미한다(CRS>IRS).

▶ 스와프베이시스 = CRS − IRS = −달러 프리미엄
  * CRS: 통화 스와프시장에서 원화 금리, IRS: 국내 금융시장에서 원화 금리

스와프베이시스의 이런 점 때문에 달러 유동성 상황을 나타내는 지표로도 활용된다. 스와프베이시스가 마이너스 쪽으로 확대되면 국내(통화 스와프시장)에서 구할 수 있는 달러 유동성 상황이 좋지 않음을

뜻한다. 마이너스 폭이 줄어들면 달러 유동성 상황이 좋아졌다는 의미다. 극단적으로 플러스가 되는 특이한 상황은 달러가 넘칠 때이다. 이는 외환 스와프시장에서 스와프포인트와 비슷하다. 스와프포인트가 원화의 순이자를 나타내므로 스와프포인트가 확대되면(상승하면) 달러 유동성 상황이 좋아지고 있다는 의미이고, 스와프포인트가 축소되면(하락하면) 달러 유동성 상황이 나빠지고 있다는 의미다. 달러 유동성 상황이 아주 나쁠 때는 스와프포인트가 마이너스를 보이는 경우도 있는데, 달러 프리미엄이 내외 금리 차보다도 더 커지면 발생한다.

그림 10-6 | 스와프베이시스로 본 달러 유동성 상황

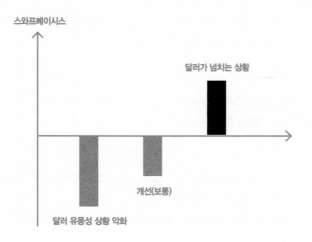

- 스와프베이시스가 마이너스 쪽으로 확대 → 달러 유동성 상황 좋지 않음
- 스와프베이시스 마이너스 폭이 축소 → 달러 유동성 상황 개선
- 스와프베이시스가 플러스가 됨 → 달러가 넘치는 상황(거의 없음)

스와프베이시스

달러가 넘치는 상황

개선(보통)

달러 유동성 상황 악화

 환율 **노트** 핵심 **정리**

1   외환 스와프는 원화와 달러를 일정 기간 서로 빌려주는 거래

2   외환 스와프와 통화 스와프로 나뉘고 외환 스와프는 만기가 1년 이내, 통화 스와프는 만기가 1년 이상
    만기가 짧은 외환 스와프는 만기 때 이자를 정산하지만, 만기가 긴 통화 스와프는 스와프 기간에 이자를 주고받음

3   외환 스와프에서 'Buy'는 외화(달러)가 들어오는 것(사는 것이니까), 'Sell'은 외화(달러)가 나가는 것(파는 것이니까)을 의미

4   외환 스와프에서 'Sell & Buy': 달러를 먼저 빌려주고(sell) 그리고(&) 나중에 돌려받는(buy) 거래

5   외환 스와프에서 'Buy & Sell': 달러를 먼저 빌리고(buy) 그리고(&) 나중에 돌려주는(sell) 거래

6   '외환 스와프 매입'의 의미: Sell & Buy과 같음 = 달러를 먼저 빌려주고 나중에 돌려받는 거래
    앞부분(sell &)을 외환 스와프로 보고 뒷부분(buy)을 매입으로 봄

7 '외환 스와프 매도'의 의미: buy & Sell과 같음: 달러를 먼저 빌리고 나중에 돌려주는 거래
앞부분(buy &)을 외환 스와프로 보고 뒷부분(sell)을 매도로 봄

8 스와프포인트: 달러를 빌려준 사람(외환 스와프 매입자)이 원화를 빌려준 사람(외환 스와프 매도자)에게 주어야 하는 순이자 → 통상 원화 이자가 달러 이자보다 높으므로 스와프포인트는 (+)값을 가짐
→ 달러 이자는 국제 금융시장에서 결정되는 달러 이자보다 국내 시장에서 더 높음 = 달러 프리미엄
→ 달러 프리미엄이 크게 상승하면 스와프포인트가 (−) 값을 가질 수 있음

9 스와프포인트(직관적 해석):
외환 스와프시장에서의 가격 = 원화의 상대적 가치(상대적 이자)
= 선물환시장에서의 스와프포인트와 동일
⇒ 스와프포인트가 높을수록 원화가 존중받고 달러는 경시(달러 프리미엄 작아짐)된다는 의미
⇒ 스와프포인트가 낮을수록(급기야는 −값을 보일 수도) 원화가 경시되고 달러는 존중(달러 프리미엄 커짐)받는다는 의미

10 통화 스와프는 스와프 기간 중 주고받는 이자율이 중요한데, 달러 이자는 국제 금융시장 달러 금리(리보)를 쓰고 원화 이자는 국내 시장 여건에 따라 달라지는 CRS(통화 스와프) 금리를 사용

11 CRS 금리 = 통화 스와프(CRS)금리 = 통화 스와프 거래 시 원화를 빌린 사람이 주는 금리

→ 스와프시장에서는 달러가 원화보다 귀하다고 보기 때문에 스와프시장에서의 원화 금리는 국내 시장에서의 원화 금리보다 낮게 쳐줌 → 얼마나 낮게 쳐주는가는 달러가 얼마나 귀한가(= 달러 프리미엄)에 달려 있음

* 국내 시장 원화 금리는 IRS 금리를 대표로 사용: IRS 금리 = 이자율 스와프(IRS) 금리 = 국내 시장에서의 원화 고정금리

---

12 CRS pay vs. CRS receive: 통화 스와프에서는 CRS만 알면 되므로 CRS를 주는(pay) 사람과 받는(receive) 사람으로 나누어짐 → CRS pay는 원화 이자를 주는 것이므로 원화를 빌린 사람(달러를 빌려주는 사람)이며, CRS receive는 원화 이자를 받는 것이므로 원화를 빌려준 사람(달러를 빌린 사람)이 됨

---

13 스와프베이시스(또는 베이시스스와프): 스와프시장의 원화 금리와 국내 시장의 원화 금리 차이 = CRS − IRS = 스와프시장에서 원화가 얼마나 디스카운트당하고 있는지를 나타냄

⇒ CRS가 IRS보다 작으므로 스와프베이시스는 (−) 값을 가지고 더 내려갈수록 원화 디스카운트(= 달러 프리미엄)는 커짐

⇒ 스와프베시시스는 달러 유동성의 지표로 활용. (−) 값이 확대될수록 달러 유동성 상황 악화

외화 자금시장은 환율에 영향을 미치는가

　외화 자금시장은 외화를 빌리고 빌려주는 대차貸借시장이기 때문에 외화에 대한 금리가 결정되는 곳이지 환율이 결정되는 곳은 아니다. 즉 외화콜시장과 외화 단기대차시장은 외화를 빌리는 시장이므로 콜금리와 외화 단기금리가 결정된다. 이는 직관적으로 큰 문제가 없다. 환율이 개입될 여지없이 단기로 달러를 조달하는 거래이기 때문에 환율과 혼동되지도 않는다. 예컨대, 100만 달러를 일주일에 0.02%에 빌린다면 0.02%는 콜금리이고 일주일 후에 원금 100만 달러와 이자 200달러(0.02%)를 갚으면 된다. 100만 달러를 1년간 1%에 빌린다면 1년 후 원금 100만 달러와 이자 1만 달러를 갚으면 된다.

그러나 자주 언급되는 통화 스와프나 외환 스와프에서는 원화와 달러가 동시에 거래되기 때문에 외환시장과 비슷해 보여 마치 환율이 결정되는 것처럼 보이기도 한다. 그러나 거래 방식에 따라서 금리 차이만 정산(외환 스와프)하는 경우와 금리를 주고받는 경우(통화 스와프)로 구분할 뿐 스와프시장에서는 외화에 대한 금리, 원화에 대한 금리만 결정된다. 환율이 결정되지는 않는다. 그리고 스와프시장은 국내 금융시장(원화만 거래)과 국제 금융시장(외화, 즉 달러만 거래)의 교집합에 해당하는 시장으로, 국내 금융시장에서 결정되는 원화 금리와 국제 금융시장에서 결정되는 외화 금리와는 다른 금리가 결정된다. 이는 스와프시장에서의 수요공급 원리가 원화와 외화가 동시에 교환되는 조건이 결부되어 있어서 생기는 것으로 스와프시장에서 원화와 외화에 대한 수요에 따라 외화가 프리미엄을 가질 수도 있고 원화가 프리미엄을 가질 수도 있다. 두 프리미엄을 동시에 고려하는 것은 복잡하므로 두 통화의 프리미엄 차이를 달러를 기준으로 생각하는 것이 편리하다(원화의 프리미엄으로 이해해도 된다). 달러의 프리미엄은 마이너스 원화 프리미엄과 같다.

그러면 외화 자금시장은 환율에 전혀 영향을 미치지 않을까? 이론적으로는 전혀 영향을 미치지 않는다. 다만, 외화 자금시장이 정상적으로 작동하지 못할 정도로 달러 유동성이 부족할 때는 외화 유동성의 수요와 공급에 영향을 미침으로써 환율에 영향을 미칠 수 있다. 평소와 같이 적당한 이자율에 외화를 빌릴 수 있으면 환율은 매매 관련 수급에 의해 결정되고 외화 자금시장의 이자율(외화콜뿐만 아니라 스와프포인트나 스와프베이시스 등도 외화 자금시장에서의 이자율 지표이다)은 외화를 빌리려는 수요와 빌려주려는 공급에 따라 결정된다. 그러나 외화 유동성이 급격하게 줄어들고 외화가 필요한 사람이 증가하면 외화 자금시장의 금리가 오르면서 외화를 빌리기보다는 사자는 쪽으로 몰려 환율이 오를 수 있다. 이런 상황은 주로 위기 때 발생한다. 2008년 글로벌 금융 위기 때와 2020년 코로나19 위기 때 이런 현상이 있었다.

그림 10-7 | 외환시장과 스와프시장: 환율과 스와프베이시스

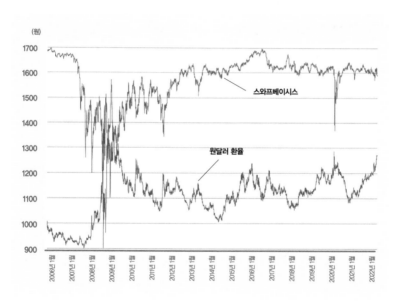

■ 선물환, 외환 스와프, 통화 스와프, 스와프포인트, CRS, IRS, 스와프베이시스 간의 관계

▶ **선물환율 = 현물환율 + 스와프포인트**

→ 1개월 후에 인도되는 달러의 현재 가격

= 현재 인도되는 달러의 현재 가격 + 스와프포인트

▶ **스와프포인트 = 원화 이자 - (국제 금융시장 달러 이자 + 달러 프리미엄)**

→ 스와프포인트 = 외환 스와프시장에서 원화의 순가격이다.

순가격이라고 한 것은 원화를 빌리는 가격(원화 이자)에서 달러를 빌려주는 가격

(달러 이자 + 달러 프리미엄)을 뺀 차이만을 나타내기 때문

▶ **외환 스와프시장의 달러 이자 = 국제 금융시장 달러 이자 + 달러 프리미엄**

→ 외환 스와프시장에서 적용되는 달러 이자 = 국제 금융시장에서의 달러 이자(리보) +

외환 스와프시장에서 달러에 대해 추가적으로 지급하는 이자

▶ **CRS = IRS - 달러 프리미엄**

→ 통화 스와프시장에서 원화 금리 = 국내 금융시장에서 원화 금리 -

통화 스와프시장에서 달러에 추가적으로 지급하는 이자

▶ **스와프베이시스 = CRS - IRS = -달러 프리미엄**

→ 스와프베이시스 = 스와프시장의 원화조달 금리 - 국내 시장에서의 원화조달 금리

= 스와프시장에서 달러에 대해 추가적으로 지급하는 이자(에 마이너스 부호를 붙인 것)

11장

외환 거래 작동 원리

외환 포지션

앞에서 외환시장과 외화 자금시장에서 일어나는 다양한 거래, 즉 선물환에서부터 시작하여 통화선물, 통화옵션, 외화콜, 외환 스와프 및 통화 스와프 등 환율과 금리에서 파생된 여러 파생상품을 살펴보았다. 다음 3가지 주요 개념을 알면 여러 파생상품을 좀 더 입체적으로 이해할 수 있다. 바로 외환 포지션 조정, 헤지 거래, 차익 거래다. 이에 대해서는 개별 외화 거래 방식을 설명할 때 부분적으로 설명했지만 이들에 대해 별도로 정리해두는 것은 환율뿐만 아니라 다양한 금융상품과 파생상품을 이해하는 데도 큰 도움이 된다.

외환 포지션 조정

환율은 외화에 대한 수요와 공급에 의해 결정된다. 외화에 대한 수급에 영향을 미치는 요소들은 모두 환율에 영향을 미친다. 외환 포지션을 조정하는 것도 외환 수급에 영향을 미치는 주요한 요소 중 하나다. 외환 포지션은 말 그대로 어떤 기관이 외화에 대해 어떤 포지션을 가지고 있는지를 말한다. 특히 환율과 관련해 은행의 외환 포지션이 중요하므로 이를 다루기로 한다. 여기서 '포지션'은 보유 상태를 말한다.

A은행의 외환 포지션이라고 하면 A은행의 외화 보유 상태 또는 상황을 말한다. 따라서 외환 포지션을 보다 정확하게 표현하면 외화 자산과 외화 부채의 차이인 순외화 상황을 말한다. 외환 포지션이 '+'라고 하면 외화 자산이 외화 부채보다 많다는 의미이다. 보유한 외화와 받을 외화가 갚아야 할 외화보다 많은 상태다. 외환 포지션이 '-'라고 하면 외화 자산이 외화 부채보다 적다는 의미다. 보유한 외화와 받을 외화가 갚아야 할 외화보다 적은 상태를 말한다. 외환 포지션이 '(0)' 또는 중립, 또는 '스퀘어'하다는 것은 외화 자산과 외화 부채가 같다는 것을 뜻한다. 그리고 '+' 포지션은 매입초과포지션(매입한 외화가 매도한 외화보다 많다는 의미로)이라고도 하고 '-' 포지션은 매도초과포지션(매도한 외화가 매입한 외화보다 많다는 의미로)이라고 한다.

매입초과포지션 또는 + 포지션은 외화, 즉 달러를 많이 가지고 있는 상황이므로 환율이 오르면 이익, 내리면 손실이 발생한다. 반대로 매도초과포지션 또는 - 포지션은 환율이 오르면 손실, 내리면 이익이 발생한다. 중립 또는 스퀘어 포지션은 당연히 환율이 오르든 내리든 이익과 손실이 발생하지 않는 상황, 즉 환율에 무관한 포지션이다. 포지션은 익스포저exposure라고도 한다. 외환 포지션은 환율에 노출expose된 정도(익스포저)를 나타낸다. 외환 포지션이 스퀘어 포지션인 사람은 외환 익스포저가 없다고 하고 환율 변동에 대한 위험도 없다.

외환 포지션은 외화를 취급하는 기관이나 개인이 환율 변동에 노출된 정도를 나타내는 지표로, 스퀘어 포지션이 아닌 한 환율 변동에 노출되어 있어 환위험이 있는 재산 상태를 의미한다. 외환 포지션이 환율에 영향을 미치는 것은 외환 포지션이 환위험에 노출되었을 경우 환위험을 회피하기 위해 외환 포지션을 조정하는 과정에서 외환 수급이 변하기 때문에 발생한다. 개인들은 자유로운 의사결정에 따라 환위험(반대로 환기회도 된다) 정도를 정하면 되지만 은행은 환위험이 원칙적으로 없어야 한다. 환율 변동과 같은 예측 불가능한 변수에 의해 은행의 수익이 달라지는 것을 원하지 않기도 하지만, 은행은 남의 돈(예금)으로 투자하는 기관이므로 위험한 상황이 발생하지 않도록 외환당국이 환율에 대한 노출 정도를 규제하고 있다. 은행이 과도하게 환율 변동에 따른 이익을 추구하면 환위험으로 인한 위기를 당할 수 있고 궁극적으로는 예금자가 피해를 볼 수 있어 외환당국은 원칙적으로 스퀘어 포지션을 권고하고 외환에 노출될 수 있는 최대 범위를 정해서 넘지 못하게 한다.

표 11-1 | 외환 포지션과 환율 변화에 대한 손익

	매입초과포지션 (+ 포지션)	매도초과포지션 (− 포지션)	스퀘어 포지션 (0 포지션)
외화 재산 상황	외화 자산 〉 외화 부채	외화 자산 〈 외화 부채	외화 자산 = 외화 부채
외화 재산 예시	외화 자산: 150달러 ▶ 외화 보유: 100만 달러 ▶ 외화 빌려준 것: 　50만 달러 외화 부채: 70만 달러 ▶ 외화 빌린 것: 　70만 달러	외화 자산: 70만 달러 ▶ 외화 보유: 30만 달러 ▶ 외화를 빌려준 것: 　40만 달러 외화 부채: 150만 달러 ▶ 외화 빌린 것: 　150만 달러	외화 자산: 150만 달러 ▶ 외화 보유: 100만 달러 ▶ 외화를 빌려준 것: 　50만 달러 외화 부채: 150만 달러 ▶ 외화 빌린 것: 　150만 달러
외환 포지션	+ 80만 달러(= 150 − 70)	− 80만 달러(= 70 − 150)	0(= 150 − 150)
환율 위험 ▶ 100원 상승 시 ▶ 100원 하락 시	▶ 8,000만 원 이익 　(= 80만 달러 × 100원) ▶ 8,000만 원 손실 　[= 80만 달러 × (−100원)]	▶ 8,000만 원 손실 　(= −80만 달러 × 100원) ▶ 8,000만 원 이익 　[= −80만 달러 × (−100원)]	0원 0원

기본 원칙만 설명하면, 은행은 가능하면 스퀘어 포지션을 유지하고 불가피한 경우 또는 자기 계산으로 외환 투자를 할 경우 일정 수준 안에서 + 또는 − 포지션을 가질 수 있도록 하고 있다. 이를 위반하면 처벌을 받기 때문에 은행은 항상 포지션이 어떻게 되는지 점검하여 스퀘어가 되도록 조치한다. 이러한 조치를 '외환 포지션 조정'이라고 부른다. 현물환과 선물환을 합해서(이를 종합 포지션이라고 한다) 국내 은행은 자기자본의 50%까지, 외은지점은 250%까지 + 또는 − 포지션을

가질 수 있다.

외환 포지션 조정이 필요한 것은 은행이 외환의 소매시장(대고객 시장)에서 수동적인 거래자이기 때문이다. 즉, 은행은 소매시장에서 고객이 요구하면 수동적으로 환전해주어야 하므로 이에 따라 외환 포지션이 수동적으로 결정된다. 고객이 10만 달러 환전을 요구할 경우 은행은 10만 달러를 받고 원화를 지급해야 하는데, 이때 은행은 갑자기 10만 달러만큼의 '+' 포지션(매입초과포지션)이 발생한다. 이 상황에서 환율이 상승하면 이익, 하락하면 손실이 발생해 환위험에 노출되게 된다. 외환 포지션이 이렇게 수동적으로 변화하면 은행은 이를 스퀘어로 돌려놓기 위해 소매시장에서 했던 것과 반대 방향의 거래(이를 '반대 거래'라고 한다)를 다른 곳에서 해서 포지션을 조정한다. 도매시장에 가서 10만 달러를 매도하면 소매시장에서 '+' 포지션이 도매시장에서의 '-' 포지션과 상계되어 스퀘어 포지션이 되고 환율 위험은 사라진다.

여기서 중요한 점은 이렇게 은행이 외환 포지션을 조정하는 과정에서 환율이 영향을 받는다는 것이다. 앞에서 설명한 사례로는 도매시장에서 10만 달러가 공급되어 환율이 하락 압력을 받게 되는 것이다. 어떤 이유로 소매시장에서 환전 요구가 몰려온다면 도매시장에서도 달러를 팔겠다는 은행이 많아져서 환율이 하락 압력을 받는다. 외환 포지션 조정으로 인해 환율이 크게 영향을 받은 유명한 사례 2가지를 살펴보자.

사례① 조선소 수주 물량 폭증

우리나라 조선업계가 호황이었던 2006~2008년 사이에 조선 수주 실적이 크게 증가하면서 외환시장과 외화 자금시장에 큰 혼란이 온 적이 있다. 은행의 외환 포지션 조정이 환율 변동과 스와프포인트 변동의 주원인이었는데, 이를 살펴보면 외환 포지션 조정이 외환시장에 어떤 경로로 영향을 미치는지를 좀 더 생생하게 알 수 있다. 아래 그림에서 보듯이 2005년까지 300억 달러 수준이던 조선 수주 실적이 2006년부터 뛰기 시작하여 2007년에는 975억 달러로 사상 최대의 실적을 냈고, 2008년 글로벌 위기가 오기 전까지 700억 달러 이상의 수주를 확보했다. 우리 경제로서는 큰 성과이고 기뻐해야 할 일이었으나 외환시장 측면에서 보면 얘기가 달라진다.

그림 11-1 | 조선 수주 실적

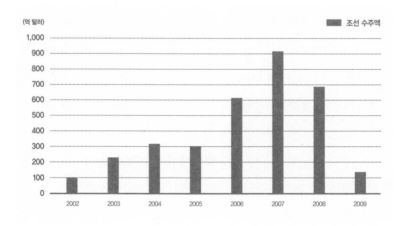

조선업의 수주 관행상, 수주와 결제 간에는 상당한 기간이 걸린다. 수주는 계약에 해당한다. 실제 돈이 오가는 것은 선박의 건조 진척에 맞춰 이뤄지는데 완성된 선박을 인도하는 마지막 단계에 이르러야 가장 많은 달러 금액이 결제된다. 조선업체 입장에서는 수출업체와 마찬가지로 미래에 달러가 유입됨에 따라 환율 변동에 따른 환위험이 따른다. 환율이 오르면 좋겠지만(1년 후 들어오는 100만 달러의 원화 가치가 커진다), 내리면 큰 피해를 볼 수 있는 위험이 있는 것이다. 따라서 조선업체는 선물환 거래를 통해 이러한 위험을 헤지하려고 한다.

예컨대 조선업체 A의 달러 유입 흐름이 다음과 같다고 하자. 1년 후 5,000만 달러, 2년 후 5,000만 달러, 3년 후 5,000만 달러, 선박이 인도되는 4년 후에는 2억 달러를 결제하기로 했다면, 조선업체는 선물환 1년물, 2년물, 3년물을 각각 5,000만 달러씩 팔고, 4년물을 2억 달러에 미리 팔아놓으면 환율 변동과 관계없이 현재의 환율과 그사이 이자 차이가 반영된 선물환율로 미리 결정되어버리므로 환위험이 사라진다. 예를 들어 1~4년물의 선물환율이 모두 1,000원이었다고 가정하면(실제로는 모두 조금씩 다른 게 정상이지만 설명의 편의를 위해서 같다고 하자) 총 3.5억 달러에 대해 3,500억 원을 확보해놓을 수 있게 된다. 따라서 조선업체들은 미래의 달러 유입 흐름에 맞추어 선물환을 은행에 매도함으로써 원화 흐름을 안정시키려고 한다. 이런 흐름이 조선 수주액이 폭증했던 2006~2008년 사이에 실제로 일어났다.

이렇게 되면 은행은 조선업체로부터 선물환을 매입하는 상황이 되어 본의 아니게 외환매입초과(+) 포지션에 처한다. 이에 은행은 환율 변동에 따라 위험이 발생할 수 있으므로 이를 방지하기 위해 외환 포지션을 중립화(스퀘어링)하기 위한 조정을 하는데 이를 위해 현물환시장에서 달러를 팔기 시작한다(선물환시장에서 달러를 팔아도 같은 효과가 나타난다). 조선업계 수주 실적이 폭증했으므로 이러한 수요가 많았으며 조선사로부터 선물환을 많이 매입한 은행들이 현물환시장에서 달러를 팔겠다고 물량을 많이 내놓자 환율(달러의 가격)이 하락해 바닥을 치게 된다. 이에 따라 원달러 환율은 2006년부터 2007년 940원대로 IMF 외환 위기 이후 가장 낮은 수준을 유지한다. 그런데 여기에 또 하나의 반전이 숨어 있다.

은행의 경우 선물환을 매입하긴 했지만 달러가 실제 들어온 것이 아니라, 들어올 예정일 뿐이다. 그러나 외환 포지션 조정을 위해 현물환시장에서 달러를 판다고 할 때 여기서는 달러를 바로 주어야 한

그림 11-2 | 조선사 수주 실적과 원달러 환율 움직임

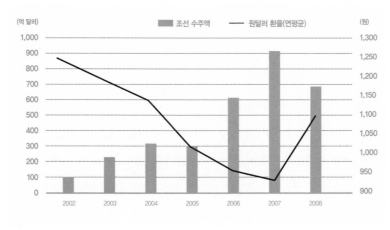

다. 이 달러는 어디서 났을까? 은행들은 평소에 달러 포지션을 중립(스퀘어)에 가깝게 유지하기 때문에 달러를 이렇게 많이 보유하고 있지 않다. 그래서 은행들은 달러를 빌려서 팔게 된다. 앞에서 설명한 외화 자금시장에서 달러를 빌리는데, 대부분은 스와프시장에서 빌린다. 스와프시장에 달러를 빌리려는 수요가 몰려들면 어떤 현상이 생길까? 앞에서 두 스와프시장, 즉 외환 스와프시장과 통화 스와프시장을 직관적으로 이해했다면 금방 답이 나올 것이다.

달러를 빌리려는 수요가 몰려들면, 달러가 귀한 대접을 받아 달러 프리미엄이 올라간다. 상대적으로 원화는 찬밥 신세가 된다. 스와프 포인트는 외환 스와프시장에서 원화의 순가격(순이자)이며 CRS는 통화 스와프시장에서 원화의 가격(이자율)이다. 원화가 찬밥이 되었으니 스와프포인트는 2003년 이후 꾸준히 하락하여 2004년부터는 마이너스 수준을 거의 5년간 유지한다. 스와프포인트가 마이너스라는 말은 고금리인 원화가 달러 프리미엄 때문에 금리 차이를 다 까먹고 오히려 마이너스로 내려왔다는 의미다. CRS도 마찬가지로 마이너스까지 떨어진다. 원화를 빌려주었는데 이자를 받는 대신 오히려 이자를 주는 상황이 발생한 것이다. 이는 달러 프리미엄이 원화의 국내 이자율보다도 더 커져서 생긴 일이다. 그림 11-3에서 보면 원달러 스와프 베이시스, 즉 달러 프리미엄이 2007년에는 -180bp, 즉 -1.8%까지 하락하는데, 통화 스와프시장에서 원화 이자는 정상적인 이자율에서 1.8%를 뺀다는 의미다. 외환시장에서는 달러 공급이 넘쳐나서 달러가 싸지고(환율 하락), 외화 자금시장에서는 달러를 빌리려는 수요가

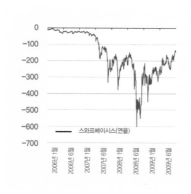

그림 11-3 | 스와프베이시스(1년물)

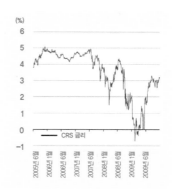

그림 11-4 | CRS 금리

늘어나서 달러가 비싸게 대접받는 이상한 상황이 발생한 것이다. 마치 아파트 매매시장에서 매물이 많이 나와 아파트 가격은 하락하는데, 월세 시장에서는 월세 수요가 증가해서 월세가 크게 상승하는 것과 같은 상황이다.

어쨌든 이 과정에서 달러 현금을 동원할 수 있는 외은지점은 큰 이익을 보게 된다. 국제 시장에서 달러를 조달해서 한국 시장에 풀어놓으면 국제 시장에서 조달한 금리보다 훨씬 높은(앞 사례로 보면 1.8%p 더 높은) 금리를 앉아서 받을 수 있었으니 말이다. 그리고 스와프시장이 달러와 원화를 서로 빌려주는 거래이기는 하지만, 어쨌든 국내 은행 입장에서는 외화 부채가 증가한 것이기 때문에 우리나라 전체적으로 외화 부채가 크게 증가하게 된다. 이러한 외화 부채 증가는 곧 닥쳐온 글로벌 금융 위기 때 큰 부담으로 작용하게 되었다. 외화 부채가 많다는 통계적인 불리함도 있었지만, 실질적으로 선물환의 기초가 되었던 선박 발주 기관들의 결제 약속이 글로벌 금융 위기로 인해 디폴트(지불 유예)될 가능성이 커져 선물환 만기일에 들어올 달러로 외은지점에 갚으려고 했던 국내 은행들의 계획에도 차질이 불가피했기 때문이다. 이를 눈치챈 외은지점들이 스와프 계약을 연장하기보다는 회수하려고 했다. 이는 우리나라 외화 사정이 급속히 나빠지는 데 큰 요인으로 작용했다.

정리해보면, 조선 수주가 3년 이상 활황세여서 우리 경제는 큰 도움을 받았다. 그러나 조선업계가 환율 위험을 헤지하는 과정과 은행이 외환 포지션을 조정하는 과정에서 은행들은 달러를 빌려와서(스와프시장에서) 이를 현물환시장에 팔았다. 이에 따라 스와프시장에서는 달러가 귀해졌고(달러 프리미엄 상승) 외환시장에서는 달러가 넘쳐 났다. 거시경제적으로는 우리나라의 외화 부채가 증가하였다. 물론 외화 자산(선박 발주 회사로부터 받을 달러)도 늘어났지만, 글로벌 금융 위기와 같은 전 세계적인 위기 상황이 닥치자 들어와야 할 외화 자산은 들어오지 않고 갚아야 할 외화 부채는 칼같이 갚아야 했다.

외화 포지션 조정이 환율시장과 스와프시장에 어떻게 영향을 미쳤는지를 잘 알 수 있었던 사례다. 지금도 조선 수주액은 외환시장에서 항상 모니터링 대상이다.

사례② NDF에서의 거래

NDF 거래는 역외에서 일어나는 선물환 거래이지만 국내 은행의 외환 포지션을 변화시켜 현물환율에 영향을 미친다. NDF 시장에서 원화가 약세를 보일 것으로 생각하면 선물환 매입long position[18]수요가 몰린다. 선물환을 미리 확보해놓으면 선물환 만기 시 환율이 올랐을 때 이익을 볼 수 있기 때문이다. 선물환 매입 상대방은 대부분 국내 은행이다. NDF 시장에서 외국기관이 국내 은행으로부터 선물환을 100만 달러 매입하면, 국내 은행은 선물환을 100만 달러 파는 셈이므로 달러매도초과, 즉 –포지션에 처한다. 환율이 상승하면 손해를 볼 수 있다. 따라서 이를 중립화(스퀘어링)하는 외환 포지션 조정을 하게 되는데, 달러를 현물환시장에서 매입하면 된다. 통상 NDF 거래는 우리나라 외환시장이 닫은 밤에 일어나고 우리 은행들은 밤에 발생한 초과(플러스든 마이너스든) 포지션을 다음 날 날이 밝는 대로 우리나라 외환시장에서 해소해야 한다. 장이 열리자마자 달러 수요가 몰리고 환율은 상승 압력을 받게 되는 것이다. 물론 다른 요인들도 복합적으로 작용하기 때문에 NDF 거래에 대한 외환 포지션 조정만으

---

18 국제 금융시장에서 short와 long은 각각 팔고 사는 것을 말한다. Short는 짧아지는 것이므로 뭘 팔아서 없어지는 것을 의미하고, long은 길어지는 것이므로 뭘 사서 커지는 것을 의미해서 생긴 말인 것 같다. 이 용어들도 알아두면 큰 도움이 된다. "Short를 쳤다"는 말은 '팔았다'라는 뜻이고 "long을 쳤다"는 말은 '샀다'는 뜻이다. 따라서 외환이 short position이라는 말은 달러를 많이 팔아서 부족하다는 의미('–' 외환 포지션)이고, 외환이 long position이라는 말은 달러를 많이 사서 넘친다는 의미('+' 외환 포지션)이다. 이외에 short cover와 long cover라는 표현도 있는데 short cover는 그동안 많이 팔아서(short), short position에 있는 상황을 되돌리기(cover) 위하여 다시 산다는 것으로 '그동안 많이 팔았는데 이제 산다'는 의미이고, 반대로 long cover는 그동안 많이 사서(long), long position에 있는 상황을 되돌리기(cover) 위하여 다시 판다는 것으로 '그동안 많이 샀는데 이제 판다'는 의미다.

로 환율이 결정되는 것은 아니지만 방향성에 영향을 미치는 것은 틀림없다. 실제로 이렇게 환율이 오르면 NDF 시장에서 선물환을 매입한 외국 은행들은 이익을 보게 된다.

이렇게 NDF에서 선물환에 대한 수요와 공급이 다음 날 우리나라 외환시장의 현물환에 그대로 옮겨진다. 따라서 NDF 시장은 우리나라 외환시장과 같은 방향으로 움직이는 경향이 있는 것이다. 같은 방향으로 움직이는 시장은 서로에게 변동성을 확대하는 성질이 있다. 즉, NDF 시장에서 선물환 수요가 몰려서 선물환율이 오르면 현물환 시장에서 현물환 수요가 몰려 현물환율도 오른다. 이를 본 NDF 시장 거래자는 선물환을 다시 더 매입(환율이 오를 것으로 생각하고)하여 선물

그림 11-5 | NDF 시장의 선물환율과 국내 외환시장의 현물환율

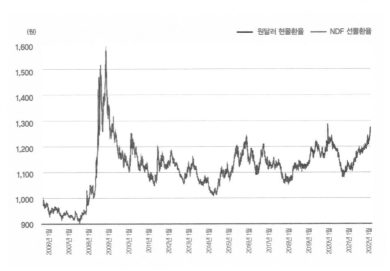

환율이 오르는 상승 작용으로 서로에게 영향을 미친다. 특히, 기대가 한 방향으로 급속히 몰리는 시기(이런 시기는 위기 국면일 때가 대부분이다)에는 위기를 앞당기고 가속화할 수 있다. '위기 조짐 → 환율 상승 가능성 → NDF 선물환 매입 증가 → 선물환율 상승 → 국내 은행의 선물환매도에 따른 외환 포지션 조정 → 현물환 매입 증가 → 현물환율 상승 → NDF 선물환매입 증가 → 현물환율 증가'의 악순환이 시작될 수 있다. 이런 악순환은 실제 우리나라 시장이 위기 국면에 들어갔을 때 어김없이 찾아오는 불청객 중 하나이다.

헤지 거래

헤지는 영어 'hedge'의 발음을 그대로 사용하는 외래어로 '헷지'라고 쓰기도 하지만 요즈음은 '헤지'로 거의 통일해 쓴다. 사전적으로는 '울타리·대비책'(명사), '둘러싸다·얼버무리다'(동사), '울타리를 둘러싸 외부의 위험을 막는다'는 의미가 있다. 금융이나 경제학적으로는 '보유하고 있는 재산의 가치를 위험에서 보호하는 행위'를 총칭한다. 경제 주체들이 보유하고 있는 재산은 외부 환경의 변화에 따라 변동하는 것이 대부분이다. 자연재해나 전쟁, 국경폐쇄 등과 같은 지정학적 상황뿐만 아니라 경제와 금융의 여러 변수가 변하는 것도 재산의 가치를 변화시킨다.

외화 자산이 많은데 환율이 하락하면 그 자산의 국내 가치는 하락하게 된다. 이렇게 경제 주체들이 통제하지 못하는 외부 상황의 변화로 인해 자신들의 재산 가치가 변하는 것을 방지하는 행위를 헤지라고 보면 된다. 이런 점에서 보험은 대표적인 헤지상품이다. 자동차 사고가 나면 내 재산이 손실을 본다. 이때 그 손실만큼 보험에서 보상해주면 내 손실은 상계되어 피해가 없어진다. 여기서 주의해야 할 점은 헤지는 본질적으로 이익을 새로 창출하지 않는다는 것이다. 피해 또는 손실을 최소화할 뿐이다.

헤지가 보험과 같은 원리라는 점에서 모든 헤지 행위에는 비용이 수반된다. 즉 헤지는 공짜가 아니다(Hedge is not free). 보험을 들면 보험료를 내듯이 헤지에도 헤지 비용이 든다. 예를 들어보자.

야외결혼식 대행사인 밝은웨딩회사는 결혼식 당일 비가 오면 야외행사 취소에 따른 손실이 500만 원이 발생한다. 이에 대한 보험을 들고 싶다. 이 시기에 비가 올 확률이 10분의 1 정도라는 것을 아는 보험회사는 보험료로 55만 원을 내라고 한다(50만 원보다 큰 부분은 보험회사의 기타 비용 + 이윤이다). 보험을 들면 밝은웨딩사는 위험(비)을 회피하기 위해 비가 올 경우 500만 원을 보상하는 보험을 보험료 55만 원을 내고 가입하게 된다. 55만 원의 비용이 발생한 것이다. 결혼식 당일 비가 오면 보험금 500만 원을 수령하여 손실을 보전하지만 여전히 55만 원의 손실은 발생하는 것이다. 그러나 이 손실은 만약에 보험에 들지 않고 비가 와서 500만 원을 손해 보는 것보다는 낫다. 즉, 55만 원을 들여 확률 10분의 1이 되는 사건을 헤지할 것인지 아니면 혜지하지 않고 10분의 9 확률을 믿고 행사를 진행할 것인지는 웨딩회사의 위험에 대한 선호도에 달렸다. 위험을 감수하는 웨딩회사라면 보험 없이 행사를 진행할 것이고, 위험을 싫어한다면 55만 원의 비용을 감수하고라도 만에 하나 발생할 수 있는 500만 원의 손해를 피하고자 할 것이다. 여기서 다시 한번 강조할 점은 헤지를 통해 이익을 보지는 못한다는 것이다. 손해를 최소화한다는 점을 명심하자.

그런데 여기서 반전이 시작된다. 헤지를 위해 태어난 보험과 같은 상품이 이익을 추구하는 투기의 대상이 될 수 있다는 것이다. 앞에서 설명한 밝은웨딩회사는 결혼식은 하지 않으면서 '비가 오면 500만 원을 지급받는 보험'을 들 수도 있다. 이 경우 비가 오면 445만 원(500만 원-55만 원) 이익이고, 비가 오지 않으면 55만 원의 손실이 발생한다. 결혼식 비용 500만 원이라는 실수요가 있었더라면, 비가 오면 55만 원의 손실(보상금 500만 원-피해금액 500만 원-보험료 55만 원)이 나고 비가 오지 않아도 55만 원의 손실(보험료 55만 원)이 나서 손실의 범위가 55만 원으로 제한된다. 그러나 결혼식 비용 500만 원이라는 실수요 비용이 없으면 이익과 손실이 크게 변동할 수가 있다(-55~445만 원). 즉 위험을 회피하려고 탄생한 헤지상품이 이익을 추구하는 상품으로 활용되는 것이다.

헤지와 관련하여 익스포저도 다시 한번 살펴보자. 익스포저는 위험에 노출된 금액으로 헤지의 대상이 된다. 익스포저는 그 성격에 따라 1)시장 리스크 익스포저와 2)신용 리스크 익스포저로 나눌 수 있다. 전자는 금리, 환율, 주가 등 시장 지표의 변화에 따라 가치가 변동될 수 있는 금액을 말하고, 후자는 거래 상대방의 신용도 하락이나 채무 불이행 등에 따라 위험에 처할 수 있는 금액을 말한다. 달러 현금을 보유하는 경우 환율 변동에 따라 달러 현금의 가치가 변할 수 있으므로 시장 리스크 익스포저가 있으며, A기업에 대출해주었을 경우 A기업이 채무 불이행할 가능성이 있으므로 신용 리스크 익스포저가 있다.

구체적으로 헤지하는 방법은 다양하지만 원리는 익스포저, 즉 헤지의 대상이 되는 금액에 대해서 위험이 현실화되었을 경우 그 위험에 따른 손실을 상쇄하거나 최소화하는 방법이면 어떤 조치든 간에 헤지라고 부를 수 있다. 다음에서 자세히 살펴보자.

헤지하는 방법

① 보유 자산의 위험을 중립적으로 조정

현재 보유한 자산의 가치에 부정적 영향(손실)을 미칠 수 있는 외부 상황이 발생할 경우, 긍정적 영향(이익)이 나타나는 자산을 추가로 보유하는 것이다. 즉, 자산 상태를 외부 상황이 변할 경우 서로 상쇄될 수 있도록 구성하면 헤지가 된다. 예컨대 옛날 우화에 나오는 우산장수와 소금장수 얘기를 빌리자면, 우산만 판매하는 상인은 날이 맑으면 손해를 보고, 소금을 판매하는 상인은 날이 궂으면 피해를 보므로 우산과 소금을 반반씩 보유하면 비가 오든 날이 맑든 평균적으로 이익을 볼 수 있다. 날씨에 따른 손실 가능성을 헤지한 것이다.

② 상황을 조정하기 어려우면 파생상품 활용

우산이 과도하게 많고 소금이 부족한 상황에서 현재로서는 우산을 줄이거나 소금을 더 확보할 수 없을 때는 파생상품을 활용할 수 있다. 날씨가 맑더라도 우산을 팔 수 있는 최저가격을 보장받는 풋옵션을 사면 된다. 풋옵션은 가격이 하락할 경우 보상을 해주는 보험이므로 날씨가 맑아 우산 가격이 하락하게 되더라도 하락한 만큼 보상을 받으면 손실을 최소화할 수 있다. 즉 헤지가 가능하다.

③ 위험 발생 시 손실을 보상해주는 보험에 가입

좀 더 직접적으로는 위험에 대한 보험을 드는 것이다. 우산이 많다면, 날씨가 맑을 때 일정 금액을 보상해주는 보험을 들면 된다. 이 보험금이 우산이 팔리지 않거나 싸게 팔려서 발생하는 손실액과 같다면 완벽한 헤지상품이 된다.

④ 자산 다양화

보유 자산의 구성을 다양화하여 위험을 분산하는 방법이다. 우산과 소금을 균등하게 가지면 날씨에 따른 위험을 헤지할 수 있는데, 이는 우산 한 종류만 가지고 있는 것과 달리 자산을 다양화했기 때문이다. 우산과 소금뿐만 아니라 비가 오면 잘 팔리는 호떡이나 어묵, 그리고 날이 맑으면 잘 팔리는 솜사탕이나 아이스크림같이 다양한 자산이 구비되어 있으면 날씨에 따른 손익 관계가 서로 상쇄되며 위험이 헤지된다.

① 외환 포지션 조정: 스퀘어

'외환 포지션 = 외화 자산 − 외화 부채'이므로 외환 포지션이 +일 경우 환율 상승 시 이익이고, 하락 시 손해를 본다. 따라서 환율 상승 시 손해, 하락 시 이익이 되는 거래를 하여 외환 포지션을 중립화(스퀘어링)하면 환율 위험을 헤지할 수 있다. 외환 포지션이 +이거나 −일 경우 외환 포지션이 0이 될 때까지 현물환을 매수 또는 매도하거나 선물환을 매수 또는 매도하면 된다. 예컨대 외환 포지션이 +100만 달러라고 하면, 선물환이든 현물환이든 100만 달러를 매도(−)하여 전체 외환 포지션을 0으로 만들면 된다.

② 옵션 매입

외환 포지션이 +일 경우 환율이 하락하면 손해를 보므로 하락일 때 보상해주는 풋옵션을 매입하면 헤지가 되고, 외환 포지션이 −일 경우 환율이 상승하면 손해를 보므로 상승일 때 보상받는 콜옵션을 매입하면 된다.

③ NDF

외국인 투자자들은 NDF로 헤지하는 경우가 많다. 외국인 투자자 A는 100만 달러를 원화로 환전(1달러 = 1,000원)한 10억 원으로 삼성전자 주식을 매수했다고 하자. A가 환율 변동에 따른 위험을 싫어한다면 NDF에서 선물환 100만 달러를 매입하면 삼성전자 주식을 매입한 금액에 대해 환율 변동에 따른 위험을 완벽하게 헤지할 수 있다. 환율이 오르면 삼성전자 주식 매수액 10억 원의 달러 가치는 하락하지만 그 하락한 가치만큼을 NDF에서 이익을 내기 때문이다. 반대로 환율이 내리면 10억 원의 달러 가치는 올라가지만 그 올라간 가치만큼을 NDF에서 손해 보기 때문에 환율 변동에 따른 손익은 0이 된다. 헤지가 된 것이다.

차익 거래

차익 거래arbitrage는 동일한 물건(또는 자산)이 서로 다른 시장에서 가격 차이가 있을 때, 그 가격 차이를 이용해서 이득을 얻는 거래를 말한다.[19] 여기서 핵심은 '동일한 물건(또는 자산)'이 '장소'에 따라 '가격이 다르다'라는 것이다. 차익 거래는 인류가 거래 행위를 할 때부터 있었던 것으로 거래를 하는 기본 동기이기도 하다. 오스만 제국은 동양과 서양의 중간에 있으면서 교통이 발달하지 못했던 근대 이전까

---

[19]   출처: Investopia.

지 동양과 서양의 지리적 거리감을 이용하여 차익 거래로 큰 이익을 본 나라이다. 예컨대 비단은 중국에서 1필에 10만 원인데 유럽에서는 30만 원에 팔린다고 하자. 오스만 제국은 동쪽으로 접한 중국에서 비단 1필을 10만 원에 사서 서쪽으로 접한 유럽에 30만 원에 팔아서 20만 원의 이익을 볼 수 있는 것이다. 여기서 중요한 점은 중국 사람들은 유럽 시장에 접근하기 어렵고 유럽 사람들은 중국 시장에 접근하기 어려워야 이러한 차익 거래가 가능하다는 사실이다. 차익 거래로 이득을 본 사람은 중국 시장과 유럽 시장에 모두 접근할 수 있어야 한다. 이것이 차익 거래의 원천이다.

스와프시장에서의 차익 거래

스와프시장에서도 차익 거래가 일어난다. 달러 가치가 국제 금융시장과 국내 외환 스와프시장에서 서로 달라 외은지점에 의해 차익 거래가 생기는 것이다. 달러는 국제 금융시장보다는 국내 금융시장에서 더 높은 이자를 받을 수 있다. 우리나라 금융기관은 국제 금융시장에 접근이 쉽지 않고 가능하더라도 신용도가 낮아 국제 금융시장에서 결정되는 금리로 달러를 조달하기 쉽지 않다. 반면, 우리나라에 들어와 있는 외은지점들은 본사에서 조달한 싼 금리의 달러를 공급받으므로 비싼 금리로 국내에 빌려줌으로써 차익을 볼 수 있다. 그 차익을 달러 프리미엄이라 하고, 그 수준은 외환 스와프시장에서의 달러 금리와 국제 금융시장에서의 달러 금리의 차이와 정확하게 일치한다. 통화 스와프시장에서는 달러 금리를 더 주기보다는 원화 금리를 깎는 방식으로 거래하기 때문에 국내 시장에서의 원화 금리(IRS)보다 낮은 금리(CRS)로 거래가 일어난다.

실제로 외환 스와프 시장과 통화 스와프 시장에서 차익 거래가 일어나는 사례를 살펴보자. 현재의 환율이 1,000원이고 달러는 국제 금융시장에서 2%, 원화는 국내 금융시장에서 3%의 금리를 받으며 달러 프리미엄은 0.5%라고 하자. 먼저 외환 스와프 시장부터 살펴보자. 외은지점 A는 국제 금융시장에서 100만 달러를 2%(이자 2만 달러)에 빌려서 국내 외환 스와프 시장에서 1년간 빌려주는 거래를 한다. 이 경우 스와프포인트가 5원(= 원화 이자 30원 − 달러 이자 20원 − 달러 프리미엄 5원)이므로 만기 시에 100만 달러를 돌려받고 1,005원 × 100만 달러 = 10억 500만 원을 돌려주면 된다. 그리고 이 거래에서 받은 10억 원을 은행에 예금한다(국내 원화 금리가 3%이므로 3,000만 원 = 3만 달러의 이자가 나온다). 이때 외은지점 A는 5천 달러 또는 500만 원의 이익을 볼 수 있다. 즉, A의 비용은 국제 금융시장 이자 2만 달러, 스와프 거래 상대방에게 주는 이자 500만 원(= 5,000달러) 해서 총 2만 5,000달러이고 A의 수익은 은행예금 이자 3,000만 원(= 3만 달러)이므로 5,000달러 또는 500만 원의 이익이 발생한다.

통화 스와프시장은 더 직관적이다. 금리로 직접 거래하기 때문이다. 위의 사례에서 1%로 조달한 100만 달러를 국내 은행에 맡기고(빌려주고) 10억 원을 빌린다. 그리고 100만 달러에 대한 이자를 1% 받고, 10억 원에 대한 이자는 달러 프리미엄을 고려하여 CRS 2.5%를 준다. 그리고 빌린 10억 원으로 국내 금융시장에서 3%로 굴린다. 그러면 통화 스와프 금리 2.5%와 국내 금리 3%의 차이인 500만 원(3,000만원 - 2,500만 원)은 차익으로 남는다.

환율 **노트** 핵심 **정리**

1   외환 포지션 = 외화 자산 − 외화 부채: 외화를 얼마나 가졌는지
        나타냄
        외환 포지션 (+): 외화 자산 〉 외화 부채 → 환율(외화의 가격)이
        오를수록 이익, 내리면 손해
        외환 포지션 (−): 외화 자산 〈 외화 부채 → 환율(외화의 가격)이
        오를수록 손해, 내리면 이익

2   은행의 외환 포지션은 중립을 지향 → + 또는 −일 때 이를 조정
        하기 위한 외환 매도 또는 매입
        외환 포지션 (+) → 중립화(스퀘어링)하기 위해 달러 매도 → 환
        율 하락
        외환 포지션 (−) → 중립화(스퀘어링)하기 위해 달러 매입 → 환
        율 상승

3   조선 수주 물량, 외환 포지션 조정, 환율 하락의 메커니즘:
        조선 수주 물량 증가 → 조선사, 은행에 선물환 매도 증가 → 은
        행은 선물환 매입 증가 → 외환 포지션 (+) → 현물환시장에서 달
        러 매도(파는 달러는 스와프시장에서 빌린다) → 환율 하락, 달러
        빚 증가, 스와프포인트 하락 또는 CRS 금리 하락

4 **헤지 거래: 재산 가치를 떨어뜨릴 수 있는 위험이 발생할 경우를 대비하여 이를 보상할 수 있는 장치를 마련하는 것**

→ 위험 발생 시 보상하는 상품 구입: 보험, 옵션, 선물환

→ 위험 발생 시 이익도 발생하여 손실과 상계되도록 하는 방법: 보유 자산 중립 유지, 외환 포지션 중립 유지 등

....

5 **차익 거래의 조건: i) 가격이 서로 다른 시장이 존재 ii) 대부분의 사람들은 한 시장에만 접근 가능 iii) 두 시장 모두 접근 가능한 사람 존재 → 두 시장 모두 접근 가능한 사람이 싼 시장에서 사서 비싼 시장에서 팔면 차익 거래**

예) 국제 금융시장 달러 금리 1%, 국내 스와프시장 달러 금리 1.5% → 두 시장에 모두 접근 가능한 외은지점은 국제 금융시장에서 1%로 달러를 빌려서 국내 스와프시장에 1.5%로 빌려주면 안전하게 0.5%의 이익을 얻음

삼성전자는 한국은행을 제외하면 아마 국내에서 달러를 가장 많이 보유한 기업일 것이다. 공식적으로 발표하지 않아 얼마나 달러를 가지고 있는지는 알 수 없으나 2022년 1분기 중 외화 거래 및 환산으로 발생한 외환 차이 수익과 비용이 각각 2조 6,000억 원과 2조 4,000억 원에 달한 점에 비추어보면, 엄청난 규모의 달러를 보유하고 있음이 분명하다. 보유하고 있는 달러가 많은 만큼 환리스크 관리가 중요할 수밖에 없다. 그런데 삼성전자의 환리스크 관리는 다른 기업들과는 사뭇 다르다. 환리스크 관리는 3부에서 살펴본 선물환과 통화 선물옵션 등 다양한 파생상품을 활용하는 것이 보통인데, 삼성전자는 이러한 인위적인 헤지보다는 벌어들인 달러로 원재료 등 수입물품 대금을 결제하는 내추럴 헤지Natural Hedge를 선호하는 것으로 알려져 있다. 수출입 등의 경상거래 및 예금, 차입 등의 금융거래 발생 시 현지 통화로 거래하거나 입금 및 지출 통화를 일치시킴으로써 환포지션 발생을 최대한 억제하고 있으며, 통화별 자산과 부채 규모를 일치하는 수준으로 유지하여 환율 변동 영향을 최소화하는 데 주력한다고 삼성전자는 분기 보고서에서 공식적으로 밝히고 있다. 헤지 아닌 헤지를 하고 있는 셈이다. 마치 은행들이 외환 포지션을 중립, 즉 외화 자산과 외화 부채를 동일하게 맞춰놓는 것과 마찬가지로 삼성전자도 외환 포지션을 스퀘어링해놓고 있다고 볼 수 있다.

하지만 이는 사업장이 전 세계에 널리 분포되어 있고 외화 거래가 빈번하게 발생하며 달러 보유액이 뒷받침되는 삼성전자이기에 가능한 것이지 결코 일반화할 수는 없다. 수많은 기업은 지금도 환리스크 관리를 위해 어떤 파생상품을 선택할지 고민하고, 어디로 튈지 모를 환율을 예측하며 헤지할 규모와 시기를 저울질하고 있다. 이것조차도 관련 전담 부서를 운용하고 있는 대기업에 국한된 얘기일 수 있고, 여력이 안 되는 중소기업은 환차손에 무방비로 노출된 채 환율이 요동치지 않기만 바라고 있을지도 모른다.

환리스크 관리에 대한 부담이 커질수록 기업들은 때로 무리수를 두기도 한다. 앞서 다룬 키코 사태는 환리스크 관리가 투기로 변질되면서 국가적 차원의 사건으로 비화된 극적인 사례다. 환리스크는 개인들에게도 적용된다. 기업과 달리 생사 여탈의 문제까지는 아니더라도 일상생활 곳곳에서 피부로 느낄 것이다. 해외여행 계획을 짤 때 얼마 안 되는 돈이라도 아껴보겠다고 가장 유리하게 환전할 수 있는 곳을 알아본 경험이 누구에게나 있을 것이고, '해외직구' 할 때 조금이라도 저렴하게 주문할 수 있는 시기를 놓고 며칠을 고민하기도 했을 것이다. 이를 환리스크 관리라고 하면 좀 거창하게 들릴 수 있겠지만, 마땅한 리스크 관리 수단이 없는 개인에게 이것은 큰 틀에서 환위험을 관리하는 행위라고 할 수 있다.

"식량을 통제하는 자는 사람을 지배하고, 에너지를 통제하는 자는 대륙을 지배하고, 화폐를 통제하는 자는 세계를 지배한다." 미국 외교의 전설 헨리 키신저 전前 국무장관의 말이다. 이는 달러화를 통제하는 미국이 세계 유일의 초강대국 지위를 유지하고 있음을 대변한다(첨언하면 미국은 셰일혁명으로 에너지 분야도 상당 부분 통제하게 되었으며, 식량 분야도 세계 최대 수출국 중 하나이다). 1944년 브레튼 우즈 체제를 기점으로 본다면 달러화가 글로벌 기축통화가 된 지 벌써 80년이 다 되어간다. 그동안 독일 마르크화와 일본 엔화, 그리고 최근에는 중국 위안화가 달러의 아성에 도전해왔지만 아직까지도 달러화의 지위는 굳건하다. 물론 언젠가는 기축통화가 바뀔 수 있다. 하지만, 그것이 달러화가 됐든, 아니면 다른 통화가 됐든 우리나라를 포함한 비非기축통화국들에게 있어서 환리스크 관리는 숙명이며 그 중요성을 아무리 강조해도 지나치지 않다. 그런데 환리스크 관리는 쉽지 않다. 기본적으로 환율이 어디로 튈 지 알 수 없고, 헤지를 보험이 아닌 비용(때론 손실)으로 인식하는 경향이 남아 있는 등 환리스크 관리에 대한 인식이 낮기 때문이다. 실제로 한국무역협회의 2020년 조사에 따르면 국내 수출기업 중 적극적으로 환리스크를 관리하는 곳은 10%에 그쳤다.

환리스크 관리를 잘하기 위해서, 그리고 잘못된 인식을 바꾸기 위해서는 환율에 대한 완전한 이해가 선행되어야 한다. 이 책에는 환율에 대해 많은 것이 실려 있다. '환율은 달러의 가격'이라는 개념 정립을 시작으로 환율이 결정되는 외환시장을 세세하게 살펴봤고, 외환시장의 주요 참가자로서 외환당국과 은행, 수출입업체, 그리고 외국인 투자자의 역할과 기능을 알아보았다. 환율이 어떻게 결정되는가에 대해서는 심화편을 첨부할 정도로 심혈을 기울였다. 다소 어렵고 기술적인 부분이라 생각할 수 있는 선물환과 NDF, 통화 선물옵션시장, 외화 자금시장, 스와프 등은 3부에서 자세히 기술해놓았다. 처음부터 끝까지 정독한 독자라면 환율에 대해 몇 단계 높은 수준에 도달해 있을 것으로 생각된다. 이 책을 통해 환율에 대한 이해의 폭이 넓어지고, 환리스크 관리를 포함하여 보다 전문적인 공부를 해야겠다고 생각한 독자가 한 분이라도 나온다면 이 책은 소기의 성과를 거두었다고 감히 자평할 수 있을 것이다. 아무쪼록 여러분이 환율로부터 진정한 자유를 찾기를 기원한다.

참고문헌

김경환, 김종석 옮김,『맨큐의 경제학』(8판), CENGAGE, 2018

김근배,『끌리는 컨셉의 법칙』중앙books, 2014

김신행, 김태기,『국제경제론』(6판), 법문사, 2016

도쿠가츠 레이코, 유주현 옮김,『마이너스 금리의 경고』다온북스, 2016

박유연,『요즘 환율 쉬운 경제』더난콘텐츠, 2020

백석현,『경제의 99%는 환율이다』메이트북스, 2018

송인창, 이경석, 성진규,『저도 환율은 어렵습니다만』바틀비, 2021

오건영,『환율과 금리로 보는 앞으로 3년 경제전쟁의 미래』지식노마드, 2019

올리비에 블랑샤르, 최희갑 옮김,『거시경제학』(7판), 시그마프레스, 2018

이낙원,『환율도 모르고 경제 공부할 뻔했다』원앤원북스, 2019

이상규, 이명훈, 정지만 옮김,『미쉬킨의 화폐와 금융』(6판), 한티미디어, 2004

이승호,『환율의 이해와 예측』(개정판), 삶과지식, 2020

임경, 『돈은 어떻게 움직이는가?』(3판), 생각비행, 2018

임경, 『환율은 어떻게 움직이는가?』, 생각비행, 2020

장홍범, 『국제금융기초』(4판), 한국금융연수원, 2008

최기억, 『대한민국 환율의 비밀』, 이레미디어, 2017

최종일, 장병기, 『외환위기 및 금융자유화 이후 원/달러 환율의 장단기 결정요인』, Journal of International Trade & Commerce, 13(1): 197-217, 2017

한국은행, 『우리나라 외환제도와 외환시장』, 한국은행, 2016

한국은행, 『우리나라 국제수지 통계의 이해』, 한국은행, 2016

한국은행, 『한국의 금융시장』, 한국은행, 2016

홍춘욱, 『환율의 미래』, 에이지21, 2016

황유선・이상원, 『환율전망의 정확성에 대한 검토 및 활용방안』, 국제금융센터, 2021

Cheung, Y, Menzie Chinn, Antonio Garcia Pascual and Yi Zhang, 2017, "Exchange Rate Prediction Redux: New Models, New Data, New Currencies," NBER Working Paper 23267

Rossi, Barbara, 2013, "Exchange Rate Predictability," Journal of Economic Literature, 51(4): 1063-1119

환율 비밀 노트

초판 1쇄 발행일 2022년 7월 29일
초판 2쇄 발행일 2022년 8월 19일

지은이 최재영·오정석

발행인 윤호권
사업총괄 정유한

편집 신주식 **디자인** 박지은(표지) 디박스(본문) **마케팅** 명인수
발행처 (주)시공사 **주소** 서울시 성동구 상원1길 22, 6-8층 (우편번호 04779)
대표전화 02 - 3486 - 6877 **팩스(주문)** 02 - 585 - 1755
홈페이지 www.sigongsa.com / www.sigongjunior.com

ISBN 979-11-6925-122-8 03320